플라톤의 동굴에서 벗어나기

— 삶을 변화시키는 철학적 훈련법

플라톤의 **동굴**에서 **벗어나기** - 삶을 변화시키는 철학적 훈련법

저자 랜 라하브 역자 김수배 · 박솔희 · 이가은 · 정석환 · 정유진 · 한이경 · 홍성준
발행일 2023년 7월 14일 발행인 이진숙
펴낸곳 충남대학교출판문화원 주소 대전광역시 유성구 대학로 99
전화 042-821-6045 홈페이지 www.cnupress.co.kr E-mail cnupress@cnu.ac.kr

ISBN 979-11-6503-205-0 93120
정가 15,000원

플라톤의 동굴에서 벗어나기

삶을 변화시키는 철학적 훈련법

저자 | 랜 라하브
역자 | 김수배 · 박솔희 · 이가은 · 정석환 · 정유진 · 한이경 · 홍성준

Stepping out of Plato's Cav

충남대학교출판문화원

서문

나의 책이 한국어로 번역되어 삶에 대해 철학적으로 생각하는 데 관심이 있는 한국 독자들에게 제공된다는 사실을 알게 되어 기쁩니다. 특히 나의 작업에 관심과 주도권을 가지고 이 번역을 시작하고 감독한 충남대학교 철학과 김수배 교수와 공동 번역에 참여한 박솔희, 이가은, 정석환, 정유진, 한이경, 홍성준에게도 깊은 감사의 뜻을 표합니다. 그들이 이 프로젝트에 쏟은 신중한 생각과 노력 덕분에 더 많은 독자가 철학실천에 관한 나의 제안을 공유하고 발전시켜줄 수 있기를 희망해봅니다.

이 책은 철학실천 분야에서 개인들 및 그룹들과 20년 이상 함께한 노력의 결실입니다. 철학실천은, 철학이 우리의 삶에 의미 있는 차이를 가져다줄 수 있다고 믿는 철학자들이 국경을 넘어서 벌이고 있는 운동입니다. 철학이란 결국 philo-sophia, 즉 지혜에 대한 사랑을 의미하며, 우리 모두 거의 매일 직면하는 근본적인 삶의 문제들을 다룹니다.

나는 이 철학실천 운동이 비교적 초기 단계에 있던 1990년대 초에 합류했는데, 곧 이 운동이 여전히 분만 중이며, 아직 그것이 무엇을 하는 것인지를 이해하려고 노력하고 있다는 사실을 깨달았습니다. 나는 이 신생 분야의 발전을 돕는 데에 헌신하기로 했고, 그렇게 나의 철학적 여정이 시작되었습니다. 그 여정은 때로는 즐겁고 또 때로는 좌절감을 주기도 했으나 언제나 깊이와 보람을 느낄 수 있었습니다. 여정이 이어지는 동안 나는 철학이 우리의 삶을 깊고 풍요롭게 해줄 수 있다는 비전에 고무됐지만, 처음에는 그 비전을 실천으로 옮기기가 쉽지 않았습니다. 주류를 이루던 철학은 일상의 삶과는 거리가 멀고, 또 너무 추상적이거나 일반적이어서 우리 개인의 문제와는 무관한 것처럼 보였기 때문입니다. 한 걸음 한 걸음 도전적인 어려움을 극복하는 방법을 발견해 나가는 데 오랜 세월이 걸렸습니다.

내가 여기에 제시하는 접근법은 그 세월을 거치며 개발한 여러 겹의 다른 층들과 요소들로 이루어져 있습니다. 일부 내용의 옛 버전들은 논문 형태로 출판되었거나, 내 개인 웹사이트에 게시되어 있기도 하고www.PhiloPractice.org, 또 이탈리아어로 출판된 저서(*Oltre la filosofia. Alla ricerca della saggezza*, Milano: Apogeo, 2010)에 포함되어 있습니다.

나는 여기서 내 접근법을 최종적인 이론으로 제시하고 있는 것이 아닙니다. 나는 그것이 씨앗으로 뿌려져서 더 많이 탐구되고, 다른 철학자들에게 영감을 주기를 희망합니다. 인생처럼 철학도, 지도에는 결코 온전히 표시될 수 없고 단지 개인적으로 또 창의적으로 발견해야만 하는 지역으로 떠나는, 끝없는 여정과 같다고 생각합니다.

미국 버몬트에서, 랜 라하브

www.PhiloPractice.org

https://dphilo.org

일러두기

1. 원저의 서지사항은 다음과 같다. Ran Lahav, *Stepping out of Plato's Cave. Philosophical Counseling, Philosophical Practice, and Self—Transformation*, 2nd ed., Hardwick, VT: Loyev Books, 2016.

2. 옮긴이의 주석은 [역주]로 표시하여 원주와 구별하였다.

3. [ ] 안의 내용은 독자의 이해를 돕기 위해 옮긴이가 넣었다.

제1장

우리 자신을 초월하는 일

제1장
우리 자신을 초월하는 일

플라톤은 자신의 유명한 저서 『국가』에서 동굴 안에서 의자에 묶인 채 움직이지 못하는 한 무리의 사람들을 묘사한다. 이 비유에 등장하는 사람들은 동굴 벽에 비친 자신들의 그림자, 즉 그들 뒤에서 타오르는 불빛의 그림자만을 바라볼 수 있다. 이들은 그림자 이외의 것을 볼 수 없으므로 그 그림자를 실재 세계로 여긴다.

이 비유를 듣고 있던 제자들 가운데 한 명이 묻는다. "이상한 장면과 이상한 사람들을 말씀하시네요." 그러자 스승이 대답한다. "그들도 우리와 같은 사람들이라네." 플라톤은 우리 역시 세계에 관한 제한된 이해 안에 갇혀있으면서도 그것이 곧 실재 세계 자체라고 믿고 있으므로 우리도 비유 속 사람들과 같다고 설명한다. 우리는 그 그림자가 벽에 비친, 문자 그대로 그림자일 뿐이며, 실재 세계는 동굴보다 더 크고 풍요롭다는 사실을 알지 못한다는 것이다.

차꼬를 풀어버린 수인囚人 하나가 나타난다. 그가 밝은 불빛에 눈과 시력을 다치지 않으려면 풀려나자마자 곧바로 뒤를 돌아보지 말아야 한다. 자신의 눈이 밝기에 적응할 시간을 가져야 하며, 그런 다음 서서히 동굴 입구를 향해 나아가야 차츰차츰 더 밝고 더 진실한 세상을 바라볼 수 있게 된다.

플라톤은 이처럼 동굴을 벗어나는 일이 철학자들이 해야 할 역할이라고 여긴다. 하지만 실제로 철학자들의 역할은 여기서 멈추지 않는다. 철학자들은 다시 동굴로 되돌아가 다른 사람들을 족쇄에서 풀어주고 동굴 입구로 나가는 길을 가르쳐 주어야 한다. 철학의 임무는 우리의 일상 세계가 피상적이고 제한된 세계임을 깨닫게 하고, 사람들이 자신의 좁은 경계boundaries를 넘어서 더 큰 실재를 향해 나아가도록 돕는 일이다.

동굴의 비유가 감동을 주는 이유는, 그것이 우리의 삶을 확장하고 더 깊고 온전한 방식으로 살아가려는 우리 자신의 열망을 상기시켜주기 때문일 것이다. 우리의 일상은 보통 "동굴"에, 즉 피상적이며 안락한 루틴에 한정되어 있다. 그래서 우리는 마치 자동 통제 장치에 얹힌 존재처럼 일상의 판에 박힌 듯한 행동을 반복할 뿐이다. 오직 자기 성찰의 기회를 얻는 특별한 순간에만 우리는 일상의 순간들이 얼마나 한정된 것인지를 깨닫게 되는데, 그러면 우리는 그 감옥의 벽을 부수고 나아가 더 크고, 더 풍요롭고, 자유로운 삶을 살기를 열망하게 된다.

플라톤이 이 같은 열망을 기록한 유일한 철학자는 아니다. 우리가 앞으로 보게 되겠지만, 서양철학의 역사에서 거의 모든 시대의 주요 학파들이 이 같은 철학의 과제에 관해 토론을 벌였다. 이 열망은 인간의 가슴이 표현하는 것이기 때문에, 어중간한 철학자들의 저술에서도, 또 심지어 길거리 일반인들의 대화 속에서도 등장한다. 비록 그때 일반인들은 자주 말문이 막히고, 또 도전적인 메시지를 입 밖으로 꺼내기보다 침묵하도록 억압받기는 하지만 말이다. 안락한 동굴을 떠나서 우리에게 친숙한, 자동적이고 안전한 생활방식을 바꾸기가 수월하지 않기 때문이다.

철학자들은 이 같은 열망을 다양한 언어로 표현했다. 그들은 상이한 개념, 용어, 은유를 통해 표현했으나 그럼에도 모두 여전히 동일한 깨달음을 드러낸다. 삶의 지평은 우리가 공통으로 지각하는 것보다 훨씬 더 넓다는 것이다. 그 지평은 우리가 동일한 시도를 시작할 것을 요구하는바, 우리 자신에게 실존의 더 커다란 차원을 드러내어 보여줄 수 있는 내면의 변화를 추구하라고 종용한다.

세부 내용은 철학자마다 크게 다를 수 있다. 우리의 실존을 제한하는 것은 무엇인가? 그 감옥을 벗어나는 길은 무엇인가? 바깥으로 나가면 무엇이 우리를 기다릴 것인가? 이 같은 물음들은 철학자들에 따라 다르게 대답 되었다. 그럼에도 그들은 모두 똑같은 기본 열망을 표현했으며, 깨달음, 그리고 기본적인 소명 의식도 같았다.

그 열망이 다양한 방식으로 표시되었다는 사실은 놀랄 일이 아니다. 고대 그리스 사회는 그리스어 개념과 가치를 통해, 19세기의 유럽은 니체의 독일어 문장과 키르케고어의 덴마크어로 그들이 살았던 시대의 관심사와 편애의 관점으로 표현했으니, 사회 환경이 다르면 똑같은 열망이라도 상이한 방식으로 표현되기 마련이다. 오늘날에는 현대 과학과 기술의 은유가 그것을 표현하고 있다. 더욱이 개별 사상가의 개성과 감수성 역시 중요한 역할을 하는데, 결국 열망은 개인의 마음과 가슴을 통해 전달되는 것이기 때문이다.

나는 실질적으로 거의 모든 사람이 이 같은 열망을 알고 있다고 믿는다. 비록 일상의 분망함 속에서 알아차리기가 어려울 수는 있겠지만 말이다. 우리는 보통 급여나 쇼핑에 관심을 쏟고, 상사의 마음에 드는 법, 사회적 게임을 요령 있게 하는 법, 신형 자동차에 대한 욕심 등에 마음을 점령당하기 마련이며, 나머지 시간에도 문자를 보내거나 텔레비전을 보며 지낸다. 하지만 가끔 특별한 자기 성찰의 순간이 오면, 내면에서 이렇게 묻는 열망의 소리를 듣는다. "내 삶의 전부가 이것뿐이란 말인가? 뭔가가 더 있어야 하는 거 아닌가? 내 인생이 지금 이 현실의 삶보다 더 풍요롭고, 더 크고, 더 심오한 것이 될 수는 없는 걸까?"

클라라의 사례

클라라는 격앙된 생각으로 잠을 이루지 못한다. 처음에는 자신이 맡은 프로젝트 건 때문인 줄 알았다. 상사가 그 일이 중요하다고 말하기도 했고, 그녀 자신도 그 일을 성공적으로 마무리하기를 열렬히 원했다. 하지만 그녀는 곧 자신의 걱정이 일 때문이 아니라는 점을 깨닫는다. 그녀는 일 경험이 많았고 지난 15년 동안 새로운 도전을 훌륭하게 해치워왔다. 그녀는 매번 주어진 일에 열성적으로 몰두했고, 늦게까지 야근도 했으며, 과제를 성공적으로 마무리해 왔다. 그렇게 반복적으로 지내왔다.

"대체 내가 언제까지 이렇게 살아야 하지?" "내 인생의 나머지 모습도 이렇게 사는 것일까? 그래, 내 직업은 훌륭해, 난 불평할 수 없어. 이제껏 잘해 왔잖아. 그렇지만 앞으로도 이 일을 2–30년 더 해야 한다면, 그리고 은퇴한다면?"

청춘 시절을 회상해 보니 그때는 모든 가능성의 지평이 끝없이 펼쳐져 있었던 시기였다. 현재의 그녀는 더 성숙하고, 더 많은 경험을 쌓았고, 성공하여 확고한 기반을 잡았다. 하지만 협소한 통로에 갇혀있었다. 하는 일은 루틴이 되었고, 사고나 대화, 행동 심지어 느낌까지 같은 패턴을 반복했다. "나는 막다른 골목에 갇혀버렸어, 갇혔다고 … ."

클라라는 자신의 처지에 들어맞을 만한 비유를 찾으려 하다가 마침 며칠 전에 잡지에서 읽었던 플라톤의 동굴 비유가 어렴풋이 떠올랐다. 인터넷에서 플라톤의 텍스트를 찾아 조심스럽게 읽어보았다. 그녀를 강력하게 사로잡은 대목이 있었는데, 동굴 속 죄수들은 그들이 갇혀있으며 자신들의 삶에는 동굴 벽 그림자 이상의 것이 존재한다는 사실을 모른다는 부분이었다.

그녀는 생각해 본다. "나는 내 루틴의 죄수가 아닐까? 인생에는 분명 팸플릿 디자인 말고도 더 많은 것들이 있을 거다. 그게 뭘까? 그것에 대해 내가 무얼 할 수 있을까? 새로운 일을 찾아야 할까? 그래봤자 이 동굴에서 저 동굴로 이사하는 꼴밖에는

안 될 거다. 직업을 바꾼다고 해결될 일이 아니지. 뭔가 더 큰 것—아마도 내 인생 자체를 바꿔야 하지 않을까."

긴박한 느낌이 그녀를 사로잡는다. 자신이 될 수 있는 대로 빨리 삶의 방식을 바꿔야겠다는 열망을 느꼈으나 어떻게 해야 할지를 알 수 없다. 그녀 내부의 무언가가 루틴으로부터 그녀를 일깨우는 걸 느꼈고, 새로운 기운과 삶을 찾으라고 보채는 것만 같다. 그녀는 자신이 그 내면의 목소리를 붙들어 그것이 말하는 바를 이해하려 애쓴다는 사실을 느끼고 있다. 그녀는 방향감각을 잃었다고 느꼈으나, 플라톤의 비유는 자신의 내면에서 작동하고 있다. 동굴의 비유가 그녀에게 새로운 영감의 씨앗을 제공한 것이다.

우리는 무방비 상태의 내면에서 이 열망을 들을 수 있다. 그러나 통상 잘 알아채지 못하고 인생에 남아 있는 것이 그 작은 "동굴"뿐이라 여기고 그것을 수정함으로써 부족한 부분을 만족시킬 수 있을 것처럼 행동한다. 급여 인상을 위해 애쓰고, 새로운 전자 제품을 구매하며, 해외여행을 떠나는 등. 실제로도 이런 것들은 우리의 꿈을 구성하는 것들이다. "내가 안정된 직업을 얻을 수만 있다면" 또는 "차 두 대를 세울 수 있는 더 큰 저택을 가질 수만 있다면" 하고 바란다. 하지만 일단 그 꿈이 실현되면, 그런 것들이 우리가 갈망하는 충만한 인생을 가져다주지 않는다는 사실을 깨닫게 된다.

비록 문학과 시, 종교와 신화, 심지어 길거리 대화 등에서도 그러한 열망이 등장하지만, 특히 다수의 중요한 철학 텍스트들은 그것을 우리에게 가장 명확하게 표현하여 상기시켜준다. 문학이나 시 작품들도 그것을 아름답게 표현할 수 있지만, 철학은 더욱 명료하게 표현해줄 수 있다. 철학의 주요 과제 중 하나는 우리를 움직이게 하는 비전들을 명확하고 분명하게 표현하고 드러내 주는 데 있기 때문이다.

변형적 사상가들

많은 사상가도 플라톤이 동굴의 비유를 통해 표현한 것과 동일한 깨달음—우리는 통상 자신만의 제한된 세계 안에 갇혀있으며, 더 심오한 방식으로 존재하는 법을 개발할 필요가 있다—을 가지고 있었다. 그 같은 사상가들은 예컨대 에피쿠로스, 마르쿠스 아우렐리우스, 플로티노스, 스피노자, 장-자크 루소, 랠프 월도 에머슨, 프리드리히 니체, 앙리 베르그송, 마틴 부버, 카를 야스퍼스, 가브리엘 마르셀, 크리슈나무르티, 에리히 프롬 등이다. 이들은 다양한 철학자들로 이루어진 하나의 군群을 이루지만, 특이하게도, 나는 이들을 함께 묶는 철학책을 알지 못한다. 이 철학자들은 서로 다른 시대와 학파에 속해있었고, 다양한 아이디어와 개념 그리고 방법론을 사용했다. 그럼에도 그들은 몇몇 강력한 주제들을 공유하고 있었다.

첫째, 이 사상가들은 한목소리로 우리의 일상생활이 인간 존재의 충만함을 나타내지 못하는 표피적인 수준에 머물러 있다고 주장한다. 우리는 일상적인 활동—일, 쇼핑, 채팅, 여행, 쉼, 사교 실습—에 몰두한다. 이런 일상의 활동이 좋은 삶으로 가는 길이라고 믿으면서 말이다. 그러나 우리는 잘못 생각하고 있다. 우리의 삶은 지루한 루틴에 의해, 우리가 거의 의식하지 못하는 공허한 순간들에 의해, 맹목적인 힘으로, 의미 없는 오락과 친목 실습으로, 그리고 통제하고 얻고 소유하려는 자멸적인 태도에 의해 지배되고 있을 뿐이다. 이 모든 것들은 우리를 우리 자신에서 멀어지게 하고, 영혼을 가난하게 하며, 타인들로부터 고립시키고, 삶으로부터 소외시킨다.

둘째, 이 사상가들에 따르면, 인간 현실의 잠재력을 충만 시켜 줄 것으로 더 잘 신뢰할 수 있는 대안적인 존재 방식이 있다. 그것은 단지 다른 무언가를 *행하*는 것이 아니라 우리 자신이나 타인 그리고 삶 자체에 대해 다른 방식으로 *존재하*는 것이다.

셋째, 우리가 표피적인 상태에서 충만한 상태로 변화하는 것은 쉬운 일이 아니다. 우리의 타고난 성향이 자동으로 우리를 그렇게 하도록 이끌지는 않으며, 이런 성향을 극복하는 것 자체가 큰 도전이다. 예컨대 일주일에 두 번 워크숍 참석하기, 인생에 대한 새로운 이론 서적 읽기, 아침 6시에서 6시 반까지 운동하기 정도로는 충분하지 않다. 훨씬 더 큰 노력이 필요하다. 우리 존재의 모든 면을—우리의 감정, 행동, 생각, 태도 등—가장 작은 순간부터 가장 큰 행위들까지 물들일 완전한 변화가 일어나야 한다.

나는 이와 같은 세 가지 주제를 내세우는 사상가들을 *변형적 사상가*들이라고 부른다.[1] 자연스러운 일이지만 그들은 이런 주제들을 서로 다르게 표현한다. 예를 들어 20세기 철학자 마틴 부버[2]는 다른 사람들과 우리가 맺는 관계의 측면에 주목한다. 그는 주위 사람들과 관계를 맺는 우리의 방식이 소원하고, 부분적이라고 주장한다. 그런데 그는 관계를 인간 존재에서 핵심으로 여기는바, 우리가 우리 현실에 항상 완전히 충실하게 살아가지는 않는다고 생각한다. 더 완전한 종류의 관계가 가능한데, 그 같은 관계는 현실과 함께하는 것이고 진실성과 삶의 원천이 되는 것이다.

다른 사상가 에리히 프롬[3]은 사랑에 초점을 맞춘다. 사랑이야말로 우리의 근본적인 곤경 상황, 특히 고립 상태를 극복하는 중요 방법이라고 생각하기 때문이다. 그는 우리가 흔히 사랑이라고 여기는 것은 진정한 사랑이 아니라고 주장한다. 그러한 사랑은 소유를 지향하고, 자기중심적이며,

1 [역주] "transformational thinkers". 저자는 "transformation"으로 개인이 이제까지 자신의 삶을 지배해 온 제한된 사고와 행동 패턴을 탈피하려는 긍정적 변화, 즉 "소중하고 가치 있는 어떤 것"을 의미한다. 이에 역자는 "변형"과 "변혁" 또는 "탈바꿈", "전환" 등의 번역어를 놓고 고심하였으나, 독자가 겪을 수 있을 혼란을 예방하기 위해 편상범의 기존 번역(『철학 친교: 원리와 실천』, 2016)을 따라 "변형"으로 옮겼다.

2 Martin Buber, *I and Thou*, New York: Scribner, 1970.

3 Erich Fromm, *The Art of Loving*, New York: Harper & Row, 1956.

고립 상태를 지속시키기 때문에 망상적이거나 왜곡되어 있다. 반대로 진정한 사랑은 우리 주변 세상에 우리 자신이 지닌 풍요로움을 나누는 태도다. 그것은 삶을 채우고 넘쳐나는 것으로서, 단지 사랑하는 특정 대상을 향한 것이 아니고, 또 분명 그 대상을 소유하려는 목적을 지닌 것도 아니며, 전 세계를 향한 것이다.

앙리 베르그송[4]은 20세기 전반까지 활동한 저명한 프랑스 철학자다. 그는 우리의 의식과 의식 시간의 흐름에 초점을 맞춘다. 그는 우리의 일상적인 의식이 우리 정신적 삶의 기계적인 표면만 나타낸다고 주장한다. 그 표면은 연못에 떠다니는 죽은 나뭇잎처럼 더이상 우리 안에 살아 있지 않은, 고정되어 있고 파편적인 생각과 감정으로 이루어져 있다. 우리가 진정으로 자유롭고 살아 있다고 느끼기 위해서는 연못 그 자체로부터, 우리 삶의 전체적인 흐름으로부터, 우리 존재 전체로부터 행동할 필요가 있다.

19세기의 미국 사상가 랠프 월도 에머슨[5]은 우리가 보통 피상적이고 제한적인 자아로부터 아이디어들이나 동기들을 얻는다고 주장한다. 그는 우리가 더 큰 자아, 즉 "초-영혼"으로 우리 자신을 개방할 것을 주장하는데, 이것은 보통은 무시되고 있지만, 우리 안에 더 행복한 삶을 불어넣어 줄 수 있는 풍부함과 지혜의 형이상학적 근원이다.

이와 거의 같은 시기에, 프리드리히 니체[6]는 사소한 걱정, 분개함, 나약함, 굴복, 모방 등의 방식으로 소소한 삶을 살아가는 사람들이 지닌 군중심리를 무시한다. 그는 우리에게 우리의 작은 자아를 "극복할" 것과 우리

---

4 Henri Bergson, *Time and Free Will: An Essay on the Immediate Data of Consciousness*, New York: Dover Publications, 2001. 특히, "The free act"라는 제목의 소단락을 참고하라.

5 *Selected Writings of Ralph Waldo Emerson*, in William Gilman(ed.), New York: New American Library, 1965, pp. 280-295에 수록된 에머슨의 에세이 "The Over-soul"을 참고하라.

6 Friedrich Nietzsche, *Thus Spoke Zarathustra*, in Walter Kaufmann (ed.) *The Portable Nietzsche*, New York: Penguin Books, 1978, pp. 103-442. 예컨대 pp. 126-131의 "프롤로그"와 pp. 137-140의 1부 "On the Three Metamorphoses"을 참고하라.

만의 고유한 비전과 가치를 만들어 내어 그것들의 빛에 따라 독창적으로 살아가기 위해 열정적으로 노력함으로써, 더 높은 자아와 더 큰 삶을 창조할 것을 요구한다.

하지만 니체보다 앞선 18세기, 장-자크 루소[7]는 사회적 규범들에 대한 우리의 의존성에 주목한다. 그에 따르면, 우리는 보통 사회적 가면—외부 사회의 압력이 만들어 내는 결과에 따라 우리가 얻게 되는 사회적 자아—에 의해 통제받는다. 우리는 우리의 진정한 본성과 연결되지 않은 소외된 삶을 살고 있다는 것을 깨닫지 못한 채 사회적 게임들—모방하기, 교묘히 조종하기, 우리 자신을 타인과 비교하기—에 몰두한다. 삶을 진정으로 살기 위해서, 우리는 의미 있는 삶의 진정한 원천인 우리의 본성적 자아와 연결되어 있어야 한다.

고대 로마의 황제이자 철학자였던 마르쿠스 아우렐리우스[8]는, 우리가 보통 우리 자신을 자동적인 감정적 반응들에 지배당하여 욕망하는 대상에 집착하도록 놔둔다고 말한다. 우리는 소유하고 만족감을 느끼려는 우리의 욕망에 노예가 되어 결국 불안해하고 좌절한다. 그러나 우리 스스로 이러한 욕망을 멀리하고 우리의 내적 본성, 즉 이성적 자아가 우리 자신을 이끌도록 할 때 이 감옥에서 벗어날 수 있다. 이성적 자아란 우주의 질서를 온전히 수용하는 데에서 성립하는 것이다.

우리는 여기에 더 많은 사례를 보탤 수 있을 것이다. 과거에서 벗어날 것과 현재를 향해 열려있으라고 말한 크리슈나무르티[9], 그리고 삶에서 동떨어지고 소외된 상태에서 "관찰하기"를 멈추는 대신 삶에 관여하고 참여

---

7 Jean-Jacques Rousseau, *Emile*, New York: Basic Books, 1979.

8 Marcus Aurelius, *Meditations*, Amherst: Prometheus Books, 1991.

9 예컨대 Krishnamurti, *The Flight of the Eagle*, New York: Harper & Row, 1971; *The Urgency of Change*, New York: Harper & Row, 1977 등을 참고하라.

하는 "증인"이 되라고 주장한 가브리엘 마르셀[10] 등.

분명, 변형적 사상가들은 서로 다른 아이디어들을 명료하게 표현하고, 인간 조건을 다른 방식들로 이해하며, 인간 실존의 서로 다른 측면들에 초점을 맞춘다. 심지어 그들은 서로 모순적인 방식으로 진술하기도 한다. 그럼에도 그들은 이러한 다양한 아이디어들을 통해 동일한 세 가지 기본 주제들을 표현한다. 피상적인 상태에 있으려는 우리의 평상시 경향성, 더 충만한 또는 더 깊은 상태에 대한 가능성, 전자의 경향성에서 후자의 가능성으로 이끌어줄 수 있는 아주 도전적인 변형. 그러므로 이러한 다양한 철학들은 마치 동일한 하나의 동기에 기초하는 서로 다른 변주곡과 같다.

게다가 두 개의 추가적인 공통 주제들이 이러한 변형적 접근들에서 공통으로 발견된다. 첫째, 비록 그들이 "패턴"이라는 단어를 사용하지는 않지만, 그들은 모두 엄격한 패턴들—행동, 생각, 욕망, 감정의 패턴들—에 지배받는 우리의 피상적인 상태를 설명한다. 이러한 패턴들은 우리 안에서 작동하는 강력한 심리학적인 또는 사회적인 메커니즘의 결과로서, 우리를 진정한 현실의 충만 상태에서 분리하여 제한적이고 피상적인 방식으로 존재하도록 만든다. 플라톤의 이미지를 사용하자면, 우리는 의자에 묶인 채 작은 동굴 안에 갇혀있는 것이다.

둘째로, 이러한 모든 변형적인 접근들은 충만함의 상태가 이와 같은 패턴들을 넘어서 존재하며 어떤 고정된 구조 안에 들어맞을 수 없다는 점을 암시한다. 그들은 이 상태를 자유롭고 제한 없는 움직임에 비유하는데, 이때 자유, 자발성, 흐름, 창조성, 유일성, 진실성, 개체성, 개방성, 확장성 등과 같은 용어들을 사용한다. 흥미로운 사실은, 그들이 이 자유로운 움

10 "Testimony and Existentialism", in Gabriel Marcel, *The Philosophy of Existentialism*, New Jersey: Citadel Press, 1995, pp. 91-103.

직임을 정확한 분석 없이 오직 간접적으로만 설명한다는 점이다. 그들은 자주 시적인 비유를 사용하거나 개인적인 경험에 기대어 호소하고, 일반적으로는 간접적인 수단을 활용하여 자신들이 무엇을 생각하고 있는지를 독자들에게 시사한다. 이것은 좀처럼 놀랄만한 일이 아니다. 패턴과 메커니즘은 고정된 구조로 되어 있어서 직접 정확하게 분석할 수 있다. 반면에 패턴 너머에 놓인 것은 고정된 어떠한 공식도 넘어서 있는 것이기 때문에 분석에 저항한다.

변형에 대한 요청

우리는 변형을 추구한 다양한 사상가들이 인간 존재에 관한 동일한 근본적 이해로부터 영감을 얻었다고 결론 내릴 수 있다. 그들의 통찰이 서로 비슷한 것은 단순한 우연이 아니다. 그들 모두가 표현하는 비전은 인간의 공통된 경험, 인간의 삶의 구조를 관통하는 하나의 주요 주제에 기초한다. 우리는 그것이 인간 존재의 기본적인 차원 중 하나라고 말할 수 있다.

하지만 "차원"이라는 단어는 그것이 함축하고 있는 과학적인 의미 때문에 오해의 소지가 있다. 과학과 기하학에서 "차원"이라는 단어는 세계의 객관적인 측면을 나타내기 위해 사용된다. 이를테면 눈에 보이는 공간들은 삼차원으로 이루어져 있는데, 이는 객관적이고 중립적인 사실이다. 이와 반대로, 변형적 사상가들은 그들의 이론을 단지 중립적인 인간 사실에 대한 설명으로서 제시하는 데 그치지 않는다. 그들이 제한된 자아와 변형된 자아를 대립시켜 말할 때를 비교해 보면, 동등한 가치가 있는 두 가지 존재 방식에 대해 객관적인 설명을 제시하고 있는 것이 아니라는 사실을 발견하게 된다. 오히려 그들은 변형이 소중하고 가치가 있는 어떤 것이며

마땅히 추구해야 한다고 말한다. 다시 말해, 그들의 이론은 우리의 관심을 끌고, 우리를 초대하여, 충만한 삶에 이르게 하기 위한 "요청"[11]을 포함한다.

우리는 변형적 사상가들이 단지 기술describe할 뿐 아니라 처방*prescribe*하려고 노력하고 있다고 말할 수도 있다. 인간의 *존재*뿐 아니라 인간이 *존재해야 하*는 방식도 묘사하려고 한다고 말이다. 그러나 이것은 그 사상가들이 단지 자신들의 개인적인 선호를 표현하고 있다는 것을 의미하지는 않는다. 변형적 사상가들은 자신들이 이미 그 자체로 존재했던 요청에 목소리와 글을 부여해준 것뿐이라고 생각한다. 요청은 그들이 지어낸 것이 아니라 드러내어 준 것이고 분명하게 표현해준 것이다. 그들은 자신들의 개인적인 선호를 표현하기 위해서 글을 쓴 것이 아니라 삶의 이름으로 쓴 것이다. 그들의 관점에서 본다면 온전하게 살아야 한다는 요청은 인간 현실의 본성에서 나오는 것이다. 이러한 요청이 그들에게 그들의 철학을 집필하도록 영감을 주었고 그래서 어떤 의미에서는 그들 철학의 진정한 저자라고 할 수 있다.

우리는 이제 *변형적*이라 불릴 수 있는 모든 철학적 접근법의 핵심에 접근한다. 그러한 모든 접근법에는 *요청*이 존재한다. 우리가 그것을 요청이라 부르는 이유는 그것이 우리를 성가시게 하고, 동요하게 만들며, 편안하고 안일한 일상에서 끌어내려 하기 때문이다. 그 요청은 우리가 동굴에서 나오도록 불러낼 뿐만 아니라 심지어 우리 자신을 변화시키기 위해 노력하라고 요구한다.

하지만 우리가 주의해야 하는 것은, 모든 변형적 철학이 요청하고 있기는 하지만 동시에 추가적인 자료들도 포함하고 있다는 점이다. 즉, 개념, 진술, 분석, 설명, 정의 등을 포함하며, 이것들이 결합하여 정교한 이론을

11 [역주] "a call". 문맥에 따라 "소명", "부름"으로도 옮겼다.

만든다. 이러한 추가 자료의 사례로는 플라톤의 이데아 이론, 마르쿠스 아우렐리우스의 감정 이론, 루소의 교육론 등을 들 수 있다. 우리는 변형적 철학에서 중심이 되는 요청이 특정 이론의 옷을 "입고 있다"라고 말할 수도 있고, 요청이 이론이라는 매개체를 "통해 말한다"라고도 말할 수 있겠다.

이러한 이론들이 학문적으로 접근하는 철학자들에게는 흥미롭게 보일 수도 있지만, 현재 우리의 탐구에서는 덜 흥미롭다. 우리에게 중요한 것은 이론적인 "옷"에 관한 세부 사항이 아니라 이 옷들이 감추고 또 동시에 드러내기도 하는 본질적인 "몸"이다. 이 책을 통해서 우리는 우리의 열망을 표현하고 다양한 변형적 이론들을 통해 말하는 요청을 이해하고 그것을 우리 삶에서 구체화할 방법을 찾을 것이다.

제2장

철학실천 운동

제2장
철학실천 운동

자기-변형이라는 비전은 고매하고 매력적으로 보이지만, 문제는 어떻게 실천으로 옮길 것인가이다. 만약 우리가 플라톤 동굴에서 벗어나고 싶다면 어떻게 해야 할까?

시대를 통틀어 대부분의 변형을 추구하는 철학자들에 의해 주어진 대답은 철학, 더 정확하게는 철학하기, 즉 철학적 성찰 활동이다. 철학적 성찰은 우리가 지닌 열망의 의미를 이해하는 데 도움을 줄 수 있고, 우리의 삶을 음미하고 그 편협함을 알아차리도록 도울 수 있다. 또한, 그것은 우리에게 더 깊은 종류의 삶을 상상하도록 영감을 줄 수 있고, 삶에 무엇이 필요한지를 보여줄 수 있으며, 우리에게 자기-변형을 위한 몇 가지 도구를 제공해줄 수 있다.

이 주장은 이상하게 들릴 수도 있다. 오늘날 철학은 주로 대학 교육 과정과 학술 논문에 한정되어 있으며 전형적으로 추상적인 것, 개인적이지 않은 사상에 초점을 맞추고 있기 때문이다. 어떻게 그러한 사상들이 우리의 일상생활에서 실질적인 차이를 만들어 낼 수 있을까?

그 답은 철학 사상이 추상적으로 보이기는 하지만 무기력하지는 않다는 점이다. 철학 사상뿐 아니라 일반적으로 아이디어[관념, 개념, 생각]는 우리를 변화시킬 수 있는 엄청난 힘을 가지고 있다. 새로운 이해는 우리 안에서 새로운 동기를 일깨우고, 새로운 방식으로 느끼고 행동하도록 영감을 주며, 새로운 태도와 에너지를 배양할 수 있다. 예를 들어, 가난한 사람들의 고통에 대한 사회적 비전은 가난한 사람들을 돕기 위해 시간과 에너지를 쓰도록 만들 수 있고, 환경의 취약함에 관한 생태학적인 의식은 자연과 천연자원에 대해 겸손하게 행동하도록 만들 수 있다. 죽음의 필연성에 대한 실존적인 깨달음은 현재의 순간이 지닌 소중함에 감사하도록 동기를 부여할 수 있다. 종교적인 깨달음은 온화하고 다정하게 행동하도록 격려해줄 수 있다.

삶에 대한 원대한 비전들만 우리에게 영향을 미치는 것은 아니다. 예를 들어 직장 상사가 우리에게 무엇을 기대하는지에 대한 이해, 우리의 재정적 상황이나 도덕적 의무에 대한 이해, 우리의 자식들에게 가장 좋은 것이 무엇일지에 대한 이해, 다른 사람들이 우리를 어떻게 생각하는지에 대한 이해 등도 우리의 평소 행동에 지속해서 영향을 미친다.

그러나 이렇게 많은 종류의 이해가 우리의 삶에 영향을 끼치더라도, 자기-변형이라는 과제에서는 철학적 성찰이 특히 중요하다. 철학적 성찰은 우리 삶의 기초에 놓여 있는, 즉 우리의 일상적 태도의 기저에 놓여 있는 개념들을 검토한다. 그러므로 특정한 행동이 아니라 삶에 관한 우리의 오리엔테이션 전체에 영향을 미친다. 게다가 철학적 성찰은 본질적으로 비판적이고 결론이 열려있는 탐구다. 따라서 그것은 우리에게 우리의 경계와 제한을 보여주고, 또 우리가 익숙해진 동굴의 벽에 대해 의문을 제기할 수 있다. 맹목적으로 따르기를 바라는 독단이나 교리와는 달리 철학은, 우리가 모든 가설에 의문을 제기하거나 아무것도 당연하게 여기지 않도록 하며, 새로운 이해의 방법을 탐구하고, 미지의 지형을 밟도록 격려

한다. 독단이나 교리는 우리를 경직된 태도에 가두는 플라톤의 "동굴"과 같은 것이다. 반면에 철학적 탐구는 우리를 감옥 밖, 더 넓은 세계, 더 확장된 인생관으로 인도할 수 있는 여정이다.

철학사에 등장하는 많은 변형적 사상가들은 철학적 성찰이 더 충만한 삶을 추구하는 데 도움을 줄 수 있다고 믿었다. 그러나 현대인들은 이러한 깨달음을 대부분 도외시한다. 오늘날 대부분의 전문 철학자들 역시 실천적인 철학보다 이론적인 토론을 선호한다.

그들은 통상 오래된 변형적 비전들을 실천하려는 진지한 시도를 하지 않고서 그것들을 그저 단순히 지적인 아이디어로 취급한다. 그래서 그들은 그 비전을 일상의 연습을 통해 실천하거나, 자신들이 지도하는 학생들을 위해 자기 계발 워크숍으로 전환하는 일이 거의 없다.

하지만 철학이 언제나 순수한 지적 노력에 머물렀던 것은 아니다. 철학에 대한 실천적 접근은 철학을 삶의 방식[1]으로 보았던 고대 그리스와 헬레니즘 학파—기원전 6세기부터 서기 4세기까지—에서 찾아볼 수 있다. 하지만 현대의 관점에서 보면 한계가 있다. 비록 그들은 자신들의 아이디어를 일상의 행동과 감정에 대한 구체적인 지침으로 옮겨 놓았지만, 그들이 사용했던 접근법은 다소 독단적이었다. 각기 다른 학파마다 그들만의 특정한 교리를 가지고 있었고, 제자들이 학파의 교리를 받아들이고 따르도록 지시하려고 했다. 확실히 학파의 설립자들은 심오하고 창의적인 철학자들이었지만, 제자들이 이미 완성된 철학 체계를 따르도록 만들었다. 이 체제의 테두리 안에서만 성찰하도록 제자들을 격려했고, 원칙들에 대해 심각하게 의문을 제기하거나 자유롭고 개방적인 철학적 탐구에 나서지 못하도록 했다.

1 Pierre Hadot, *Philosophy as a Way of Life*: Spiritual Exercises from Socrates to Foucault, Malden, MA: Blackwell, 1995.

이런 독단주의는 오늘의 시각으로 보면 너무 제한적이며, 사실상 또 다른 플라톤의 동굴과 같다. 오늘날 우리는 어떤 하나의 교리로 현실 전체를 파악할 수 있다는 생각을 받아들이기 어렵다. 만약 우리가 자기-변형을 향한 여정에서 철학을 사용하고 싶다면, 우리에게는 최종적인 해답이나 엄격한 교리를 강요하지 않는, 보다 다원적이고 열린 철학적 접근이 필요하다.

철학에 대한 실천적인 접근은 힌두교, 불교, 유교, 도교 등 동양의 여러 종교적 전통에서도 찾아볼 수 있다. 그러나 이러한 영적이고 철학적인 학파들 역시 전형적으로 특정한 종교적 또는 형이상학적 교리에만 전념한다. 따라서 그들은 아무것도 당연하게 받아들이지 않고 주어진 가정에 기꺼이 의문을 제기하는, 개인적인, 열린 결론의 여행으로서의 철학 개념과는 거리가 있다.

철학하기와 철학적인 이론의 비교

이제 우리는 자주 혼동되지만 분명한 차이가 있는, 두 가지 서로 다른 개념들을 구별해야 한다. 이 두 개념은 *철학적 성찰* 또는 *철학하기*와 *하나의 철학*이다. ("철학"이라는 단어 앞에 있는 "하나의"라는 단어에 주목하라). "*철학적 성찰, 철학하기*"는 하나의 활동이다. 이것은 어떤 예상이나 그 어떤 것도 당연하게 받아들이는 가정이나 추측 따위 없이 탐색하는 열린 탐구로서, 진정한 철학자들이 행하는 것이다.

이와는 대조적으로, *하나의 철학*은 이미 완성된 이론이다. 이것은 특정한 원리와 아이디어를 제시하고, 그 원리와 아이디어가 사실임을 선언한다. 하나의 철학은 한 철학자의 철학적 성찰의 산물이다. 예를 들어, 플라톤의 인식론은 하나의 철학이다. 그리고 이것은 플라톤이 수행해온 철학적 성찰의 산물이다. 칸트의 인식론은 또 다른 하나의 철학이다. 그리고 이것은 칸트가 수행해온 철학적 성찰의 산물이다.

철학적 이론들은 위대한 정신의 소유자들이 어떻게 생각하는지를 보도록 돕기 때문에, 이 이론들은 조심스럽게 공부할 가치가 있다. 이들은 우리에게 깊게 생각하는 방법을 가르칠 수 있으며, 우리 자신의 사고에 사용할 수 있는 개념과 아이디어를 제공할 수 있고, 우리 자신의 철학적 성찰들을 키워나가도록 영감을 불어넣어 줄 수 있다. 우리가 검토하고 채택하거나 거부할 수 있는 원재료로서, 철학은 강력하다. 하지만 만약 우리가 철학을 최후의 믿음이나 받아들이고 숭배해야 할 복음처럼 생각한다면, 우리는 독단적이게 된다. 철학하기는 우리를 열어주는 반면, 하나의 철학을 권위로 받아들이는 것은 우리의 사고를 막는다.

고정된 독단인 어떤 철학도 우리를 플라톤의 동굴 밖으로 이끌지 못한다. 그것은 고정된 가정과 경계를 설정하기 때문이다. 이와 반대로, 철학적 성찰은—철학하기의 과정, 자유롭고 열려있는 철학적 탐구—우리를 우리의 경계선 너머로 데려다줄 잠재력이 있다.

철학하기란 무엇인가?

우리는 '철학하기'처럼 복잡한 행위에 대한 정확한 정의定義를 기대할 수 없으며, 모든 사람이 동의할 수 있는 정의는 더더욱 바랄 수 없다. 철학사에서 우리는 철학하기의 다양한 방법들을 만나볼 수 있다. 그럼에도 최소한 서양철학에서는 대부분의 '철학하기' 형태에서 공통적인 몇 개의 주요한 주제를 파악하는 것이 가능하다. 철학하기는 철학자들이 여러 시대를 거쳐 행해온 것이다. 그들이 행해온 '철학하기'란 무엇인가?

우리가 여러 시대를 통틀어 중요한 철학자들을 볼 때, 사실상 모든 철학자에게서 최소 다섯 개의, 의심할 여지 없이 공통으로 발견되는 주제를 찾을 수 있다.

첫째, 모든 철학자는 현실의 근본적 문제들, 그중에서도 특히 인생의 근본적인 문제들을 다룬다. 그들은 모두 우리 자신, 우리의 인생, 그리고 이 세계에 관한 매우 근본적인 이해에 관한 문제들을 탐구한다. '지식은 무엇인가?', '물질은 무엇인가?', '사랑은 무엇인가?', '좋은 삶이란 무엇인가?', '도덕적으로 무엇이 옳고 그른가?' 등. 이러한 문제들이 근본적이라는 것은, 그것들이 존이나 메리의 특정 상태에 국한된 것들이 아니라 존재에 관한 일반적인 문제라는 것을 의미한다. 만약 당신이 오직 존의 사랑 이야기나 메리의 가족 문제에 관해서만 토론한다면, 당신은 아직 철학하기를 하는 것이 아니다.

둘째, 모든 철학자는 이런 근본적 문제들을 이론들이나 더욱 일반적인 생각의 네트워크로 발전시키면서 논의하려고 한다. 그들은 한 문장의 슬로건을 적거나, 관련 없는 진술들로 이루어진 임의의 목록을 작성하거나, 존과 메리에 관한 이야기를 쓰는 것으로는 만족하지 않는다. 오히려 그들은 그 문제들에 대해 특정한 이해를 제공하도록 고안된, 아이디어들의 네트워크를 발전시킨다. 아이디어들은 복잡한 방식으로 함께 연결되어 논리 정연한 전체를 이룬다. 이것이 존재의 기초적 문제들을 다루는 유일한 방식은 아니다. 누군가는 이 문제들을 시, 문학, 그림, 종교적 믿음이나 정치적 행동들을 통해서도 다룰 수 있다. 하지만 철학자들은 아이디어들의 논리 정연한 체계를 분명하게 보여줌으로써 이러한 문제들을 이해하고자 철학한다.

셋째, 철학자들은 이 아이디어들의 체계를 종교에서처럼 신앙이나 개인적인 확신의 기초 위에 세우거나 심리학이나 생물학에서처럼 과학적 실험의 기초 위에 세우지 않는다. 오히려 사고, 즉 추론의 기초 위에 구축한다. 이때 추론이 반드시 엄격한 의미의 논리적 사고를 뜻하지는 않는다. 이른바 시적 추론이나 직관적 사고를 사용하는 철학자들도 있기 때문이다. 또한, 추론은 결정적 증거를 뜻하지도 않는다. 철학적인 문제들에서는 최종적인 증거가 없을 수도 있기 때문이다. 그럼에도 모든 참된 철학자들은 자신의 아이디어들을 될 수 있는 한 논리 정연하고 그럴듯하며 설득력 있게 만들어 주는 고려 사항들로 지지하고자 노력한다. 만약 한 사상가가 자신의 주장을 지지할 수 있는 어떤 근거도 없이 그저 독단적이고 교조적으로 내세운다면, 그녀 또는 그는 철학의 영역 바깥에 있는 것이다.

넷째, 모든 철학자는 창조적인 과정을 통해 자신의 사상을 구축한다. 어떤 복음서나 다른 철학자들로부터 생각을 그저 베끼는 것이 아니라, 자신만의 독창적인 생각을 만들어 낸다. 이는 단순히 철학적 글을 읽고 다른 이들의 생각을 분석하는 것이 철학하기로 자연스럽게 이어지지는 않는다는 것을 뜻한다.

다섯째, 철학자들은 다른 사상가들로부터 분리되어 있지 않다. 거의 모든 철학자는 다른 사상가들과 대화를 통해 자신의 사상을 발전시킨다. 그 대화는 대면 대화일 수도 있고, 서신 교환을 통한 대화일 수도 있으며, 과거 사상가들이 남긴 글과의 내적 대화가 될 수도 있다. 철학적인 성찰은 진공 상태로부터 생겨나는 것이 아니며 역사적 사실의 맥락 안에서 태어난다. 아리스토텔레스가 그의 스승이었던 플라톤의 철학을 통해 자신의 철학을 발전시켰으며, 임마누엘 칸트 또한 영국의 철학자 데이비드 흄의 철학에 영향을 받아 자신의 사상을 발전시켰다.

이상을 요약하면, 철학하기에 대한 첫 접근 방식은, 참신한 추론과 대화의 방법으로 아이디어들의 네트워크를 창출함으로써 존재의 기본적인 문제들을 탐구하는 것이다. 그러므로 철학하기가 우리를 플라톤의 동굴에서 벗어나게 도와줄 수 있다는 말은, 삶의 기본적인 문제들을 철학적으로 성찰하는 일이 개인적인 성장과 자기-변형에 이르는 한 방식이 될 수 있다는 의미나 다름없다.

여기서 말하는 철학하기의 *과정*은 우리 자신을 변형하기 위한 것이며, 고정된 철학적 학설이 아니다. 중요한 것은 플라톤이나 니체의 어떤 철학적 학설이 우리를 변하게 하는 방법을 말해줄 수 있는지가 아니다. 철학하기란 그 본질상 어떤 권위자나 교리, 절대적 권위를 거부한다. 우리가 플라톤의 동굴로부터 나오기 위해서는 그저 주어져 있는 철학적 지침을 수용하고 맹목적으로 따르는 것이 아니라, 각자가 철학적 탐구에 몰두해야 할 필요가 있다. 철학적 탐구는 우리 자신의 개인적인 한계를 발견하게 해주고 그것을 넘어 새로운 깊이와 새로운 지평을 열어주는 힘을 가지고 있다.

철학실천 운동

위에서 내가 자기-변형의 방법으로서 제안한 철학하기에 대한 비전은, 오랫동안 이어진 사색의 결과물이다. 나는 지난 25년 동안 그것을 발전시켜 왔고 실험해 왔는데, 그 기간 내내 나는 *철학실천 운동*에 적극적으로 참여했다. 철학실천은 철학적 성찰이 우리의 일상의 삶에 관계한다는 비전에서 영감을 얻은 현대의 운동이다. 철학실천은 학설 만능주의dogmatism를 피하고 인생의 문제를 직접 다루고자 했던 고대 철학 학파들의 사명감을 부활시키려는 현대적 시도다. 그것은 개인을 도와 자기 자신을 성찰하게 하고, 자신의 곤경 상황을 검토하며, 자신을 더 잘 이해하고, 삶과 관련된 기본적인 문제들을 더 심층적으로 다루도록 한다.

철학적 성찰은 이러한 의미에서 삶을 추상적인 이론으로 만들지 않고 삶과 얽혀서 하나가 된다. 따라서 그것은 근본적으로 오늘날 주류를 이루는 상아탑 철학과는 다르다. 철학을 학문적으로만 연구하는 철학자들은 이론을 만드는 자들이다. 논문과 책을 쓰고 토론하며 강의하는, 그래서 그 결과물로 추상적인 이론들을 만드는 이들을 말한다. 반대로 철학실천가들은 자신의 삶과 타인의 삶에 철학적인 성찰이 스며들게 하려 한다. 그러므로 그들은 구체적인 상황, 개인의 구체적인 고민거리에 큰 관심을 기울인다. 물론 그들도 때로는 추상적인 이론을 만들기도 하지만 그들이 그렇게 하는 것은 어떤 다른 것, 즉 사람들이 더 충만한 방식으로 깊이 있게 그리고 현명하게 자신의 인생을 살도록 도와주기 위해서다.

철학실천은 또한 지난 수십 년 동안 대학에서 인기를 얻은 소위 "응용 철학"과도 다르다. 응용 철학은 전형적으로 응용 윤리학(일반적인 윤리적 고려 사항들을 특정한 윤리적 딜레마에 응용하는 법), 기업 윤리학(일반적인 윤리적 고려 사항들을 특정한 업무 상황에 응용하는 법) 등 윤리학의 하위 분야 형태를 취한다. 응용 철학은 추상적인 아이디어들을 구체적인 상황에 응용하고자 한다. 예를 들면, 응용 철학은 추상적인 도덕 원칙을 발전시켜 그것을 구체적인 의료적 딜레마에 적용한다. 반대로 철학실천은 삶에 아이디어들을 적용하는 데 관심을 가지는 것이 아니라, 삶의 한가운데에서 우리의 이해가 성장하기를 원한다.

철학실천 운동은 1980년대 초에 아헨바흐Gerd Achenbach가 독일에서 개인을 대상으로 한 상담 및 철학 성찰 모둠을 이끌면서 시작되었다. 이것은 그 자체로 혁신적인 시도는 아니었다. 철학사를 돌아보면 많은 철학자가 삶의 문제에 대해 성찰하는 사람들을 돕기 위해 철학을 사용해 왔다는 사실을 알 수 있다. 하지만 아헨바흐는 이 같은 시도에 전념하는 전문 협회를 처음으로 설립하였다. 일 년 후, 암스테르담 대학의 철학과 학생들에 의해 네덜란드에서 두 번째 모둠이 결성되었다. 이들은 아헨바흐의 시도에 영감을 받았으나 그와는 상당히 독립적으로 작업하면서 개인적 만남과 토론 모둠을 통해 철학적인 상담을 시도했다. 이들도 얼마 지나지 않아 자신들만의 협회를 결성했다.

십여 년 동안 철학실천이라는 이 새로운 분야는 주로 독일과 네덜란드의 소모둠 두 개에 제한되었다. 다른 국가에서는 몇 안 되는 사람들만 철학실천에 관련된 실험을 수행하고 있었다. 1992년, 내가 미국 한 대학의 젊은 철학 교수였던 시절, 이 신생 운동에 대해 처음 접했을 때, 나는 다른 많은 철학자가 처음 그것에 대해 들었을 때와 똑같이 반응했다. "당연하지! 철학보다 더 나은 삶의 길잡이가 무엇이겠어!?" 철학실천이라는 발상은 한동안 내가 철학과 심리학을 공부하면서 가졌었던 여러 가지 생각에 반향을 불러일으켰는데, 그때 나는 학생으로서 상아탑 철학의 과도한 지성주의와 일상생활에서의 소외 현상을 개탄했었다.

처음에는 자원봉사자들을 대상으로 상담하고 나중에는 돈을 지급하는 고객들을 대상으로 철학상담을 실험하기 시작했다. 나도 유럽의 두 모둠과 소통하면서, 그들의 글을 읽고, 그들을 만나기 위해 유럽으로 두세 번 여행을 다녀왔다. 나는 곧 철학실천이 여전히 초기 단계에 있다는 것을 깨달았으며, 철학실천이 무엇에 관한 것인지를 스스로 찾으려고 지금도 부단히 노력하고 있다. 이 새로운 운동에 대한 진지한 국제적 대화가 필요하다고 판단했고, 다양한 배경과 지향점을 가진 철학자들이 참여하는 국제회의를 구상했다. 이 같은 학회를 유치하기 위해 여러 대학의 관심을 이끌어보려 했지만, 처음에는 아무도 이 알려지지 않은 분야에 투자하려 들지 않았다. 나는 또한 철학실천에 관한 에세이를 전문 저널에 출판하기 시작했고, 또 주로 독일어권과 네덜란드어권의 중요 철학실천가 또는 철학상담사들의 논문을 모음집[2]으로 출판하고자 편집 작업을 서둘렀다.

얼마 지나지 않아, 논문 집필자 중 한 사람인 캐나다 브리티시 컬럼비아 대학의 젊은 교수 루 매리노프Lou Marinoff가 자신이 몸담고 있는 대학을 설득해 보자고 제안했다. 그리고 실제로 우리 둘은 그의 선배 교수인 응용윤리센터의 센터장을 설득하는 데 성공했고, 1994년 제1차 국제 철학상담 회의를 개최하기에 이르렀다. 약 십여 개 국가에서 온 백여 명의 철학자들이 참여했고, 많은 새로운 아이디어들이 논의되었다. 그 이후로 이 국제회의는 보통 이 년에 한 번씩 다른 나라에서 열리고 있다.

이 국제회의의 결과, 그리고 아마도 다른 요인들로 말미암아 철학실천이라는 생각이 퍼져 나갔다. 다른 나라들의 철학자들도 철학실천을 직접 실험해보기 시작했는데, 언어의 장벽으로 인해 종종 독일과 네덜란드에서 철학을 실천하는 방식을 정확하게 알지 못하는 사례도 있었다. 그들은 북미, 이스라엘, 그리고 곧이어 대다수 서유럽과 라틴 아메리카 국가들에서 개별적으로 또는 그룹을 지어 활동했다. 그 결과 세계의 여러 지역에서 다양하고 광범위한 접근법들이 개발되기 시작했다.

이 모든 것은 느슨하게 연결된 모둠들과 개인 간의 연결망을 만들어 냈다. 그들은 각각 다른 목표와 방법을 가지고 있고, 다른 언어로 말하며, 다른 출판물을 펴내고 있다. 하지만 그들은 자신들의 활동을 같은 국제적 운동의 일부로 여기며 똑같은 비전(철학적 성찰이 개인의 삶과 관계를 맺도록 해야 한다)에 의해 영감을 받은 것으로 간주한다. 그러므로 철학실천 분야에서는 다양하고 다원론적인 시도들이 이루어지고 있다. 현재 많은 지역 모둠들과 협회들이 여러 나라에서 활동 중이다. 그들은 개인이나 집단을 대상으로 상담하고, 워크숍과 연수 프로그램을 제공하며, 철학

2 *Essays on Philosophical Counseling*, edited by Ran Lahav and Maria Tillmanns, Lanham: University Press of America, 1995.

카페를 운영하고, 소식지와 저널을 출판하는 등 다양한 활동을 펼치고 있다. 지난 십여 년 동안 여러 대학도 철학실천 분야에 전념하는 강좌와 프로그램을 속속 제공하기 시작했다.[3]

철학실천은 현재 여러 다른 형식들로 수행되고 있어서 이 분야에 복잡성을 증가시키고 있다. 예를 들면, 때때로 일반 대중들에게는 *철학적 자기 성찰 워크숍*이 제공된다. 워크숍 참가자들은 철학실천가의 지도 아래 자신들의 개인적인 경험과 곤경 상황에 대해 철학적으로 성찰할 기회를 가진다. 또한, 다양한 종류의 철학 토론 모둠들, 특히 *철학 카페*와 *소크라테스식 대화 모둠* 등의 형태로도 철학실천이 이루어지고 있는데, 이 모둠에서는 참가자들이 다양한 삶의 문제에 대한 그들의 개인적인 생각을 발전시킬 기회를 얻는다. 철학실천은 *철학 친교*philosophical companionship라는 형태로도 이루어질 수 있다. 이 경우는 온라인이나 대면으로 일정 기간에 걸쳐 만나는 동료들의 모둠인데, 이들은 철학적 텍스트를 함께 읽으면서 그 내용과 자신의 문제를 내면의 깊이로부터 숙고한다. 또 다른 형태로는 *개인적 철학 여행*이 있다. 이것은 철학을 공부해 보고 싶은 개인들이 실천하는 방식이다. 그러나 아마 오늘날 가장 유명한 형태는 여전히 *철학상담*일 것이다. 그 이름에서 알 수 있듯, 철학상담은 상담사 역할을 하는 철학자와 내담자로 이루어진다. 두 사람은 정기적으로 만나서 내담자의 곤경 상황, 딜레마, 삶을 주제로 토론한다. 전형적으로 이루어지면 상담 회기는 대략 한 시간이고, 일주일에 한 번 또는 두 번 정도 만남을 갖게 된다. 상담사의 접근법이나 내담자의 필요에 따라 상담 회기는 어느 곳에서든 한 번으로 종료되거나 아니면 수개월까지 계속될 수 있다.

---

3 내가 1993년부터 2006년까지 매년 한 학기 동안 이스라엘의 하이파 대학에서 담당했던 철학실천 과목이, 내가 아는 한, 이 주제를 대학 이수 과정으로 개설한 최초의 사례다. 철학실천 관련 이수 과목들은 베네치아 대학, 로마 트레 대학, 바르셀로나 대학, 세빌리아 대학, 비인 대학 등에도 개설되고 있다.

철학실천의 여러 접근법

철학실천가들이 회기 동안 하는 일은 정확히 무엇인가? 그리고 그들의 목표는 무엇인가? 앞에서 언급했듯이, 철학실천은 다른 많은 분야처럼 하나의 단일한 접근법이 아니다. 현재 여러 가지 상이한 접근법이 존재하는데, 이들은 철학이 우리 삶에 무엇을 이바지할 수 있는지에 대해 다른 견해들을 내세운다. 이 같은 다양성에도 불구하고, 대부분의 철학실천은 목표와 방법에 따라 몇 개의 주요 그룹들로 나누어질 수 있는 것으로 보인다.

그들의 목표 측면에 따르면, 철학실천의 서로 다른 형태들은 세 개의 주요 그룹들로 나누어질 수 있다. *첫째, 문제-해결 접근*이라는 이름 아래에 놓일 수 있는 실천 방식들이 있다. 이러한 실천은 개인을 도와서 일에 대한 불만, 결혼 [생활]의 어려움, 낮은 자존감 등[4]과 같은, 삶의 특정 문제들을 다루고 극복하게 한다. 이 점에서, 그들은 인지 심리치료 학파의 심리학자들과 약간 유사하다. 이들과 연결점을 지닌 다른 접근법은, 개인이 미래에 개인적인 문제나 도전적인 과제를 처리할 수 있는 사고 기술을 발전시키는 데 주안점을 둔다. 이 사고 기술 접근은 특정 문제들을 해결하는 대신 사고 도구를 개발하는 능력에 중점을 둔다. 그러나 강조점은 여전히 일상의 걱정거리를 다루는 실천적 방법에 놓여 있다. 철학실천들 가운데 *자기-계발 접근*이라는 이름을 붙일 수 있는 셋째 그룹은, 삶을 더욱 충만하게 만드는 것, 요컨대 삶을 고양하면서, 더 훌륭한 의미와 지혜로

4 예컨대 Lou Marinoff, *Plato, Not Prozac*, New York: HarperCollins, 1999; Elliot Cohen, *What Would Aristotle Do?*, Amherst, NY: Prometheus, 2003 참고.

그것을 풍요롭게 하는 것을 목표로 한다.[5]

철학이 자기-변형을 용이하게 해준다고 주장했을 때, 이미 나는 자기계발 접근법에 공감한다고 말한 것이나 다름없다. 철학은 근본적인 삶의 문제를 다루며, 삶의 개별적인 문제를 고민하는 데 있어 최고의 조력자가 될 수 있다. 철학을 일상 문제 수준으로 낮추기보다는 삶의 잠재력을 정점으로 끌어올릴 수 있는 철학실천이 필요하다.

물론, 철학은 결혼생활 문제나 직장 내 갈등 같은 구체적이고 사적인 걱정을 해결하는 데 유용할 수 있다. 하지만 그것은 철학 전통의 정신과는 잘 어울리지 않는 것처럼 보인다. 문제 해결을 목표로 삼는 철학은 기본적으로 만족을 제공하는 것이다. 사람들이 만족을 느끼며 정상적인 일상으로 돌아갈 수 있도록 하는 것이다. 이러한 종류의 실천은 분명히 철학사를 통틀어 가장 위대하다고 불리는 철학자들에게 영감을 불러일으킨 의견들과는 다르다. 위대한 철학자들은 "정상적인" 삶을 장려하기보다는 그러한 삶에 *의문*을 품으려 했던 사람들이다. 소크라테스, 루소, 니체는 사람들을 잠에서 깨우려고 했던 철학자들이다. 그들은 새로운 통찰력으로 사람들을 흔들어놓으려 했던 사람들이지 일상의 수면 상태를 정상화하려고 했던 사람들이 아니다. 우리는 철학이 사람들을 만족시키는 일보다 더 나은 일을 할 수 있다고 믿어야 한다.

누군가는 사람들의 개인적인 문제를 다루는 것을 목표로 하는 철학실천을 *작은 철학실천*이라고 부를 수도 있겠다. 왜냐하면, 그것은 인생의 근본을 살피기보다는 삶의 특정한 요소들에 관한 제한된 과제만을 다루기 때문이다. 작은 철학실천이라는 이름 또한 그러한 실천의 열망이 제한

5 Gerd Achenbach, "Philosophy, Philosophical Practice, and Psychotherapy," in Ran Lahav and Maria Tillmanns (eds.), *Essays on Philosophical Counseling*, Lanham: University Press of American, 1995, pp. 61-74; "Philosophical Counseling and Self-Transformation," in Elliot Cohen (ed.), Philosophy, *Counseling, and Psychotherapy*, Cambridge Scholars Press, 2013 참고.

적임을, 즉 만족의 산출에 한정된 것임을 의미한다고 할 수 있다. 이와는 대조적으로 내 생각으로는 철학실천의 목표란 해결하고 만족하는 데 있는 것이 아니라, 오히려 망각 상태에 있는 불만족과 열망을 흔들어 깨우는 데 있다. 또 우리의 일상적 필요를 초월하고, 놀라움, 경외심, 심지어 혼란스러움을 불러일으키는 데 존립한다. 이렇게 해서 철학실천은 우리에게 이해와 삶의 지평을 향한 새로운 문을 열어준다.

그렇다고 작은 철학실천을 거부해야 한다고 말하는 것은 아니다. 만약 철학이 사람들에게 더 큰 만족을 가져다줄 수 있다면 그것이 잘못된 일은 아니다. 하지만 이런 종류의 연습은 적어도 지혜로운 삶에 관한 탐구라는, 전통적이고 깊은 의미에서의 철학과는 거의 관련이 없다.

철학실천을 목표에 따라 분류하는 작업은 이쯤 해 두자. 그런데 철학실천은 또한 그 방법에 따라서도 나눌 수 있으며, 이때 우리는 두 개의 주요 그룹을 구별할 수 있다. 우선, 합리적인 분석, 또는 좀 더 일반적으로 비판적 사고를 강조하는 철학실천 방식들이 있다. *비판적 사고 접근법*의 지지자들은 철학이 본질적으로 이성적인 분석을 시도하는 것이라고 믿는다. 그러므로 철학상담의 방법은 주장을 만들고, 논리적 타당성과 오류를 탐지하며, 개념을 분석하고, 숨겨진 가정을 노출하는 등과 같은 논리적 사고 도구 또는 집합적으로 "비판적 사고"라 불리는 것 위에 기초해야 한다고 본다. 비판적 사고는 아마도 개인들이 자신들의 사적인 문제, 행동, 신념 심지어 감정들까지 분석하는 데 도움을 줄 수 있을 것이다.

내가 보기에 이 비판적 사고 접근법은 여러 가지 심각한 문제를 품고 있는 것 같다. 첫째, 이천육백 년에 걸친 철학으로부터 다른 모든 철학적 보물을 무시하고 오직 논리적 사고의 도구만 취한다.[6] 이는 여러 시대를 거치면서 발전한 풍부하고 복잡한 철학 사상의 본체를 활용하지 않고 오

6 특히 Elliot Cohen, *What Would Aristotle Do?*, Amherst, NY: Prometheus, 2003 참고.

직 합리적 분석의 도구에 만족하는 것이며, 삶에 기여할 수 있는 철학의 잠재력을 빈약하게 만드는 불행한 일처럼 보인다. "어떻게"라는 기술적인 수단에 지나치게 초점을 맞추다 보면 위대한 철학들에 내재하는 더 중요한 "무언가"가 배제될 수밖에 없다.

둘째, 비판적 사고가 위대한 사상가들의 철학에서 중심 요소라는 생각은 매우 의심스럽다. 역사를 통틀어 사실상 모든 철학자는 사고를 분석하기 위해 논리적인 기술을 적용하는 일 이상을 수행해 왔다. 그들은 기본적인 삶의 문제들을 밝히기 위해 복잡하고 웅장한 이론을 세우고 아이디어들을 *창출했다*. 그들의 작업은 세계에 대한 비전에서 영감을 얻었고, 무미건조하고, 기술적이고, 논리적인 기법에 제한되기보다 창의성과 상상력에 의해 길러졌다.

셋째, 비판적 사고란 철학에서만 특별한 어떤 것이 아니다. 그것은 진지하게 작업하는 모든 학문 분야에서 사용되고 있다. 변호사, 경제학자, 정치인, 심리학자들은 철학자 못지않게 비판적 사고를 구사한다. 어떤 실천이 비판적 사고를 사용한다는 사실이 곧 그것을 철학적인 것으로 만들어 주는 것은 아니다.

비판적 사고 접근법에 대한 대안을 *지혜의 접근법*이라고 부를 수 있다. 여기서 초점은 합리적 분석과 비판적 사고에 두어지지 않고 (물론 이 것들에게도 역할이 주어질 수 있겠지만) 오히려 깊은 철학적 아이디어들에 맞추어져 있다. 지혜의 접근법의 주요 과제는 아이디어들을 분석하는 것이 아니라 창조하고 구성하는 것이다. 그것은 삶에 대한 풍부한 이해를 발전시키고자 하기 때문이다. 이 접근법은 철학의 역사에서 얻은 지혜의 보물을 활용하지만, 따라야 할 권위가 아니라 개인적인 탐구와 성장을 위한 영감의 원천으로 활용한다.

필자의 접근법이 (자기-변형의 형식을 통한) 자기 계발을 목표로 하고 있으며, 비판적 사고를 훨씬 뛰어넘는 지혜를 추구한다는 사실이 지금까지 내가 말한 모든 것을 통해 분명해졌으리라고 생각한다. 이것이 내가 이 책에서 말할 접근법으로서, 철학실천가로서 나의 활동에서 비롯된 것이다.

철학실천과 심리학

철학이 우리가 우리 자신을 이해하며 더 충만한 인생을 살도록 돕는다는 발상이 심리학의 영역을 침범하는 것처럼 보일 수도 있겠다. 우리의 개인적인 곤경을 다루는 일은 심리학자들의 비즈니스 아닌가?

해당 철학실천가들의 이름을 전부 언급할 수는 없지만, 내가 보기에 정말 많은 철학실천가들이 그들의 철학실천에서 심리학적인 방법과 발상을 사용한다. 내 생각으로는, 그들이 하는 작업은 진정한 철학실천의 한 종류가 아니라, 철학적 요소를 약간 섞은 심리학적 상담이다. 이런 관점에서 보면, 그들의 작업은 인지 심리치료나 실존주의 심리치료와 같은, 오늘날 보편화 된, 철학에서 기원한 다른 심리치료들과 별반 다르지 않다. 이것은 안타까운 일처럼 보인다. 이는 철학하기가 지닌 대단한 잠재력을 희석할 뿐 아니라 심리학을 하는 것과는 매우 다른 철학하기의 고유한 힘을 놓치고 있기 때문이다.

어쨌든 여기서는 나 자신의 관점에 대해서만 말할 수 있기에, 지금부터는 나만의 철학적 비전과 철학실천에 접근하는 나의 방식에 대해서만 논하겠다. 역사적 관점에서 이야기를 시작해보자.

철학의 긴 역사에 비하면 심리학은 신생 분야다. 서양철학은 이천육백 년의 역사를 지니고 있다. 반면에 철학과 별도의 분야로서 과학적 열망을 지닌 심리학은 19세기 말과 20세기 초에 출현했다. 심리학이 탄생하기 전까지는 인간의 감정, 인지 그리고 행동에 관한 연구가 철학의 몫이었다. 여러 시대를 통틀어 주요한 철학자들은 인간의 정신psyche을 탐구했는데, 마음의 상태를 분류하고, 심리적 과정들을 설명하며, 감정과 생각의 근원, 그리고 이 둘의 기능과 상관관계를 연구했다.

19세기 말 무렵, 심리학은 철학에서 분리되는 동시에 과학이 되었고, 심리학의 응용된 형태인 심리치료 혹은 "대화 치료"라고 부르는 치료가 무대에 등장했다. 이것은 빠르게 성장해 현대 사회에서 중요한 위치를 차지하는 전문 영역이 되었고, 개인적인 곤경 상황에 대한 치료와 관련해서 거의 완벽한 독점권을 얻었다. 지그문트 프로이트가 그 주요 선구자이며, 심리학을 영혼에 대한 치료로서 확고하게 만드는 데 이바지했다. 이 새로운 분야는 곧 여러 유형으로 나뉘었고 하위 유형들도 등장했다(예컨대, "정신분석", "인지 심리치료", "인본주의 심리치료" 등). 하지만 나는 단순히 이 모두를 "심리치료"의 형태들로 간주할 것이다.

오늘날 심리치료사들은 전문가로 간주된다. 그들은 인간의 감정과 행동의 작동 방식에 대한 이론을 갖추고 있으며, 개입 방법을 통해 내담자와의 상호작용에 필요한 민감성을, 그리고 개인적인 문제를 분석하고 해결하는 데 도움이 되는 기법들을 개발하도록 훈련받는다. 이러한 관점에서 지난 세기에 이루어진 심리치료의 부상은, 지혜에 기반을 둔 전통 철학의 시도로부터 기술과 과학에 기반한 새로운 시도로의 이동, 현명한 사상가로부터 전문가로의 이동, 그리고 인생에 대한 비전으로부터 전문적인 이론과 기술로의 이동으로 여겨질 수 있다. 지혜보다는 기술과 전문성을 더 중시하는 오늘날의 기술 중심 세계에서 심리치료사가 개인의 곤경 상황을 다루는 권위자로 인정받는 것은 당연하다. 그렇다면 철학실천이라는 현대적 운동은 지혜의 길로 되돌아가자는 요청으로 비추어질 수도 있다.

그러나 이 모든 것은 지나친 단순화다. 심리치료는 한 가지가 아니라 수백 가지의 서로 다른 접근법들로 구성되어 있어서, 어떤 식으로 일반화하든 그러한 일반화는 그것들 가운데 어떤 것에 대한 오해를 낳게 된다. 이뿐만이 아니라 어떤 심리학적 접근법들은 철학적 요소들을 포함하고 있어서 완전히 철학의 영역 바깥에 자리하고 있지도 않다. 실제로 그것들은 부분적으로 특정한 형태의 철학실천과 중첩된다. 오늘날에는 대부분의 학문 분야에서 다른 학문과 중첩되는 부분들이 상당히 많으므로 이는 놀라운 일이 아니다. 물리학자는 화학에, 화학자는 생물학에, 사회심리학자는 사회학에 발을 들여놓는 일이 비일비재하다. 철학자의 실천과 심리학자의 실천 사이에 명확한 구분선을 그을 수 있기를 합리적으로 기대하기란 불가능하므로, 심리학자가 하는 일과 철학실천가가 하는 일을 구분하는 것이 아니라 심리학자의 사무실에서 일어나든 철학자의 사무실에서 일어나든 심리학적 사고방식과 철학적 사고방식을 서로 구별해 보는 것이 더 나을 듯하다.

필자의 개인적인 관점에서 볼 때, 철학과 심리학 사이에는 몇 가지 근본적인 차이점이 있다.

첫째, 이름에서도 알 수 있듯이 심리학은 정신을 다룬다. 심리학은 개인의 감정, 생각, 행동, 태도를 구성하는 그들의 삶의 *과정*이나 *메커니즘*을 다룬다. 이와 대조적으로 철학은 주로 *아이디어*들을 다룬다. 철학실천은 철학하기의 한 형태로서, 아이디어들이 우리를 움직이고 우리의 삶을 변화시킬 수 있는 엄청난 힘을 가지고 있다는 깨달음에 바탕을 두고 있다.

이 같은 힘에 대한 증거는, 앞서 언급했듯, 한 사람이 사회에 대한 비전, 자신에 대한 통찰 또는 죽음에 대한 새로운 실존적 의식 등에 영감을 받아 심오한 변화를 겪을 때 발견할 수 있다. 문제는 영향력 있는 아이디어들이 반드시 심오하고 이로운 것은 아니라는 사실이다. 실제로 그것들은 때때로 독단적이고 표피적이어서 삶의 폭을 넓혀 주기보다는 좁게 만든다. 예컨대 경직된 종교적 교리, 또는 사람들을 세뇌하려던 인종차별적 이데올로기가 그러하다. 그러므로 우리의 과제는 삶을 개방적이고, 심오하며, 풍요롭게 만들어 주는 아이디어들로 개인들에게 영감을 줄 방법을 찾는 일이다. 삶의 근본적인 문제에 대한 비판적이고 결론 개방적인 탐구인 철학은 이러한 목적에 이르기 위한 자연스러운 수단이다.

그렇다고 철학이 사람들이 우연히 갖게 되는 모든 아이디어들에 관심을 가지는 것은 아니다. 철학은 평균적인 의견이나 대중적인 사고방식에는 그다지 관심이 없다. 이것들은 심리학자나 사회학자에게는 흥미로울 수 있다. 철학은 사람들이 *평소에* 어떻게 생각하느냐에 관심이 있는 것이 아니라 일관성, 깊이, 의미, 지혜를 표현하는 *잠재력*을 지닌 사고방식에 관심이 있다.

이것은 철학실천과 심리학의 실천 사이에 존재하는 두 번째의 근본적 차이를 암시한다. 심리학은 사람들이 어떻게 느끼고 생각하고 행동하는지를 연구하는 학문으로서 *실제* 인간의 기능 범위에 초점을 맞춘다. 이와는 대조적으로, 철학실천은 주로 드물고 자주 은닉해 있는 실존의 더 높은 차원들에 관심이 있다. 심리치료의 주요 임무는 인간의 삶을 정상적인 삶과 비교하여 제대로 기능하고 만족스럽게 만드는 것인데 비해, 철학실천의 임무는—내가 보기에는—정상적인 기능을 넘어서 소중하고 심지어 심오한 것을 추구하는 일이다.

이런 점에서 내가 보기에 철학실천은 스토아학파, 신플라톤주의 등 서구의 고대 철학 학파들과 유사하다. 그들 역시 개인적인 문제를 해결하고 정상적인 인간의 기능을 회복하는 것보다, 사람들이 평소의 상태를 벗어나 존재의 더 높은 방식을 지향하도록 하는 데 관심이 있었다.

이 두 가지 실천을 실행하는 데 필요한 자격요건도 크게 차이가 난다. 심리학자들에게는 정상적 · 비정상적 인간 조건들을 다룰 능력이 필요하다. 이것에는 정상적 · 비정상적 기능이나 곤경 상황에 대한 지식, 대인관계에 관한 민감성, 인간 상황을 분석하고 개입 기술을 활용할 수 있는 능력이 포함된다. 이와는 대조적으로, 철학실천가들은 아이디어들의 영역에서 경험 많은 여행자가 될 필요가 있다. 그들은 삶의 근본적인 문제에 관한 철학사적 개념들에 대한 폭넓은 지식, 창의적인 생각을 발전시킬 수 있는 훌륭한 능력, 그리고 인간 실존의 더 높은 차원에 관련된 지혜와 인생 경험을 지니고 있어야 한다. 요컨대, 우리는 심리학이 우리 주변의 삶을 보이는 대로 다루는 데 비해, 철학실천은 인간 실존의 가장 멀고 심오한 지평으로 여행하려는 시도라고 거칠게 일반화시켜 말할 수도 있을 것이다.

제니의 사례

제니는 부족한 것 없는 삶을 살고 있다—수준 높은 급여를 받는 직장, 사랑하는 남편, 고급 중산층 수준의 생활, 두 자녀, 여러 명의 친구를 갖고 있다. 그럼에도 그녀는 무언가를 놓치고 있고 인생을 낭비하고 있다는 불안감을 겪고 있다. [심리] 치료사와 함께 어린 시절에 대해 검토해보았지만 별 소용이 없었다.

"당신은 제 치료를 원하지도 않고 또 필요하다고 생각지도 않는 것 같군요."

"무슨 말씀이세요? 전 공허함 때문에 거의 매일 괴로워요."

"당신한테 기적의 알약을 줄 수 있다면 당신의 불만이 사라지고 다시 정상적인 생활로 돌아갈 수 있으실 텐데, 그렇게 하실 의향이 있으세요?"

"아뇨, 선생님이 말씀하시는 '정상 생활'로 돌아가고 싶지 않아요. 저는 큰 변화를 원해요."

"맞아요, 당신은 심리학적 문제 때문이 아니라 성장하고픈 열망, 당신의 인생을

확장하려는 열망 때문에 힘들어하는 거예요. 경력을 바꾸거나, 연가를 내고 해외로 여행을 떠나보는 건 어떨까요? 아니면 철학상담사를 찾아가 보시든가요."

철학상담사와 대화를 통해 제니는 자신이 대부분 사람들처럼 인생이 어떠해야 하는가에 관한 자기만의 생각의 감옥에 갇힌 수형자라는 사실을 발견한다. 그녀의 동굴은, 좋은 인생이란 가족을 이루고 경력을 쌓는 것이라는 암묵적 가정에 일부 기인한다. 스스로 표현해 보지도 않았던 이 생각이 그녀를 열심히 일하도록 만들었고, 행동, 태도, 희망, 계획을 지시해 왔던 것이다. 이제 그녀가 안정된 직장을 얻게 되자, 그것이 충분치 않다는 것을 깨닫고 있다.

"이론적으로는 이제 제 한계를 알겠는데 어떻게 해야 벗어날 수 있을까요?"

"서두르지 마세요. 벗어나기 전에 먼저 당신이 무엇에서 벗어나야 하는가를 이해해야 해요."

"제 어린 시절, 방어기제 같은 것들 말씀인가요?"

"아니요, 철학은 아이디어들, 인생에 관한 아이디어들을 성찰합니다. 충만한 삶은 무엇을 뜻하나, 무엇이 중요하고 소중한가 등과 같은. 그것들의 깊은 의미와 당신 개인에 대해 갖는 의미를 탐구하는 겁니다. 인생의 기본 문제들에 관한 생각을 이천오백여 년 동안 글로 남긴 철학자들이 도움이 될 수 있을 거예요."

린다는 고대 철학자인 에피쿠로스의 글 가운데 여러 페이지를 소개하며 거기서 다루고 있는 토론 주제가 제니 자신에 대해 새로운 관점을 얻는 데 도움을 줄 수 있기를 희망한다. 제니는 참된 욕구와 거짓 욕구의 구분, 그리고 우리가 욕구하는 대부분의 것들이 진정한 욕구가 아니라는 에피쿠로스의 이론에 흥미를 느낀다.

"참된 욕구란 대체 뭘까요?"

"좋은 질문입니다. 함께 생각해 보죠."

"음, 그런데 에피쿠로스가 이 질문에 대해 명확한 답을 가졌던 것 같아요."

"실제로 그렇습니다."

"제 생각엔, 에피쿠로스는 기본적으로 존재하는 데 필요한 것을 넘어서는 상상의 것들을 진정하지 않은 욕구로 본 것 같아요. 고통스럽지 않은 삶을 꾸리는 데 필요한 만큼 이상의 돈, 비싼 의복, 큰 저택 등, 오늘날 기준으로 보면 새 가전제품, 드림카 같은 것들이겠죠."

철학상담사 린다가 동의하며 고개를 끄덕인다. 제니가 덧붙인다. "그런데 어째서 저보고 이 글을 읽으라고 하셨죠? 저는 호사스러운 물건들에 관심이 많지 않고 사지도 않거든요. 그러니까 제 문제가 아니라 다른 사람들 문제 같아요."

"그렇겠네요. 하지만 좀 더 깊이 들어가 보죠. 에피쿠로스는 우리가 가지고 있는 욕구 중에 참된 필요 또는 거짓 필요에 기초하고 있는 것이 어떤 것들인지를 결정하는 일반적인 테스트를 제안한 거라고 봅니다."

"일반적인 테스트요?"

"예, 우리의 욕구, 소망을 평가하는 일반적 기준 말이죠."

"그러니까, 진정한 욕구는 우리를 행복하게 만든다는 뜻인가요?"

"정확합니다. 필요로 하고 원하는 것은 그것을 만족시켰을 때 우리를 행복하게 만들고 쾌감을 준다는 거죠. 조용하고, 고통 없는 마음의 상태, 불안이나 괴로움도 없는 상태."

제니가 곰곰이 생각하며 말한다. "그건 제가 바라는 상태가 아닌 듯하네요. 저는 만족스러운 아니 심지어 행복한 상태를 찾으려는 게 아녜요. 전 제가 무언가를 하고 있다고 느끼기를 원해요. … 어떤 의미 있는 것, 어휴, 잘 모르겠네요."

"좋아요, 에피쿠로스에 동의하지 않음으로써 당신은 참된 필요에 대해 자신만의 이해를 발전시키려는 첫발을 내디딘 겁니다. 심오한 사상가들은 당신에게 영감을 불어넣어 당신 스스로 생각하게 만듭니다. 비록 그들과 의견을 달리할지라도 말이죠. 사실 동의하느냐 그렇지 않으냐는 중요하지 않습니다."

"그럼 우리는 이제 어디로 가야 하죠?"

"당신은 당신이 추구하는 것이 행복의 느낌은 아니라고 했고, 어떤 의미 있는 일을 하는 것이라 하셨잖아요. 그렇다면, 당신 생각에는 어떤 종류의 일이 의미 있는 걸까요?"

그들은 대화를 이어 가지만 심리학자들이 하듯, 제니의 심리—숨어있는 욕구나 무의식적 불안, 어린 시절의 경험 따위—를 파고들지는 않는다. 두 사람은 제니가 현재 가지고 있는 소망이 아니라 **잠재적인** 소망, 그녀가 아직 갖고 있지는 않지만 가질만한 가치를 지니는 소망에 초점을 맞춘다. '의미 있는 것이란 무엇인가'라는 문제는 제니의 심리상태와는 거의 무관하기 때문이다.

이어진 두 회기 동안 두 사람은 인생에 대해 제니가 과거에 지녔던 태도, 그리고 최근에 그녀가 추구했던 것을 주제로 토론한다. 제니는 자신이 언제나 특정 소망과 목표—'견고한' 경력과 가정home—를 갖고 있었고 그것들을 아무 의구심 없이 헌신적으로 추구해 왔다는 사실을 깨닫는다. 그녀는 그 목표들이 추구할만한 가치가 있는지, 또 그것들이 그녀의 인생에 무엇을 가져올 것인지, 혹시 다른 대안적 목표는 없는지를 스스로 따져본 적이 없었다.

철학상담사 린다는 때때로 허버트 마르쿠제, 윌리엄 제임스 같은, 진정한 소망과 의미에 대해 다루었던 철학자들을 대화에 이끌어 들인다. 제니는 개인적인 경험과 추상적인 사상을 연결하는 장시간의 대화 뒤에 생각에 잠기면서 이렇게 말한다.

"이 사상가들이 말한 모든 것들이 제게 반향을 불러오지는 않네요. 하지만 제 목표들이 제 내면의 삶에 영향을 준다는 통찰은 얻었어요. 내가 추구하는 목표가 내가 어떤 사람인지를 만든다는 것. 단순히 내가 하는 일, 성취하는 일에 대해서뿐만 아니라 내 내면의 삶을 더 생각해 봐야 할 것 같아요."

"당신이 그 사상가 중 누구도 복음 전파자로 여기지 않는 것은 좋은 일입니다. 그들은 그저 인생에 관한 풍요로운 코러스 안에 포함된 특정한 목소리에 불과하니까요. 그런데 당신의 내면적 삶은 어떻게 계발하실 거죠? 만일 자유로이 선택할 수 있다면 어떤 종류의 삶을 선택하실 건가요?"

"글쎄요, 아직 어떻게 대답해야 할지 모르겠네요."

계속된 회기 중에 린다는 세 개의 철학 텍스트를 간단히 소개하고—니체의 초인사상이 대변하는 열정적인 자기 창조, 에머슨이 말한 영감의 내적 원천에 대한 개방성, 베르그송의 전체주의적이고 창조적인 경험의 조화—이 사상들이 제니의 일상적 삶에 어떻게 관련되는지를 성찰하도록, 또 제니가 원하는 방식으로 수정할 수 있도록 격려하고 돕는다.

제니가 이 아이디어들의 렌즈를 통해 자신을 들여다볼 때, 그녀는 새로운 통찰을 얻는다. 자신이 인생에 관한 편협했던 생각들로 힘들었고, 그것을 확장하기를 갈망한다는 사실을 이해한다. 인간 경험에 관한 새로운 전망이 펼쳐지기 시작하고 그녀에게 영감을 불어넣는다. 그녀는 자신이 하던 일을 계속하지만, 내면에서 새로운 변화가 시작되고 있음을 느낀다.

"저는 '더 넓은' 내면이 있을 수 있다는 사실을 깨닫게 되었어요. 그 단어를 정확하게 정의 내리지는 못하겠지만, 제 안에서 그 단어가 울려 나와요. 정의할 수는 없지만, 제 내면의 무언가가 저를 오랫동안 억압해 왔다는 게 느껴져요. 이제 전 그럴 필요가 없다는 걸 알게 된 거죠."

그녀는 자신이 고유한 방식으로 사용하기 시작한 단어들—'넓은', '좁은', '확장하다', '위축된'—을 정의하는 문제로 고민하지 않기로 한다. 제니는 이제 인생에 관해 그녀만의 비전을 분만하는 과정에 들어섰고, 그 과정은 오랜 시간과 많은 자기 성찰, 실험을 통해 분명하게 드러날 것이기 때문이다.

제니의 사례는 심리치료사의 심리학적 자료들에 대한 작업과 철학실천이 어떻게 다른가를 보여준다. 철학실천에서 철학자와 내담자는 인간 실존에 관한 아이디어들을 주로 다룬다. 특히, 그 아이디어들은 삶의 더 높은 차원과 관련이 있는데, 심리학자 대다수는 그것들이 진짜 문제가 아니라고 여길 것이다.

다수의 심리치료 방법에 따르면, 진짜 문제들은 개인의 웰빙에 영향을 미치는 심리학적 소재들이다. 예컨대, 어린 시절의 경험과 방어 메커니즘(심층 심리학), 신념의 체계 (인지 치료), 자신에 대한 감정 (인격 중심 치료) 등. 반대로, 철학자에게서 사람의 정신에 관련한 소재들은 주된 관심사가 아니다. 철학은 아이디어들에 대한 것이다.

분명 심리학자들도 그들의 작업에서 아이디어들(또는 이론들)을 사용한다. 그러나 그들이 내담자들과 함께 토론해야 할 중요한 어떤 것으로서가 아니라 그들의 작업을 위한 도구로 사용한다. 예를 들어 프로이트학파의 분석가는 억압된 스트레스 경험에 대한 이론을 사용할 수도 있을 것이고, 인지 심리치료사는 신념이 감정에 어떻게 영향을 미치는지에 대한 이론을 사용할 수도 있다. 하지만 그들은 이런 심리이론들을 고객들과 논의하거나 분석하지 않는다. 이와 마찬가지로 인격 중심 치료사들도 무조건적 수용이 성장을 촉진한다는 아이디어를 사용할 수 있지만, 치료 자체가 고객에게 이 아이디어를 설명하고 함께 논의하는 것으로 이루어지지는 않는다. 심리치료사들에게 심리학 이론들은 심리치료 회기 동안 토론할 주제가 아니라, 사용해야 할 작업 도구들이다,

이와는 대조적으로 철학실천에서 아이디어들(개념들, 이론들, 전제들, 주장들 등)에 관한 토론은 그 과정의 중심을 차지한다. 당연하게 여기는 이론은 없다. 거론되는 어떤 이론이든 토론, 수정 또는 거부를 위해 열려 있다.

아마 다음과 같은 반론이 제기될 수도 있겠다. 즉, 몇몇 형태의 심리치료도 아이디어들을 내담자와 함께 토론한다고 말이다. 예를 들어 인지 치료사들은 고객들과 다양한 문제들을 토론한다. 그러나 그 토론은 내담자에게 영향을 주어 "긍정적인" 생각이나 "기능적인" 행동을 하게 하기 위한 기법이다. 이때 토론은 내담자의 세계를 풍요롭게 하기 위한 것이 아니라, 미리 정해진 방향에서 그들에게 영향을 주려는 것이다. 이 과정에서 내담자들은 복잡하고, 심오하고, 심지어 혼란스럽기까지 한 이해의 지평을 지향하기보다는 단순화된 관점과 실질적인 해결책을 지향한다. 이와 반대로 철학적 토론은 진정으로 결론이 개방된 탐구다. 그리고 그것은 삶에 대한 더 풍부하고 더 깊은 이해를 발전시키려는 진지한 시도의 안내를 받는다.

아마 가장 철학 지향적인 심리치료의 형태는 실존주의 치료(실존주의적 상담)일 것이다. 실존주의 심리치료는 인간의 상태를 열려있고, 계속 전진하는 과제로 묘사했던 중요한 실존주의 철학자들—프리드리히 니체, 칼 야스퍼스, 마르틴 하이데거, 장-폴 사르트르 등—의 견해에 기초한다. 이러한 사상가들에 따르면, 완전하게 인간이 되는 것이란 삶의 기본적인 문제들을 해결하려 고군분투하는 것을 의미하는데, 특히 의미를 탐

구하는 것, 진실하기 위한 시도, 그리고 한 사람의 자유와 책임, 근본적인 외로움, 다가올 죽음 등을 완전히 아는 것 등에 대한 필요성을 의미한다. 이러한 철학적 아이디어들은 실존주의적 방향의 심리치료들에 의해 그 이론적 기반으로 채택되어왔다. 이에 관한 강력한 예는 미국의 영향력 있는 실존주의 심리치료사인 어빈 얄롬Irvin Yalom이다. 그의 접근법은, 사람은 전형적으로 가장 개인적인 곤경들의 원인인 삶의 네 가지 기본적인 문제들(또는 기본적으로 "주어진 것들", 즉 자유, 고립, 의미, 죽음)을 해결하려 애쓴다는 견해에 기초한다.[7]

이런 종류의 치료는 많은 철학적 논의의 주제가 되어왔던 삶의 문제들과 연관되기 때문에, 어떤 제한된 의미에서는 철학적이다. 그러나 다른 한편으로는, 그것이 실존주의라는 특정 이론에 의존하는 것이기 때문에 완전히 철학적인 것은 아니다. 그것은 실존주의를 정설로, 치료의 기반으로 받아들이고 있지만, 논의할 다른 많은 철학 가운데 가능한 하나의 철학으로 받아들이지는 않는다. 회기 내에서는 실존주의 가정들에 관해 질문하는, 즉 삶에 관한 대안적인 신념들을 진지하게 고려할 여지가 충분하지 않으며, 확실히 이러한 작업이 고객들과 함께 이루어지지도 않는다. 이러한 이유에서 실존주의 심리치료는 비록 특정한 철학적 요소를 포함하고 있기는 해도, 철학실천처럼 고객들과 진정한 철학하기에 종사하지는 않는다.

심리치료가 철학적 요소들을 포함할 수 있는 것처럼, 철학실천도 고객의 심리적인 과정들과 메커니즘들을 고려하는 정도로 심리치료적 요소들을 포함할 수 있다. 사실, 심리학적인 관점들이나 철학적인 관점들은 삶에서 무시될 수 없는 중요한 두 가지 차원이기 때문에, 이 양자 모두를 아는 것이 유익하다.

---

7 특히 *Love's Executioner*, New York: Basic Books, 1988의 "프롤로그" 참고.

제3장

우리의 동굴 — 한계

제3장
우리의 동굴—한계

지금까지 나는 우리를 가두고 있는 "플라톤의 동굴"에 대해, 그리고 철학적 성찰이 어떻게 우리를 동굴에서 벗어나게 해줄 수 있는지와 관련해 일반적인 이야기를 했다. 이제는 이러한 아이디어를 구체적이고, 실용적인 방법으로 바꿔야만 한다.

철학하는 과정은 항상 우리가 우리 자신의 한계의 포로라는 사실을 깨닫는 데서 시작한다. 내 삶이 얼마나 제약되어 있는지를 깨달을 때, 세상에 관련된 좁은 울타리를 인식할 때, 나는 비로소 그것을 극복하기 위해 고군분투할 수 있다. 오직 자신이 플라톤의 감옥에 갇혀있다는 사실을 이해해야만 삶을 성장시켜 나아갈 수 있다. 하지만 플라톤의 동굴이라는 것이 정확히 무엇일까?

한계란 무엇인가?

일상생활에서 우리는 세상을 이해하는 방식에, 다시 말해 주변 사람을 이해하는 방식에, 그리고 우리 자신이 처해 있는 상황과 우리가 누구인지에 대한 이해에, 그리고 삶의 전반에 대한 이해에 끊임없이 의존한다. 우리가 만족해하거나 화를 내는 것은 어떤 상황을 특정한 방식으로 이해하기 때문이고, 근심하거나 희망을 품는 것, 또 이런저런 견해를 선택하는 것도 마찬가지다. 예컨대 누군가 빙판길 운전을 두려워한다면, 그는 그 운전이 위험하다는 것을 알기 때문이다. 만약 이웃에게 화가 난다면, 그것은 이웃의 행동이 불공정하거나 공격적이라고 여기기 때문이다. 이와 비슷하게 만일 우리가 슈퍼마켓이 식자재를 파는 곳이라는 사실을 이해하지 못한다면 그 장소에서 상황에 맞는 행동을 할 수 없을 것이다. 환경에 대한 복잡한 이해의 얼개가 없다면, 우리는 적절하게 기능하고 느낄 수 없다. 보통 이러한 문제들에 대해서 의식적으로 생각할 필요는 없지만 어떻게든 이해는 해야 한다.

내가 가진 이해 가운데 일부는 특정 가족, 이웃, 자동차 또는 집 등 특수한 사실에 관한 것이다. 좀 더 일반적인 다른 이해도 있다. 예를 들면 가게에서 어떻게 행동해야 하는지, 돈을 어떻게 써야 하는지 등에 관한 것처럼. 하지만 좀 더 특별한 종류의 이해가 존재한다. 다른 이해의 유형들보다 더 근본적인 것으로서, 삶의 기초가 되는 기본 원리에 대한 이해를 말한다. 그것들은 삶의 기본적인 문제들에 대해 내가 가지고 있는 개인적인 대답들이다. 삶의 기본 물음들이란 예컨대 '인생에서 의미 있는 것은 무엇인가?', '사랑은 무엇인가?', '자유롭다는 것은 무엇인가?', '공정, 책임, 죄책감의 의미는 무엇인가?', '진리, 아름다움은 무엇인가?' 등과 같은 것들이다.

일상생활에서 우리는 끊임없이 이러한 기본적인 물음들을 접하고 그것에 반응한다. 추상적인 사상을 통해서뿐만 아니라 주로 우리의 일상적인 감정, 생각, 행동을 통해 그렇게 한다. 우리의 계획, 선택, 질투, 분노, 희망, 욕구—이런 것들과 다른 많은 것들이 이러한 문제들을 대하는 우리의 구체적인 방식을 표현한다. 예를 들어, 만일 내가 일 중독자라면, 내가 끊임없이 일해야 할 필요성 자체가, 내가 인지하지 못하더라도 인생에서 무엇이 중요한지에 대한 나의 표현이다. 일 중독에 빠진 나의 충동은 이렇게 말한다. 생산성이 삶에서 가장 중요한 것이다. 다른 예를 들어보자. 내가 가난한 사람을 돕는 일에 특별한 노력을 기울인다면, 이 행동은 도덕적 책임에 대한, 즉 사람들이 서로에 대해서 책임이 있다는 나의 이해를 표현하는 것이다. 비록 내가 이 같은 이해를 말로 표현할 수 없을지라도 말이다. 이와 유사하게, 만약 내가 나의 배우자가 나의 정치적 견해에 동의하지 않는 것에 대해 크게 불쾌감을 느낀다면, 이러한 태도는 사랑에는 동의가 필요하다는 내 아이디어를 표현하는 것이라고 할 수 있다. 마찬가지로, 간단한 코미디나 세련된 영화를 보는 것, 친구들과 수다를 떨거나 책을 읽는 것 등과 같은 나의 선택은, 삶에서 가치 있는 것에 대한 나의 이해를 표현한다. 이 같은 의미에서 우리는 우리 자신과 타인을 끊임없이 해석하며, 삶의 기본적인 문제들에 대해 개인적으로 반응한다. 보통 그것을 완전히 의식하지는 못한 채로 말이다.

리사와 엠마의 사례

리사와 엠마는 같은 지역 식당에서 웨이트리스로 일하는 대학생들이다. 이들은 몇 달 전부터 그곳에서 함께 일하기 시작했고, 즉시 서로에게 편안함을 느꼈다. 그들은 곧 친구가 되었고 함께 점심을 먹거나 강을 따라 산책하기 위해 식당 밖에서도 만나기 시작했다. 그러나 두 사람의 우정이 깊어지고 있음에도 불구하고, 최근부터 어느 정도의 긴장감이 나타나기 시작했다.

"너는 나한테 너 자신에 대해 아무 말도 하지 않는구나"라며 리사가 종종 불평한

다. "뭐든 말해봐."

"예를 들면? 난 네가 재미있어할 만한 이야기가 없어."

"예를 들면, 네가 오늘 무얼 했는지, 아니면 부모님이 어떤 분들이신지 같은 거 말이야."

"저런, 리사 그런 건 지루하잖아." 엠마는 늘 이런 식이었다. 이제 리사는 대부분 자기만 이야기하고 있다는 사실을 알아차리게 되었다. 그녀는 엠마가 듣기 지칠 때까지 그녀에게 오늘 아침에 한 일이나 어제 있었던 일에 대해 아주 자세히 이야기하곤 했다.

엠마는 자기가 개인적인 것을 리사에게 숨기려 한다고 여기지는 않았고, 단지 그것이 대화하기에 흥미롭지 않은 주제라고 생각한다. "우리 함께 뭔가 재미있는 걸 하자!"라며 그녀가 말한다. "목도리를 사러 가는 건 어때? 아니면 탁구 한 게임을 하거나. 어릴 때 쳐봤다고 했잖아."

어느 날 리사는 우연한 기회에 엠마가 그녀의 남자친구와 이 주 전에 헤어졌다는 사실을 알게 된다. 리사는 엠마가 자신에게 그 일에 대해 아무 말도 하지 않았다는 사실에 크게 상처받는다.

"넌 내가 너의 가장 친한 친구라고 말하지만," 그녀는 괴로워하며 내뱉는다. "네게 일어난 일에 대해 굳이 말하려 들지 않으면서 어떻게 내 친구가 될 수 있지?"

우리가 이 두 젊은 여성들의 태도를 들여다보면, 그들이 우정이 무엇을 의미하는지에 대해 서로 다른 방식으로 이해하고 있다는 점을 알 수 있다. 우정에 관한 서로 다른 "이론들"이라고 표현할 수도 있겠다. 리사에게 우정은 세상을 공유하는 것을 뜻한다. 일상생활, 기쁨과 고통, 걱정과 희망 등에 관한 크고 작은 세부 사항을 공유하는 것을 말한다. 반면 엠마에게 우정은 즐거운 일을 함께하는 것을 의미한다. 다르게 말하면, 리사의 우정에 대한 "이론"에서 친구를 함께 묶어주는 "끈끈함"은 서로 나누는 것이고, 엠마의 말에 따르면 이 끈끈한 유대감은 재미를 뜻한다.

흥미롭게도 그 두 사람 중 아무도 우정이 자신에게 어떤 의미인지 말로 표현하지 않았다. 만약 우리가 그들에게 우정을 정의해 보라고 한다면, 그들 중 아무도 무슨 말을 해야 할지 모를 것이다. 그럼에도 그들의 감정, 기대와 행동은 우정에 대한 확실한 이해를 표현한다.

리사와 엠마처럼, 우리는 끊임없이 자동으로 그리고 별생각 없이 우리의 세계를 해석한다. 이러한 해석들은 유용하다. 당신이 만약 당신의 세계 안에서 살아가고자 한다면, 당신은 당신의 세계를 해석해야만 하겠지만, 생각에 너무 많은 시간을 쏟지 않는 것이 나을 것이다. 그렇지 않다면 당신은 해야 할 일을 결코 시작하지도 못하게 될 수 있다. 그러나 해석은 자주 우리의 감옥이 되기도 한다. 우리의 해석은 한 측면만을, 즉 너무 좁고 표피적인 관점만을 나타내기 때문이다. 이렇게 우리가 편하게 느끼기는 하지만 제한되어 있는 세계를 우리는 우리의 *한계*[1]라고 부를 수 있다.

나의 *한계*는 내가 평범하게 관계 맺고 있거나, 혹은 더 정확하게 말하자면, 내가 이해한 대로의 세상이다. 어떤 것들은 흥미롭고 또 어떤 다른 것들은 지루하며, 어떤 목표는 가치가 있지만 다른 목표들은 중요하지 않고, 어떤 행동들은 옳지만 다른 행동들은 옳지 않으며, 어떤 스타일은 아름답지만 다른 스타일들은 추하다고 서술하는 것이 내가 나의 세계를 이해하는 방식이다. 요컨대, 그것들이 나의 삶에 관한 이해의 총체다. 이러한 이해들은 대부분 나의 명확한 의견을 반영한 것이 아니라 나의 습관적인 행동들, 감정들 그리고 태도를 통해 표현된다.

*한계*라는 표현은 내 세계의 이중적인 본성을 나타낸다. 한편으로 그 표현은 편안함, 편리함 그리고 안전을 의미한다. *한계*란 나를 둘러싼 것을 구획 짓는 영역을 의미한다. 다시 말해 나의 안전지대, 즉 내가 그 안에서 살아가는 방식을 잘 아는, 친숙한 거처를 뜻한다. 반면에 이 단어는 또한 울타리, 경계, 제한을 나타낸다. 나의 *한계*는 주어진 행동이 내 세계 안에서 가질 수 있는 의미가 어떤 것인지, 또 주어진 것이 갖거나 가질 수 없

---

1 [역주] "perimeter". 저자가 거의 같은 의미 맥락에서 사용하는 "boundary"(경계), "limitation"(제한) 같은 개념들과 구별하기 위해 "한계"로 옮겼다. 편상범 교수는 역자에게 저자가 이 개념을 불교의 "境界" 개념과 유사한 의미로 사용한다는 점을 환기시켜주었다.

는 가치가 어떤 것인지를 결정한다. 이것은 또한 내 세계 안에서 어떤 종류의 사건이 일어나기 쉬운가를 결정하고—예컨대 만약 내가 의심이 많은 사람이라면, 모함이나 음모—, 또 내가 맡을 수 있는 역할들을 결정한다. 또한, 예컨대 만약 내가 관심받는 것을 좋아한다면, 나는 광대 역할을 기꺼이 감수한다. 이것은 어떠한 상황들이 내 인생 전반에서 계속해서 일어날 가능성이 큰지를 결정하며—예를 들어 만약 내가 세계를 전쟁터로 이해한다면, 나는 갈등을 겪게 된다—, 또 어떤 다른 일들이 일어날 가능성이 희박하거나 혹은 아예 일어날 가능성이 전혀 없는가를 결정하기도 한다. 그리고 이것은 비교적 견고하여서 평생 쉽게 변하지 않는다. 나의 한계는 내 세계 안에서 찾을 수 있는 것과 찾을 수 없는 것 사이의 경계를 표시한다. 이 한계는 플라톤의 말처럼 나의 동굴이다.

물론 이것은 단순화한 설명이다. 한계는 단순하고 날카로운 선으로 구분 지어 있는 것이 아니다. 이것은 많은 모호함, 바림gradations, 그리고 많은 애매한 영역을 가진 복잡한 어떤 것이다. 그러나 이러한 복잡한 것들을 도외시한다면, 우리는 아마 한계란, 내 세계를 향한 내 습관적 태도들의 레퍼토리를 표시한다고 말할 수 있을 것이다. 내가 사물을 경험하는 평소의 방식과 특징적인 반응들, 행동들과 감정들 그리고 선호가 그 내용이다. 이것은 내 가능성의 영역을 대략적으로 보여준다. 내가 다른 사람들과 어떤 관계를 맺을 수 있는지, 또 내가 어떻게 행동하고 말하는지, 내가 흥미 또는 감사 또는 공포를 느낄 수 있는 행동들이 무엇인지, 그리고 내가 사랑이나 신 또는 자유 안에서 발견할 수 있는 의미 등을 보여준다. 이것은 내 세계의 일반적인 윤곽을 나타내는 경계선들이다.

나의 한계는 어떻게 주어지는 것일까? 누군가는 그중 일부가 나의 특정한 양육, 교육, 또는 심지어 유전자에서 비롯한다고 가정할 수도 있다. 일부는 내 생각이나 느낌에 영향을 끼친 문화에서 비롯된 것일 수도 있다.

또 다른 일부는 모든 인간이 공유하는 일반적인 심리적 또는 생물학적 경향성에서 비롯한 것일 수 있다. 일반적으로 말해 우리는 어떤 사람의 한계란 그 사람의 내부와 외부의 다양한 심리적 메커니즘과 그 과정의 결과물이라고 추정할 수 있다. 그러나 이러한 메커니즘과 과정의 본질이 여기서 우리의 관심사는 아니다. 그것은 철학의 문제가 아니라 심리학, 사회학, 인류학, 신경과학, 즉 좁은 분야를 다루는 과학의 문제다. 철학자로서 여기서 우리가 관심을 두는 것은, 사람들이 보통 그들의 한계에 둘러싸여 있다는 현상이지, 이 사실 뒤에 있는 메커니즘이 아니다. 나의 한계는 —어떤 과정을 거쳐 만들어진 것이든—내 삶을 그 가능성의 작은 조각에, 즉 인간 현실의 광대한 지평선 안에 있는 작은 영역에 한정한다.

제이슨의 사례

제이슨은 파티장에 있다. 그는 담소하며 웃고 시시덕거리는 주변 사람들을 바라보면서 파티장 밖 벽에 기대어 서 있다. 그는 자신이 명랑한 사람들과 매우 다르며 그들보다 우월하다고 느낀다. 누군가 그에게 말을 걸 때마다 그는 어색하게 웅얼거린다. 그의 말은 너무 지적으로 그리고 또 너무 침울하게 들린다. 그는 이 세상엔 더 나은 일이 없고 더 중요한 일도 없다는 듯 시끄럽고 바보 같이 떠드는 사람들을 비웃는다. 그는 자신이 그들과 다르다고 자신에게 말한다. 그는 진지한 사람이다. 그는 가만히 그들을 바라보며 꼿꼿하게 서 있다. 보이지 않는 벽이 그를 다른 사람들과 구분하고, 그의 지평이나 한계를 넘어서 가능할 수 있는 존재의 다른 방식과 그의 존재 방식을 구분한다. 그의 레퍼토리는 삶에 대한 지적인 태도에 한정되어 있다.

때때로 지적으로 행동한다고 해서 잘못된 일은 아니다. 하지만 제이슨에게 그러한 태도는 선택이 아니라, 자신이 아는 다른 사람들과 관계를 맺는 유일한 방법이다. 그리고 실제로 삶의 전반에서 그의 지적인 태도는 사실상 다음과 같은 것을 뜻한다. "모든 상황과 모든 이슈는 우리에게 진지하고 지적인 태도를 요구할 자격이 있다."

혹자는 이것이 제이슨의 삶에 관한 "이론", 또는 올바른 삶의 방식에 대한 그의 기본적인 이해라고 말할 수도 있겠다. 그리고 제이슨은 별생각 없이 자동으로 이 이해를 따르고 있다.

흥미롭게도 때때로 제이슨은 자신의 태도를 증오하며, 스스로 표현하듯 자신이 좀 더 "쉬운" 인간이 되기를 은근히 바란다. 그러나 이러한 일시적인 불만과 갈망은 그의 인식의 주변에 모호한 상태로 남아 있을 뿐 그의 실제 행동에 영향을 미치지는 않는다. 다음 장에서 우리는 이러한 다양한 "목소리들"voices이 지니는 중요성에 대해 알아보게 될 것이다. 그러나 지금 우리는 그것들이 진정한 변화를 일으키기에는 한참 무기력해 보인다는 점에 주목하기로 하자. 그렇다면 제이슨의 동굴 또는 한계는 이렇게 표현할 수 있을 것이다. 그는 유쾌한 행동과 자발적인 감정은 열등한 것이기 때문에 피해야 하며, 진지하고 지적으로 생각하는 것만이 유일한 존재의 방식이라는 이해 안에 갇혀있는 것이라고. 확실히 그는 이 이해에 대해 완전히 알지 못하고 아마 말로 표현하지도 못하겠지만, 이 이해는 그에게 깊은 영향을 미치고 있으며, 어떻게 끝내야 할지 모를 정도로 그를 통제하고 있다.

심리학자는 제이슨의 이 같은 태도의 심리적 기원과 관련해, 그것이 어린 시절 경험의 결과인지, 아니면 억압된 트라우마나 너무 엄격한 교육의 결과인지, 그것도 아니면 어떤 다른 심리학적인 이유가 있는지 등과 같은 의문을 가질 수 있다. 하지만 철학자인 우리에게 그런 것들은 중요한 문제가 아니다. 중요한 것은 제이슨의 이해 기원이 아니라, 그가 지금 그것을 가지고 있다는 사실이다. 그가 어째서, 어디서 얻었든, 그것을 만들어 낸 심리학적 메커니즘과 상관없이, 이 이해는 이제 제이슨의 삶에서 한계로 기능하고 있으며, 삶에 대해 그가 취하는 태도의 레퍼토리를 제한한다.

제이슨이 지닌 한계의 문제는, 그가 자신의 태도를 더 넓은 범위로 확장할 수 없으며, 자신의 더 많은 내적 자원을 활용할 수 없다는 점이다. 제이슨은 분명히 지적인 태도 그 이상인 존재자이지만, 자신을 스스로 "그 이상"에 연결할 수 없는 상태에 있다. 문제는 그의 행동이 일부 심리학자들이 말하는 것처럼 "기능적이지 않다"라거나 "불만족스럽다"기보다는 그의 존재의 피상적이고 자동적인 부분에 제한된다는 점이다. 비록 제이슨이 보편적인 명성을 얻을 수 있도록 밀어붙이는 그의 한계적인 행동이 순기능적이고 쾌를 주는 것일지라도, 그의 내적 삶은 여전히 자동적인 표

면에 제한되고 충족감이 모자란 것일 수 있다. 철학상담사는 제이슨이 자신의 한계를 의식하고 그리하여 더 온전하고 더 풍요롭고 더 자유로운 삶의 원천을 발견할 수 있도록 돕고자 할 것이다.

제이슨, 리사, 엠마의 사례가 보여주듯, 우리 일상의 태도 중 특히 감정과 행동은 다음과 같은 기본적인 삶의 질문들에 대한 개인적인 대답을 표현한다. 삶에서 중요한 것은 무엇인가? 진정한 우정은 무엇인가? 진정한 사랑은 무엇인가? 자유의 의미는 무엇인가? 책임감이나 죄가 있다는 것이 무엇을 의미하는가? 이 같은 물음들에 대한 이해는 우리 세계의 근본적인 좌표를 형성하고 우리 삶에 특정한 형태와 방향을 제공한다.

이런 근본적인 이해는 우리 일상에 스며들어 있어서, 지식인들이나 철학자들뿐 아니라 모든 살아 있는 사람들에게 속해있다. 그러한 이해들은 우리가 거의 매일 경험하는 일상적인 순간, 일상적인 행동, 계획, 선택, 질투, 분노, 희망, 욕구 안에서 발견될 수 있다. 우리말을 지배하는 문법 규칙처럼, 또는 우리 몸의 움직임을 조절하는 역학 법칙처럼, 우리가 거의 인식하지 못하더라도 우리를 형성한다. 예를 들어, 내가 어떤 종류의 로맨틱한 관계를 발전시키는 것은 사랑의 의미에 대한 나의 이해 때문이고, 내가 불쾌감을 느끼는 것은 자존심에 대한 나의 이해 때문이다. 그런데도 나는 이러한 이해를 말로는 잘 설명하지 못한다.

이 근본적인 이해는 기본적인 삶의 문제에 관한 것이기 때문에 *철학적*이다. 그것은 단순히 나의 세계 안에 존재하는 구체적인 세부 사항만 다루는 것이 아니라, 내 세계를 구성하는 요소들인 기본 개념들과 근본 원리들을 다루기 때문이다. 비록 직접 말로 표현하지는 않더라도, 어떤 사람은 우리가 모든 근본적인 철학적 문제를 다루기 때문에 우리 모두 철학자라고 생각할지도 모른다. 그리고 이러한 문제들에 대한 우리의 반응은 자동적이고 검토되지 않은 것이기 때문에 우리는 모두 그 이해 안에 갇혀 있다. 우리는 어느 정도 각자의 철학적 "이론", 즉 우리의 한계에 감금되어 있다.

플라톤에 따르면, 철학은 우리를 동굴 밖으로 이끌 수 있다. 철학실천은 우리가 이 흔한 인간 조건을 벗어날 수 있도록 도와줄 수 있다. 철학실천이 제시하는 비전은, 플라톤의 동굴을 떠나는 여정이 빠르거나 간단하지 않을지라도, 우리가 더는 우리 자신의 감옥에 남아 있을 필요가 없다는 것이다. 훌륭한 철학실천가는 그 과정을 안내할만한 경험과 철학적 지식 그리고 지혜를 가지고 있으며, 또 본인 자신도 개인적으로 그 과정에 참여하는 사람이다.

이때 중요한 역할을 하는 근본적인 통찰은, 나는 나의 한계를 훨씬 뛰어넘는 존재라는 사실이다. 비록 나는 거의 매 순간 내 한계의 울타리 안에 제한되어 있지만, 사실 내 가능성의 범위는 그것보다 훨씬 넓다. 플라톤 동굴의 거주자들이 그들의 동굴보다 훨씬 더 큰 세계에 속해있는 것과 같이 나는 더 큰 현실에 속해있다. 그러나 내 존재의 더 넓은 범위를 깨닫기 위해서는 자기-변형과 자기 성찰의 오랜 철학적 과정이 필요하다.

한계와 게임 사이의 유사점과 차이점

한계는 우리가 즐겨 하는 게임과 비교할 수 있다. 그것은 게임처럼 인위적이고 엄격한 규칙들로 제한된, 현실에 대한 한정적인 모방이다.

체스 게임을 생각해 보라. 우리는 동전을 위로 던져 말의 색을 결정한다. "나는 하얀색!"

실제로, 내 머릿속에서 나는 하얀색으로 *존재한다*. 나무로 만든 보드 위 하얀색 플라스틱 체스 말들은 단지 내 것일 뿐만 아니라, 나*이다*. 내가 게임에 몰두할 때 이 체스 말들은 내 소망과 생각들, 후회들과 기쁨들의 중심이다. 보드 위에서 전투가 무서운 기세로 계속될 때 나는 진짜로 초조해하고 불안해한다. 그리고 상대의 검은 색 여왕이 내 하얀색 주교를 잡을 때 나는 진짜 고통을 느낀다. 하얀색 말들의 행동은 나 자신의 행동이다. 그 말들을 통해 나는 움직이고, 공격하고, 복수하고, 승리하고 생존하는 것이다. 그것들이 곧 나이기 때문이다. 게임이 지속하는 동안, 예순네 개의 흑백 사각형들의 체스 보드는 나의 세계다.

내가 게임을 할 때, 나는 진짜 삶으로부터 다른 현실, 즉 체스 보드, 또는 카드들의 세트, 또는 농구 코트, 또는 컴퓨터 화면에서 괴물과 싸우는 전쟁터로 이동한다. 나는 더이상 파인 스트리트에 사는 남자, 다음 주까지 엔진 오일 교환이 필요한 차의 주인인 남자, 선생님 또는 버스 운전기사로 일하는 남자, 그리고 내일 의사와 진료 약속이 있는 남자가 아니다. 이러한 사실들은 나의 현실 의식으로부터 희미해지면서 거의 사라져 간다.

그렇다 하더라도, 내 마음의 뒤편에서는 이건 단지 게임일 뿐이고 나는 내일 의사와의 진료 약속이 있다는 사실을 의식하고 있다. 사실상 나는 두 부분으로 쪼개진 것이다. 그중 한 부분은 게임 속에서 살아가고 있지만, 다른 한 부분은 그보다 더 넓은 세상에 대해 희미하게 알고 있다. 나는 동시에 게임과 실제 세상이라는 두 개의 서로 다른 현실들에서 살고 있다.

게임을 하는 것은 매우 흔한 인간 현상이고, 너무 흔해서 우리는 보통 그것이 얼마나 놀라운 일인지 실감하지 못한다. 내가 체스 보드 위에서 하얀 병사들이 될 수 있으며 또 내 보통의 관심들과 정체성을 잊어버린다는 사실은 놀라운 일이다. 내가 서로 다른 두 개의 삶을 살 수 있다는 건 놀라운 일이다. 각기 다른 삶 속에서 나는 서로 다른 의도와 선호, 희망, 두려움, 행동을 취할 수 있기 때문이다. 그것은 마치 내 안에 동기, 생각,

감정, 삶에 대한 두 개의 원천이 존재하는 것과 같다.

게임은 내가 두 번째 삶, 대안적인 현실을 살 수 있게 해주는 장치다. 이러한 점에서, 그것은 영화나 소설과 비슷하다. 영화관에 앉아서 스크린을 볼 때, 나는 주인공이 위험에 빠질 때마다 숨을 참고 그녀가 구출되면 안도의 한숨을 내뱉는다. 나는 나 자신을 주인공과 동일시하고, 그녀의 걱정, 두려움, 소망과 동일시한다. 그렇다 하더라도, 나는 두 개의 현실을 서로 혼동하지 않는다. 나는 절대로 영화 화면상의 인물과 내 옆자리에 앉은 사람을 착각하지 않는다.

게임은 진짜 세상과 엄청난 유사성을 가진다. 첫째, 그것은 게임 플레이어들이 할 수 있는 행동들을 제한하는 규칙들을 가진다. 예를 들어, 체스에서 당신은 당신의 왕을 한 번에 한 칸만 움직일 수 있고, 농구에서는 공을 발로 차는 것이 허용되지 않는다. 이에 상응하여, "진짜" 세상에서도 우리의 삶은 중력의 법칙, 생물학적 제한들, 사회적 규범들, 도덕적 금지들과 같은 규칙의 지배를 받는다. 우리 삶은 또한 우리 자신의 성격에 의해 제한된다. 예컨대 수다스러운, 또는 수줍음을 타는, 절약하는, 방어적인 우리의 성향들 말이다. 농구나 체스의 규칙이 게임 안에서 가능한 움직임의 범위를 제한하는 것처럼, 우리의 심리학적 경향, 습관 또는 두려움은 우리의 행동 범위를 제한한다.

둘째로 게임에는 규칙 말고도 목표가 있다. 예를 들어 상대방의 왕을 잡거나 농구공을 골대에 넣는 것, 컴퓨터 화면에서 괴물을 죽이는 것 등이다. 이와 비슷하게 일상생활에서도 우리의 행동은 다양한 목표를 지향한다. 즉, 특정한 욕망을 결과로 도출시키고자 한다. 예컨대 성공, 사랑, 안락, 안정, 재미, 도덕적 미덕, 이상 등.

이러한 의미에서 우리가 하는 게임은 우리의 한계와 일치한다. 다르게 말하면 한계는 게임의 한 종류다. 게임은 한계와 같이 제한된 현실이고,

이는 우리가 그것을 흥미롭게 느끼는 이유다. 하지만 물론 그것은 진짜가 아니다. 게임의 규칙과 목표는 허구이며, 만들어진 믿음이기 때문이다. 농구 게임에서 우리는 *마치* 농구공을 골대에 넣는 것이 중요한 것처럼 행동한다. 그리고 *마치* 공을 차서는 안 되고, 오직 손으로만 만질 수 있는 것처럼 여긴다. 그러나 경기 바깥에서는 공을 어떻게 다루는지 공을 어디에 두는지 전혀 신경 쓰지 않는다. 그 같은 규칙들이나 목표들은 현실에 영향을 미치지 못한다. 내가 그것들을 수용하는 한에서, 즉 내가 그것들과 나 자신을 동일시하고 그것들이 내 행동을 규정하도록 허용하는 한에서만, 나는 그것들에 구속된다.

게임의 놀라운 힘은 가상의 규칙과 목표들을 실제와 동일시하는 데에서 온다. 우리 자신을 허구의 상황과 동일시하고, 현실을 인식 밖으로 밀어낸다. 이것은 우리가 일상에 대한 한계를 우리 스스로 한정 짓는 태도와 유사하다. 좋은 입담이나 수줍어함, 무력감은 내 안의 무언가가 그것을 유효한 것으로 받아들인다는 사실을 제외하면 현실에서 아무런 영향력을 지니지 못한다. 우리가 그것들을 받아들이는 한에서, 정확히 말하면 나의 심리적 메커니즘이 그것들을 따르는 동안, 그것들에 구속되는 것이다.

보드게임, 구기 종목, 카드 게임이 있지만, 사회적, 심리적 게임도 있다. "나는 예쁘다", "나는 현명하다", "세상이 나를 등지고 있다", "나는 쓸모없다" 이러한 생각들은 만약 내가 그것을 게임과 동일시 하거나 그것이 내가 누구인가를 결정하게 된다면 게임이라고 할 수 있다. 예를 들어 "나는 예쁘다"라는 생각이 나의 행동과 말, 신체 자세, 옷 선택을 통제할 수 있다. 또는 "나는 예민한 남자다"와 같은 태도와 화법을 채택할 수도 있다. 그러면 나는 자신에게 특정한 기준을 강요하고, 자신을 제한하는 것이다. 나의 현실은 좁아지고, 더 경직되고, 특정한 패턴에 한정될 것이다. 이것이 다른 말로 한계다.

지적인 게임도 존재한다. 나는 나 자신에게 특정한 믿음과 행동의 기준을 강요할 수 있다. "나는 실존주의자다", "나는 사회주의자다", "나는 세련된 취미를 가졌다", 이렇게 내 생각을 특정한 패턴에 맞출 수도 있다. 이러한 게임들을 내가 현실로 인식하고, 그것들이 내 사고방식과 존재를 제한하도록 내버려 두며, 또 나를 결정 짓는다고 상상한다면, 그것들은 게임이 될 수 있다.

더 정확히 말하면, 심리적 게임이 내 삶을 조종하도록 허용한 존재가 *나*라고 말하는 것은 부정확하다. 나는 게임을 하기로 의식적으로 결정한 적이 없고, 단지 내가 그것을 가지고 있다는 사실을 알게 된 것뿐이다. 더욱이 나의 "나"는 이 게임과 분리되지 않는다. 나는 그것 바깥에 있지 않으며, 그것을 외부에서 직접 선택하지도 다루지도 않는다. 오히려, 상당한 정도로 나는 게임들이 만들어 내는 *생산물*이다. 나라는 사람, 즉 나의 성격, 성향, 선호, 신념 등은 게임을 만든 창조자라기보다는 게임의 결과물이다.

간단히 말해, 게임을 할 때 나는 좁은 상상의 현실에 갇혀있다고 말할 수 있다. 그리고 여기서도 우리는 한계가 본질적으로 게임이라는 사실을 알 수 있다.

게임이 꼭 나쁜 것만은 아니다. 재미있을 수 있다. 게임은 또한 우리가 특정한 목표를 달성하도록 도울 수도 있다. 사회적 게임은 사회를 안정시키는 데 도움이 된다. 하지만 만약 내가 무의식적으로 게임에 빠지고 또 너무 오랫동안 게임에 빠져있다면, 나는 내 삶을 온전하게 살지 못한다. 그렇게 되면 나는 더 광범위한 영역에서 현실 인간 삶과의 연결점을 잃게 된다. 그러면 나는 사회의 요구, 가식, 환상, 어린 시절 트라우마의 영향에 의해 만들어진 가상세계를 살기 시작한다. 다른 말로 하면, 나는 나의 한계가 되기 시작한다.

우리는 허구적인 규칙과 목표 안에서 우리 자신을 잃어버리는 일에 놀라울 정도로 "능숙"하다. 미국 아이들은 미국의 정체성과 문화 규칙을 빨리 배우고, 러시아 아이들은 러시아의 정체성과 문화 규칙을 습득한다. 미국 팬들은 그들의 야구팀을 응원하고, 이탈리아 팬들은 그들의 이탈리아 축구팀을 응원한다. 가난한 육체노동자는 회사에서 강력한 상사가 되는 것을 꿈꾸고, 대학교수는 자신의 전공 분야에서 활동하는 수백 명의 학자 사이에서 유명해지기를 꿈꾼다. 수줍음이 많은 사람의 감정은 수줍음을 타는 게임을 중심으로, 자아도취적인 사람의 감정은 자기중심적 축을 중심으로 돌아간다. 우리의 심리는 우리의 생각, 감정, 염원, 행동을 인간 현실의 좁은 한 단면, 즉 한계에 적응시키는 데 놀라울 정도로 뛰어나다.

그러나 우리가 우리의 게임 안에 완전히 갇혀있는 것은 아니다. 체스 선수는 자신이 게임을 하고 있고, 자신의 현실이 체스판보다 더 넓다는 사실을 모호하게나마 의식한다. 상류사회 파티에서 부유한 여성은 사회 규범에 따라 옷을 입고 행동하고 느낄 수 있지만, 마음 한구석에 있는 무언가가 그녀에게 그녀의 행동이 그저 연기일 뿐이라고 속삭일 수도 있다. 따라서 내가 나의 게임 한계 안에 완전히 감금된 상태로 있는 것은 아니다. 내가 심리학의 규칙에 따라 게임을 할 때조차도 그 게임과 나를 완전히 동일시하고 그것에게 나의 존재를 제한할 필요는 없다. 습관이나 강박관념, 두려움에 지배당하는 나를 발견하더라도 나는 나의 진정한 현실이 한계보다 더 크다는 사실을 깨달을 수 있다.

현대 심리학은 사람들이 그들의 파괴적인 심리적 "게임"을 인지하고 그것을 좀 더 기능적인 게임으로 수정할 수 있도록 돕는 방법을 개발해왔다. 그러나 이 작업이 가치 있는 일일 수는 있지만, 여전히 제한적이다. 특정한 심리학적 게임을 넘어선다고 해서 아직 모든 게임을 넘어서는 것은 아니기 때문이다. 한계에서 다른 한계로 전환하는 것은 편안하고 기능적일 수 있지만, 여전히 플라톤 동굴 안에 있는 것이고 심리학적인 힘들의 범위 안에 머무르는 것을 뜻한다.

이런저런 특정 게임을 넘어서는 것이 아니라 모든 게임을 넘어 한계적 게임의 영역에서 한 걸음 더 벗어나는 것이, 내가 생각하는 철학실천의 과제다. 이것은 엄청난 일이다. 이보다 더 야심 찬 열망은 거의 없다. 하지만 나는 불가능하지는 않다고 믿는다. 물론 인간으로서 내가 모든 경계에서 벗어날 수는 없다. 하지만 그렇다고 해서, 나는 그 경계와 나를 동일시할 필요도 없다. 나는 나의 인식을 게임의 영역에 국한할 필요가 없다. 나는 적어도 부분적으로, 적어도 때때로, 더 넓은 현실에서도 존재할 수 있다. 비유하자면, 내가 체스 게임을 할 수밖에 없다면, 나는 여전히 내가 게임을 하고 있는 방에 대해 인지하고 또 내 주변에서 일어나는 대화에 참여할 수 있다.

만약 이것이 정말 가능하다면, 그래서 내가 내 한계의 게임보다 더 커지고 인간 현실의 더 넓은 영역과 접촉할 수 있다면, 이것이야말로 삶의 가장 근본적인 문제, 즉 철학적인 담론이 다뤄야 할 과제이어야 한다.

제4장

패턴들과 그 영향력

제4장
패턴들과 그 영향력

내가 나의 한계, 즉 플라톤의 동굴을 인지하기는 쉽지 않다. 그 한계가 비록 내 인생의 많은 부분을 형성하기는 하지만, 암암리에 그렇게 하기 때문이다. 나는 보통 이것을 알아채지 못하며, 내가 습관적으로 짓는 얼굴 표정이나 내 말의 억양을 모르듯, 최소한 완전하게 알지는 못한다. 내 친구들은 종종 내가 전에 했던 이러한 습관들을 알아챈다. 이러한 관점에서 보면, 한계는 두통이나 가려움과는 다르다. 한계는 내가 즉각적이고 직접적으로 느끼는 것이 아니기 때문이다.

나의 한계는 인생에 관한 나의 이해로 구성되어 있다. 이 이해는 나 자신, 나의 환경 그리고 타인과의 관계에 대한 나의 이해다. 그러나 우리가 이미 보았듯이, 이것은 내가 그것에 따라서 *살아가고 있는* 이해이지, 나의 입으로 표현한 의견이 아니다. 나는 공기 속에서 운동하는 물체의 법칙을 따르지만, 이 법칙을 분명히 말로 정리할 수 없는 새와 같다.

그렇다고 해서 한계에 관한 나의 이해가 "무의식적"인 것은 아니다. 무의식에 관해 이야기한다는 것은, 어떻게든 인간 정신의 어두운 기저에 보관된 숨겨진 메커니즘에 관한 심리학 이론을 가정하고, 그 메커니즘이 내 행동들을 좌지우지한다는 것을 의미한다. 심리학 이론은 여기서 우리에게 관심의 대상이 아니다.

한계에 관한 내 이해를 심리학이 어떻게 설명하든 중요한 사실은 내가 그것을 수월하게 의식하지 못한다는 점이다. 마치 내가 말하면서 따르고 있는 문법 규칙을 나 자신이 쉽게 의식하지 못하는 것처럼 말이다. 내 한계는 내가 조사하고 발견할 필요가 있는 것이며, 내가 직접 느끼는 것이 아니다.

철학실천가들 같은 사람들은 내가 한계를 조사하도록 도울 수 있다. 비록 내가 한계를 느끼지 않더라도, 그것이 시야로부터 완전히 사라지는 것은 아니다. 그것은 더욱 명백하고 암시적인 여러 방법을 통해 자신을 표현한다. 모두가 잠든 밤에 살금살금 돌아다니는 야행성 동물처럼 지나간 자리에 발자국을 남긴다. 이 발자국은 우리가 한계를 재구성하고 그것의 윤곽을 스케치하는 데 도움이 된다.

패턴들

한계에 대한 가장 중요한 단서는 행동이나 감정에 관한 *패턴*들이다. 좁은 한계에 의해 삶에 대한 이해가 제한될 때, 나는 감정과 행동에 관한 좁은 레퍼토리를 가지고 있는 셈이므로 감정적이고 행동적인 특정 패턴들을 따른다. 그러므로 만약 내 행동과 감정이 하나의 고정된 패턴을 보이고, 또 그것들이 인간 가능성의 전 범위를 활용하지 않는다면, 이것은 인생에 관한 내 태도가 제한되어 있음을 뜻한다. 즉, 인생에 관한 나의 이해가 비좁은 한계에 제한되어 있음을 뜻한다. 그러므로 만약 당신이 내가 나타내는 하나의 행동적이거나 감정적인 패턴을 기록한다면, 이 패턴은 아마 내가 세상과 관계를 맺는 특징적인 방식을, 다시 말해 내가 그 세상을 이해하는 특정한 방식을 보여줄 수 있을 것이다. 내 패턴들을 검토함으로써, 당신은 패턴들 뒤에 놓여 있는 한계적 이해를 발견할 수 있다.

패턴이란 정확하게 무엇일까? 패턴은 스스로 계속해서 반복되어 나타나는 주제다. 내가 특정한 유형의 상황 속에 있을 때, 비슷한 행동과 감정을 반복해서 나타내는 경향을 보인다는 것을 뜻한다. 그러므로 하나의 패턴은 하나의 고정된 구조를 함축한다. 그것은 내 행동, 감정 그리고 생각이 완전히 자유롭지 않으며 습관적인 공식을 따른다는 사실을 보여준다.

가장 간단한 종류의 패턴은 같은 행동을 계속해서 반복하는 것이다. 예컨대 기회가 주어질 때마다 다른 사람들과 논쟁하는 사람의 경우를 생각해 볼 수 있다. 그녀는 문제가 생길 때마다 논쟁하고 있는 자신을 발견한다. 다른 예로는, 특히 말이 많거나, 다른 사람들을 지배하려 들거나, 의심이 많거나, 자주 사과하는 사람이다. 이런 사람들도 기회가 주어진다면, 익숙한 행동을 반복할 가능성이 크다.

하지만 보통 패턴은 더 복잡하다. 패턴들은 복잡한 방식으로 상호 연결된 다양한 종류의 감정, 행동, 생각으로 구성될 수 있다. 예를 들어, 에리카가 갈등을 피하는 패턴을 가지고 있다면, 이 패턴은 여러 방식으로 표현될 수 있다. 그녀는 다른 사람들의 말에 빠르게 동의할 수도 있고, 자신이 어떤 의견을 가지기에는 너무 멍청하다고 느낄 수도 있으며, 아마도 정치적인 대화를 싫어할 가능성이 클 것이고, 긴장을 완화하기 위해 농담을 하는 습관이 있을 수도 있고, 상사의 말에 순종하려 할 것이며, 친구들과 재미있는 게임을 하는 것을 좋아할 수도 있다. 또 다른 예를 들어보자. 만약 에드워드가 항상 회의에 늦는다면, 또 그가 진지해야 할 때 바로 바보 같은 농담을 시작한다면, 가끔 혼란스럽고 방황하는 것을 자랑으로 여긴다면, 그리고 상사가 그에게 처리해야 할 일을 줄 때마다 불편함을 느낀다면, 이러한 다양한 행동과 감정은 하나의 흔한 패턴, 즉 어린아이처럼 무책임하게 행동하기 패턴을 표현하는 것일 수 있다. 그는 이 패턴을 반복하면서 많은 에너지를 소비하고 있는 것처럼 보인다. 하지만 그는 이러한 사실을 의식하지 못할 수도 있다.

복잡할 수도 있는 패턴을 식별해 나가는 것도 하나의 기술이다. 이 기술은 지각력, 주의력 그리고 많은 경험을 요구한다.

앤디의 사례

앤디를 아는 사람들이라면 누구나 그가 화려한 옷을 좋아하고 터무니없는 말로 사람들을 놀라게 하는 것을 즐긴다는 사실을 안다. 누군가 그에게 왜 그런 식으로 행동하느냐고 묻는다면, 그는 "문명화된" 행동들은 지루하다고 설명한다. 그러나 그의 동료들 가운데 몇몇은 그가 말하는 것과는 달리 팀을 지휘할 때는 매우 "문명화되었고" 전혀 지루해하지 않는다고 말한다. 그는 팀장일 때가 아니라 평범한 조원일 때만 장난을 친다. 그는 혼자 있는 것을 좋아하지 않으며, 스스로 고백한 것처럼, 혼자 있을 때면 환상에 빠진다. 그가 가장 좋아하는 환상은 바로 록스타가 되는 것이다.

표면적으로는 이러한 선호와 행동, 감정과 환상이 서로 무관해 보인다. 그러나 자세히 살펴보면 이들은 모두 공통의 주제, 즉 공통의 패턴을 중심으로 움직인다는 것을 알 수 있다. 그 모든 것에서 앤디는 다른 사람들의 관심을 사로잡으려 애쓴다.

다른 사람들의 이목을 사로잡기 위해 애쓰는 것은 다양한 행동, 감정, 그리고 생각을 아우르는 패턴이다. 이것이 정말로 앤디의 삶에서 주의 깊게 검토해야 할 중요한 패턴이라고 가정해본다면, 이것은 그가 매우 특정한 방식으로 자신과 타인을 연관 짓고 있다는 사실을 의미한다. 달리 말해, 그는 자신과 타인의 관계에 관한 특별한 한계적 이해를 지닌 것이다. 가장 그럴듯한 가정은, "보이는 것이 매우 중요하다"라는 이해이거나, 어쩌면 "다른 사람들에게 보이고 인정받는 정도까지만 내가 존재한다"라는 이해일 것이다.

이는 아직 앤디의 한계적 이해를 모호하게 표현한 것이며, 이를 예리하게 드러내기 위해서는 더 많은 세부 사항이 필요하다. 다음의 장들에서 우리는 이 작업을 수

행하는 방법에 대해 살펴볼 것이다. 여기서는 그가 복잡한 행동과 정서적 패턴을 드러내고 있으며, 이 패턴은 자신과 타인에 대해 그가 취하는 특정한 태도를 표현한다는 점에 주목하는 것이 중요하다. 이러한 이해가 그의 한계, 즉 플라톤의 동굴을 형성하며, 다양한 특징적인 행동, 감정, 환상, 생각을 통해 드러난다.

때때로 감정이나 행동 패턴은 심리학의 주제이지 철학의 주제가 아니라는 반대 의견도 있다. 그러나 이 의견은 정확하지 않다. 패턴을 감지하는 것은 철학적이거나 심리학적인 것이 아니며 단순히 사실을 관찰하고 그 사실들 사이의 연관성에 주목하는 문제다. 철학과 심리학의 차이는 우리가 관찰된 패턴으로 *무엇을 하느냐*에 있는데, 우리는 그것을 철학에서처럼 아이디어들[1](이해)로 명확하게 표현하고, 인생의 문제들에 대한 아이디어들로서 토론하기 위해 사용하거나, 아니면 심리학에서처럼 그 사람의 심리 작용을 이용하기 위해 그 패턴을 사용할 수도 있다. 다시 말해, 차이점은 우리가 그 사람의 아이디어들을 철학적으로 논의해야 할 삶에 대한 이론으로 다루느냐, 아니면 심리학적인 과정의 표현으로 다루느냐 하는 것이다. 예를 들어, 앤디의 패턴에 대한 책임을 무의식적인 감정 메커니즘에서 찾는다면, 우리는 분명히 심리학을 연구하는 것이다. 하지만 그 대신, 우리는 앤디의 패턴을 사용하여 그의 삶에 대한 이해 방식을 명확히 하고, 이 이해가 일관적이고 지속 가능한가를 주제로 토론할 수도 있다. 후자의 경우 우리는 삶에 대한 아이디어들을 다루는 것이고, 따라서 철학하고 있는 것이다. 철학적 관점과 심리학적 관점의 차이를 분명히 하기 위해 다음의 사례를 살펴보자.

1 [역주] "ideas". 역자는 저자가 이 개념을 단수나 복수 형태를 떠나 문맥에 따라 조금씩 다른 의미로 사용하고 있다고 판단하여 일단 "관념", "개념", "생각", "사상", "의견" 등으로 옮겨 보았으나 다른 개념들과의 의미 차이를 표시하기가 어려워 포기하고, 그냥 음역하여 독자의 이해에 맡기기로 하였다. "패턴"(pattern), "메커니즘"(mechanism) 같은 개념들도 마찬가지다.

미리암의 사례

미리암은 대학생이다. 그녀는 상냥하고 친절해 보인다. 그러나 그녀는 좋은 친구들이 없다. 여러 명의 학생이 그녀에 대해 비슷한 인상을 받고 있다. 당신이 그녀를 처음 만날 때, 그녀는 매력적이다. 그녀의 미소는 매력적이고 그녀의 친밀한 목소리는 마치 그녀가 완전히 당신과 함께 있는 것 같다는 느낌을 준다. 그리고 실제로 그녀는 도움을 주고 용기를 주기 위해 흔쾌히 당신의 말을 들어준다. 그렇다면 당신은 그녀가 당신에게 특별한 흥미를 갖고 있고 당신에게 절친한 친구가 되어주리라 생각한다. 그러나 곧 이상한 일이 일어난다. 당신이 그녀와 더 가까워지기가 불가능하다는 것이다. 그녀는 계속 친절하고 도움이 되어준다. 그러나 그녀는 당신을 너무 자주 만나는 것을 피하고자 그리고 당신과 너무 가까워지지 않기 위해 온갖 종류의 변명을 찾아낸다.

동급생 로라가 그녀의 행동에 상처를 받고, 그녀에게 어째서 자신을 피하는지 묻는다. 그녀는 로라에게 상처를 준 것에 대해 미안해하고 충분히 사과한다. 그리고 며칠 뒤 그녀는 화해를 시도한다. 그녀는 학급에서 로라 옆에 앉고, 쉬는 시간 동안 그녀와 카페에 함께 가며, 심지어 평소보다 더 상냥하게 행동한다. 하지만 곧 그녀는 로라와 함께하는 것을 지루해한다. 학기 마지막 주가 되자, 미리암은 다시 로라를 피한다.

다른 동급생인 에이미는 미리암에게 더 공격적으로 반응한다. 에이미는 미리암에게 직접 맞서서, 목청을 높여 그녀가 배신했다고 몰아세운다. 정중하고 무관심한 미소가 미리암의 얼굴에 나타난다. 그녀는, "따분해, 쟤하고는 싸울 가치도 없어"라고 자기 자신에게 말하면서 마음속에서 에이미를 지워버린다.

우리가 이 이야기를 숙고해 보면, 우리는 아마 이 다양한 에피소드에서 흔한 연결 패턴에 집중하게 될 것이다. 미리암은 그녀 주변 사람들의 마음을 정복하는 정복자다. 그녀는 단지 그들이 너무 가까워지지 않는 한에서만, 그들을 돌본다. 그녀는 깊은 관계에 흥미가 없기 때문이다. 에이미의 경우처럼 정복이 불가능할 때, 미리암은 흥미를 잃는다. 간단히 말해, 그녀의 패턴은 마음 수집가처럼 보인다.

오늘날의 대중문화에서는 누군가 미리암의 어린 시절 경험 또는 그녀의 무의식적인 동기들에 대해 궁금해할 수 있다. 심리학자는 아마도 그녀가 친밀감을 두려워하며

헌신 또는 애착에 어려움을 가지고 있다고 추측할 수 있을 것이다. 또는 아마도 그녀의 부모님과의 관계가 건강하지 않다고 추측해 볼 수도 있을 것이다. 그러나 우리가 이미 보았듯이, 철학실천에서 우리는 행동을 숨기는 이유에 관한 심리학적 진단에는 관심이 없으며, 아이디어들이나 이해를 탐구하는 일에 흥미가 있다. 우리는 미리암이 어떤 이유로 그런 행동을 하는지 추측하지 않는다. 그녀의 행동 자체를 보고, 그 행동이 만들어 내는 의사 전달법statement의 종류와 그것이 표현하는 이해의 종류를 들여다보려고 한다.

그러므로 철학실천가는 미리암의 숨겨진 동기들을 진단하는 일을 피하는 대신, 그녀가 관계의 의미를 어떻게 해석하는지를 검토한다. 그녀의 소위 "관계의 철학" 말이다. 철학실천가는 미리암과 함께 그녀의 패턴을 상세히 탐구하고, 그녀의 일상에서 그것이 어떻게 표현되는지 검토한다. 그리고 나중에 보게 되겠지만, 그 패턴이 표현하는 숨겨진 이해를 드러낼 것이다. 예를 들어, 미리암의 행동 기저에는 "관계는 당신을 자유롭게 만드는 정복 게임이다"라는 "이론"이 있다는 사실이 드러날 수 있다. 철학자는 미리암과 함께 이 이론의 지속 가능성, 일관성, 가정, 시사점, 또 그것이 삶을 서술하는 방식 등을 숙고할 것이다.

패턴의 영향력

패턴들을 발견하는 것도 중요하지만, 한계에 기인하는 이해를 알아내는 또 다른 방법은, 변화에 대한 저항을 주목하는 것이다. 우리를 가두고 있는 플라톤의 동굴이 안정되고 경직된 것이기 때문에 한계에 기인하는 우리의 이해들—그리고 그 이해를 나타내는 패턴들—역시 경직되려는 성향을 보인다. 아마도 우리 인간의 심리 안에서 작동하는 "고집스러운" 메커니즘들이 그것들을 유지해줄 것이다. 비록 이 숨겨진 메커니즘들의 본질이 여기서 중요하지는 않지만 말이다. 예를 들면, 수다스러운 사람이 말하기를 멈추기는 매우 어렵고, 의심 많은 사람이 다른 사람들에게 의지하는 것은 거의 불가능하다. 우리는 이러한 패턴들이 변화에 저항하는 내적인 힘으로 유지된다고 말할 수 있다. 패턴들을 드러내려고 애쓰는 철학상담사는 이와 같은 힘의 징후들을 잘 살펴야 한다.

우리는 보통 우리 자신의 삶에서 작용하는 이러한 힘을 인지하지 못하는데, 왜냐하면 우리는 종종 힘에 저항하는 대신 그 힘이 우리를 휩쓸어 가도록 놔두기 때문이다. 하지만 일단 우리를 바꾸려고 마음먹으면, 우리는 그 힘을 강하게 느끼게 된다. 그때 우리는 패턴이 지속하기를 "원하기" 때문에 변화가 어렵다는 사실을 발견한다. 패턴은 저항한다. 우리가 패턴을 극복하기 위해서는 특별한 노력과 결심이 필요하다. 예컨대 앞의 사례에서 미리암은 정복자 같은 행동 패턴을 거부하기 위해 의식적으로 노력을 기울일 필요가 있다. 그녀는 아마도 단지 제한된 특정 기간에만 성공할 수 있을 것이고, 시간이 지나면 다시 적어도 가끔은 그녀의 오래된 방식들로 복귀할 것이다.

이것은 특히 대부분의 사람들에게 흔한, 보편적인 인간 패턴들의 경우에서 참이다. 예를 들어, 우리 대부분은 다른 사람들에게 이해받기 위해, 일관되고 합리적으로 보이기 위해, 그리고 지인들에게 좋은 인상을 주기 위해, 어떤 특별한 인지나 의식적인 노력을 기울이는 일 없이 애쓴다. 우리가 이러한 패턴들에서 벗어날 때면 우리는 불편해하거나 불안해한다. 자동적인 패턴들의 다른 유형들로는 문화 기반 패턴들이 있다. 예컨대 우리는 흔히 예절에 관한 사회 규범을 별생각 없이 기계적으로 따른다. 하지만 개인에게 특유한 개인적 패턴들에서 작용하는 힘들도 이것에 못지않다.

그 결과, 우리는 보통 자유로운 것처럼 느끼지만 사실은 우리의 패턴들이 우리를 제한하고 있다. 우리는 자신이 자연스럽고 편하다고 느끼는 곳에, 즉 안락한 구역인 좁은 레퍼토리 안에 갇혀 머무는 것에 만족하기 때문에 감옥을 경험하지 못한다. 그러므로 수다스러운 사람이 말할 때, 그리고 따지기 좋아하는 사람이 논쟁할 때, 그들 자신이 감옥에서 탈출하려고 노력하지 않는 한, 그 사람들은 자신을 가두고 있는 감옥의 벽을 느끼지 못한다. 마치 두 개의 둑 사이로 흐르는 강물처럼, 그들은 수월하지만 한정된 좁은 수로를 따라 흘러갈 뿐이다. 오직 강물이 강둑을 넘쳐나려 할 때, 즉 수감자가 감옥에서 탈출하려고 노력할 때에만 그는 자신이 실제로 갇혀있다는 사실을 깨닫게 된다. 오직 우리가 패턴에서 벗어나려고 노력할 때에만, 그것이 얼마나 어렵고 또 이따금 불가능한 일인지를 알 수 있다.

불안, 지루함, 어색함과 같은 많은 종류의 감정들이 우리가 평소의 패턴들을 유지하도록 압력을 행사한다. 예를 들면, 우리가 비합리적으로 행동할 때, 우리는 자신을 바로잡거나 설명해야 한다는 불안감을 느낀다. 부끄럼을 많이 타는 사람은 대중 앞에서 연설해야 할 때 불안해한다. 자기중심적인 남자는 남들에 관해 대화할 때 지루해한다. 자신감 없는 여성은 어떤 사람이 그녀의 미술작품을 보여달라고 요청할 때 당황해한다. 흡연자는 금연을 시도할 때 거부할 수 없는 유혹을 느낀다. 의심 많은 남자는 신뢰를 표현하려고 계속해서 노력할 때, 진심이 아니고 어색하다고 느낀다. 말이 너무 많은 사람에게 조용히 들으라고 요구할 때, 그 사람은 말하고 싶다는 엄청난 충동을 느낀다.

이와 같은 감정들과 충동들은 우리가 우리 자신의 오래되고 익숙한 패턴들로 되돌아가도록 압력을 가한다. 비록 우리가 한 번 그것들을 극복하는 데 성공한다 해도, 그래서 그 패턴들에 어떻게든 저항하는 동안에도, 그것들을 계속 느끼게 될 확률이 높다. 이런 의미에서 우리의 패턴들은 진짜 감옥의 벽이다. 패턴들은 우리가 그것들 안에 남아 있도록 압력을 행사하는 힘처럼 작용한다. 그러므로 철학실천가는 변화에 저항하는 행동을, 한계에 기인하는 어떤 패턴이—따라서 그 한계에 기인하는 어떤 이해가—작용하고 있다는 신호로 간주한다.

낸시의 사례

낸시는 결혼한 지 얼마 지나지 않아 자신이 남편 켄에게 무슨 일이든 절대 "거절"하지 못한다는 사실을 발견한다. 예를 들어 켄이, "낸시, 오늘 저녁에 친구들과 외식하는 거 어때?"라고 하면, 그녀는 그 제안을 거절할 수 없다고 느낀다.

이 부부의 좋은 친구이자 철학자였던 토니는 이미 그전부터 그녀의 행동 패턴을 알아채고 이렇게 말한다. "낸시, 가끔 '싫어'라고 말하기가 매우 어렵죠. 그렇지 않아요?"

"무슨 말이죠, 토니? 나는 그냥 같이 가기로 했어요."

토니는 어깨를 으쓱거리며, "물론이죠. 그런데 난 켄이 어제처럼 수영장에 가자고 했을 때나 지난주 영화를 보자고 했을 때 당신 얼굴에서 망설임을 봤어요. 마지못해 미소를 짓고 나서는 놀랍게도 '그래 갈게!'라고 말하는 것을 들었어요."

그는 비판적으로가 아니라 친절하게 말을 건넨다. 그리고 그녀는 곧 그와 했던 대화를 모두 잊는다. 하지만 그녀는 다음날에도 비슷한 일을 경험하고, 어쩌면 그가 옳을지도 모른다고 생각한다. 심사숙고 끝에, 그녀는 자신의 태도가 부모님과 가장 친한 친구 두 명을 대할 때도 마찬가지라는 사실을 깨닫는다.

낸시는 이상하다고 생각한다. 그녀의 남편은 매우 친절하고 부드러운 사람이다. 그리고 그녀의 부모님은 그녀에게 결코 자신들의 생각을 강요한 적이 없다. 그렇기에 낸시는 자신이 "싫어"라고 말하는 것을 두려워하는 이유를 알 수 없다. 게다가 그녀의 이웃, 직장 동료, 심지어 그녀의 직장 상사까지도 그녀가 어떤 주장에 대해 반박하기를 두려워하지 않는다고 말한다.

토니는 낸시를 관찰하면서, 그녀의 행동 패턴이 관계를 무엇으로 볼 것인지에 관한 어떤 이해에 기반한다는 사실을 발견한다. 그녀는 마치 내면의 무언가가 "사랑은 전적인 동의를 의미한다"고 선언하는 것처럼 행동한다. 마치 사랑은 깨지기 쉬운 유

리잔과도 같아서 작은 불화에도 깨지기 쉽다고 생각하는 듯 보인다. 사랑에 대한 이러한 그녀의 개인적인 이론이 그녀에게 불화는 관계의 파국을 의미한다고 경고하는 듯하다. 사실, 이것은 더 큰 이해의 일부분일 수도 있다. "사랑은 하나가 됨을 의미한다. 만약 당신이 누군가를 사랑한다면 둘은 한 사람이 되어가며, 하나의 의견, 하나의 행동, 모든 것이 하나가 된다." 이러한 사랑에 대한 이해는 그녀가 가능한 한 켄의 모든 계획에 동참하게 만들며, 그가 친구들과 함께 밖에 있을 때 불안감을 느끼게 만든다.

낸시는 자신의 패턴을 부수어 보기로 결심한다. 며칠 후, 켄이 그녀에게 공원으로 산책하러 가자고 제안하자, 그녀는 그의 눈을 바라보며 망설인다. 그녀는 거절하고 싶지만, 그의 사랑스러운 표정이 그녀의 결심을 녹여버린다. 그녀는 그를 실망시킬 수 없으며, 그렇게 할 용기가 없다고 느낀다.

"나는 더 노력해야 해", 그녀는 공원에서 돌아오는 길에 다시 결심한다.

다음 날 저녁이 되자, 그녀의 남편은 함께 텔레비전 축구 중계를 보자고 제안한다. 그녀는 동의하고 싶어 하는 본인의 마음속 이야기를 참는다. 대신 그녀는 억지로 대답한다. "아니, 오늘은 보고 싶지 않아. 혼자 보는 게 어때?"

그녀는 바로 불안감에 휩싸인다. 그녀는 자신이 숨을 죽이고 남편이 화가 났는지 또는 기분이 상했는지를 확인하려고 그의 얼굴을 살피고 있다는 사실을 발견한다. 그녀는 남은 저녁 시간 동안 그에게 보상이라도 하듯 지나치게 잘해준다.

그날 밤 그녀는 불안에 떨면서 남편이 축구 경기를 다 보고 침대로 오기만을 기다린다. "이런 불안감은 멍청한 거야", 스스로 되뇌면서 "나는 왜 하루 저녁이라도 남편 혼자 내버려 두지 못할까?"하고 자문한다. 그러나 그녀의 생각은 자신을 달래지 못한다. 그녀의 감정들이 전부터 그녀가 사랑을 대해 왔던 태도로 말하고 있어서 불안감을 이겨낼 수 없다.

몇 달 동안 그녀는 자신의 감정적 행동 패턴에 저항한다. 그녀가 남편에게 "싫다"라고 말하는 것이 더 익숙해졌음에도 아직 거절하기는 어렵다. 여전히 그녀는 남편과 함께 행동하고 싶은 충동을 느낀다. 그리고 또 의식적으로 결정을 내리거나 노력을 기울여야만 그러한 충동에 저항할 수 있다. 사실, 그녀의 마음속 깊은 곳에 있는 그녀의 사랑에 대한 개념은 변하지 않았다.

연습과제

이 연습의 목표는 패턴에 저항하려고 노력함으로써 패턴의 힘을 경험하는 것이다. 그것을 가장 생생하게 경험하기 위해서는 대부분 사람에게 깊게 스며들어 있는 패턴을 선택하는 것이 가장 좋다. 만약 여러분이 우리가 대부분 그렇듯, 자신을 웃음거리로 만들기를 좋아하지 않는다면 다음과 같은 시도를 해볼 수 있다.

상점이나 사무실에 가서 분명히 그곳에서 팔지 않는 어떤 것을 사겠다고 하라. 예를 들어 우체국에 가서 참치 샌드위치를 달라고 하거나, 식당에 가서 망치를 달라고 하라. 용기가 나지 않더라도 가능한 한 계속해보라. 당신이 성공하든 실패하든, 당신 내면의 저항, 즉 긴장과 불안, 움츠러드는 것, 내적 갈등, 수고스러움을 인식하라.

여러분은 이렇게 말하면서 연습에 반대할 수도 있다. "내가 그것을 할 수 없는 것이 아니라, 계산대에 있는 불쌍한 사람들을 짜증 나게 하지 않기로 *선택했*을 뿐이야", 또는 "나는 그 사람들이 시간을 낭비하는 것이 옳지 않다고 생각해".

이것은 아마도 핑계일 것이다. 아마도 당신은 그렇게 할 용기가 없을 텐데, 이는 당신의 패턴이 너무 강력하다고 말하는 또 다른 방식이다. 그것은 아마도 사회적 기대를 따르는 패턴을 뜻할 것이다. 예컨대 "예상대로 행동해야 한다"라거나, "합리적으로 보여야 한다"와 같은 이해를 표현하는 것일 수 있다.

당신은 또한 당신 개인에게 고유한 패턴으로 비슷한 연습을 할 수 있다. 이때에도 당신이 성공하든 실패하든, 내면의 저항, 수고스러움, 그리고 투쟁에 주목해야 한다.

제5장

한계의 지형을 탐색하기

제5장
한계의 지형을 탐색하기

앞에서 보았듯 시대를 초월하여 변형을 추구했던 철학자들은, 철학이 우리의 제한적이고 피상적인 삶을 알아차리는 데 도움을 줄 수 있고, 우리가 그것을 넘어 삶의 더 큰 지평으로 나아가는 데 도움을 줄 수 있다고 가르친다. 이것은 철학하기의 과정이 두 단계로 이루어진다는 것을 시사한다. 첫째는 우리의 한계를 드러내는 철학적인 자기 탐색 단계이고, 둘째는 이 한계를 벗어나는 단계다.

이 두 단계는 서로 본질적으로 다르다. 첫 단계는 주로 *기존* 상황을 분석하는 것으로, 한계의 구조에 대한 지형도를 만드는 것이다. 이와 대조적으로 둘째 단계는 아직 실현되지 않은 *잠재적* 지평을 탐색하는 데 초점을 맞춘다. 첫 단계는 관찰과 분석에 초점을 맞추지만, 둘째 단계는 창의성과 영감의 원천을 사용해야 한다. 전자는 조사관의 임무, 후자는 창조자 또는 창조적인 탐험가의 임무에 비교할 수 있다.

첫 단계는 관찰과 분석을 채택하기 때문에, 주로 분석, 정의, 비교, 숨겨진 가정, 추론 등과 같은 표준적인 철학적 사고의 도구에 의존한다. 이와 대조적으로, 둘째 단계는 더 창의적이고 실험적이다. 이것은 이해의 새로운 방법을 찾고 미지의 길을 탐색하는 작업이나 어둠 속에서 실험하고 더듬어 나가는 과정에 비유할 수 있다. 앞으로 보게 되겠지만, 이 두 단계는 서로 매우 다른 방법과 실천을 필요로 한다.

하지만 두 단계가 서로 완전히 분리될 필요는 없으며, 어느 정도는 중첩되어 병행하여 이루어질 수 있다. 그러나 명확히 하기 위해 이 장에서는 이 철학적 여정의 첫 단계에만 초점을 맞추고자 한다.

일대일 상담에서 행위 패턴 다루기

우리는 항상 자기 성찰로부터 철학하기를 시작한다. 만약 우리가 한계로 만들어진 감옥에서 벗어나기를 원한다면, 먼저 우리의 감옥이 어떤 곳인지를 조사해야 한다. 우리 자신을 제한하는 요소들에 대해 알지 못하면서 그것들을 극복하기는 어렵다.

이러한 조사는 특히 일대일 상담에서처럼 두 명의 참가자가 철학상담을 통해 수행하거나, 참가자 규모를 조금 더 확장하여 소수의 친밀한 사람들이 지속해서 참여할 수 있는 철학적 자기 성찰 모둠을 통해서도 가능하다. 다수로 이뤄진 집단에서는 각 참가자의 개인적 한계를 깊이 있게 탐구하기가 어렵다.

철학상담은 내담자의 한계—감정적, 행동적, 사유적 패턴들—에서 가장 명백하게 드러나는 측면들을 탐색하며 시작한다. 전형적인 철학상담의 경우, 처음 두세 세션은 거의 전적으로 이러한 패턴을 드러내고 분명하게 표현하는 데 사용되며, 비록 덜 집중적인 방식이기는 하지만 이후 세션에서도 이 과정들은 계속된다.

그러나 보통 이때 유혹이 시작된다. 내담자는 종종 특정한 문제—직장에서의 어려움 또는 물질적인 불만 같은—를 가지고 철학상담사에게 온다. 결국, 내담자들은 자신들이 고통을 겪고 있으며 그 고통에서 벗어나고자 도움을 구하기 마련이다. 이러한 상황에서 철학상담사는 내담자의 문제를 해결해줄 방법을 찾고자 하는 유혹에 빠지는 경향이 있다.

현재 우리의 접근법의 관점에서 보면 이것은 잘못이다. 철학상담사는 결혼 문제 치료사 또는 직장 경력과 관련된 조언을 해주는 사람이 아니다. 철학상담사의 임무는 한계의 감옥을 조금 더 편안하게 만들어 주는 것이 아니라, 내담자들이 자신의 현재 상태를 넘어 나아가는 데 필요한 지혜를 기르도록 도와주는 것이다. 내담자가 잘못된 기대를 하지 못하게 하려면 이 같은 내용을 내담자에게 미리 설명해야만 한다. 극심한 불안증의 경우처럼, 만약 문제에 대한 해결책이 긴급하다면, 이것은 철학의 과제가 아니므로 내담자를 다른 곳에 의뢰해야 한다.

그렇다고 이것이 철학상담사가 내담자와 함께 그들의 개인적인 곤경 상황에 대해 논의하지 말아야 한다는 것을 의미하지는 않는다. 오히려 괴로움은 상담을 위한 좋은 출발점이다. 왜냐하면, 그것은 내담자의 마음속에 살아 있고, 또 자주 내담자의 세계 안에 자리하고 있는 깊은 긴장감과 연결되어 있기 때문이다. 이것을 해결해야 할 문제가 아니라 입구로 취급한다면, 그것은 더 깊은 곳으로 들어가게 해주는 출입문 역할을 할 수 있다.

조지의 사례

조지는 컴퓨터 프로그래머다. 첫 상담에서, 그는 철학상담사 린다에게 직장에서 일이 잘 풀리지 않는다며 불평을 털어놓는다. 린다는, 자신이 제공하는 상담은 특정 문제들에 초점을 맞추는 것이 아니라 인생에 대한 조지의 전반적인 태도에 대해 작업하는 것이라고 설명한다.

조지의 동의로 상담이 시작된다. "일이 더는 재밌지 않아요." 조지가 말한다. "새

로운 상사는 모두가 뭘 하는지 아주 가까이서 지켜봐요. 그는 까다로워서, 난 더는 직장에서 자유롭고 자연스러운 기분을 느낄 수 없어요. 더이상 일이 술술 풀리지 않아요. 설상가상으로 사무실에 있는 모든 동료는 새 상사와 함께 행복하게 지낸다는 거죠. 그들은 지금도 그들의 업무를 '진지하게' 처리하고 있다니까요. 진짜 지긋지긋해요."

"당신은 이 모든 일을 어떻게 느끼고 계시나요?"

"지루하죠. 새 보스가 오기 전엔 우리 사무실은 재밌는 장소였어요. '누가 이 컴퓨터 문제를 제일 먼저 해결할 수 있을까?'처럼, 우리는 모든 업무를 게임이나 대회로 만들었었죠. (그건 제 아이디어였지만, 어쨌든 모두들 좋아해 줬거든요). 하지만 지금은 모두가 너무너무 진지해요. 그들은 더이상 농담하거나 떠들지 않아요. 그리고 그들은 새 상사가 '전문적'이기 때문에 그 사람을 사랑한다는 거예요. 역겨워요."

이 시점에서 린다는 만족스러운 해결책을 찾고자 하는 유혹에 저항한다. 철학상담이라는 그녀의 업무는 해결책을 만드는 것이 아니라, 조지를 자기 이해, 지혜 그리고 성장의 길로 나아가게 하는 것이다.

세심한 상담사인 린다는 조지가 특정한 어휘를 자주 사용한다는 점을 알아차린다. "재밌다", "신난다", "자연스럽다", "술술 풀리다" 등 같은 표현 대對 "지루하다", "진지하다", "지긋지긋하다" 같은 표현이 서로 대조를 이루고 있다. 이 같은 사실은 그녀에게 테마 또는 패턴이 시작되고 있음을 알려준다. 조지는 재미를 추구하는 사람이다. 린다에게 이 같은 관찰은 조지의 한계를 탐사하는 출발점이 될 수 있다.

"조지, 당신이 말하는, 새 상사와의 가장 큰 어려움은 일이 더이상 재밌지 않다는 것인데, 당신에게는 재미가 아주 중요하다는 말처럼 들립니다."

"어떤 점에서는 그렇죠", 조지는 어깨를 으쓱한다. "저는 재미를 좋아하지만, 그것만이 제 인생의 관심사는 아닙니다. 저는 일도 잘하는 편이에요. 전 무언가를 만들어내기를 좋아하고, 새로운 발명이나 사람도 좋아해요."

"당신이 좋아하는 것들을 한번 살펴보죠. 만들어 내기를 예로 들면, 그것의 어떤 점이 좋으세요? 예를 들어 주실 수 있나요?"

"좋아요. 예를 들면 몇 주 전에 기록 보관 프로그램을 업그레이드해야 하는 프로젝트가 주어졌어요. 오래된 프로그램은 너무 비효율적이어서 불평들이 많았거든요.

루시, 프랭크, 그리고 저 셋이 거의 한 달 동안 작업했어요. 그리고 문제를 하나씩 풀고 차근차근 프로그램을 개선해 나갔던 경험이 정말 유쾌했습니다. 마치 게임 같았어요. 악당을 찾아다니고, 찾아내서 쏴서 쓰러뜨리고 다음 레벨로 올라가는 거죠."

"당신 말씀에 따르면", 린다가 말한다. "그 경험이 좋았던 이유는 그게 마치 게임 같아서였군요."

"무슨 말씀인지 알겠어요. 뭐, 그렇죠. 긴장감, 빠른 속도, 아드레날린을 흠뻑 분비하게 하는 것들이 있었어요. 하지만 전 그냥 놀았던 게 아니었죠. 그 프로젝트가 아주 어려웠거든요. 저는 몇 주 동안 정말 열심히 일했어요."

"조지, 당신은 그 프로젝트가 아주 어려웠다는 이유만으로 그것이 게임은 아니었다고 말씀하시는 것 같아요. 하지만 게임과 도전적인 일은 정말 서로 모순되는 것일까요? 결국, 게임은 대부분 도전적이기 마련이죠. 게임이 너무 쉬우면 재미가 없을 테니까요. 직장에서 업무를 쉽게 처리하길 원하시나요?"

조지는 고개를 내젓는다. "[그렇다면 저는] 일을 전혀 즐길 수 없을 거예요. 그냥 지루할 뿐이겠죠. 저는 긴장감과 짜릿한 흥분이 필요해요. 그리고 성공의 스릴도 있죠. 아시듯이 모든 것들이 마침내 제자리에 맞춰지면 방방 뛰면서 마치 '그래, 해냈어!!!' 하는 거요"

"그래서 프로젝트를 게임으로 바꾸셨군요. 지루할 수도 있는 것도 게임이라고 이름 붙이면 재밌는 것이 될 수 있겠죠."

"네, 맞아요. 그게 바로 프로젝트를 흥미롭게 만드는 제 방식이었어요."

"조지, 저는 당신에게 흥분과 재미가 그렇게 중요하다는 사실이 흥미로워요."

"자연스러운 거 아닌가요? 모두들 재미를 좋아하지 않나요?"

"어느 정도는 그렇겠죠. 하지만 그것이 당신에게서만큼 다른 사람들에게도 중요할지는 의문입니다. 모두가 단 것을 좋아하지만 대부분 사람은 단 걸 항상 먹고 싶어 하진 않죠."

"저는 재미의 단맛에 중독된 거군요!" 조지가 농담으로 응수한다.

이제 조지의 세계에서 재미가 중요한 요소로 확인되었기 때문에, 린다는 그것이 정확히 무엇을 의미하는가를 탐구하고자 한다. 결국, 재미는 다른 맥락과 다른 사람들에게 다른 것을 의미할 수 있기 때문이다. 그렇게 하기 위해 그녀는 조지 스스로 자신의 재미에 관한 생각을 다른 사람들의 그것과 비교해 보기를 원한다. 그렇게 함으로써 그의 태도에서 특별한 부분이 무엇인지가 분명해질 것이기 때문이다. 비교는 또한 그가 자신의 태도를 당연하게 여기기를 멈추고 그것과 관련한 중요한 대안들이 있다는 사실을 깨닫도록 격려해줄 수 있다.

"이런 식으로 생각해 보죠." 린다가 말한다. "동료들도 그 프로젝트를 재미있는 게임으로 여겼나요?"

조지가 반응한다. "아마도 아닐 거예요. 프랭크는 그런 사람이 아니에요. 그에게 컴퓨터 프로그래밍은 예술 작품과 같아요. 그가 키보드를 칠 때면, 그는 자신을 플레이어가 아닌 예술가, 창조자로 바라봐요."

"그럼 루시는요?"

"저는 루시가 직업 자체에 대해 별로 신경을 쓰지 않는다고 생각해요. 그녀는 그저 착한 소녀가 되어서 아빠 보스로부터 좋은 점수를 받고 싶어 할 뿐입니다."

"그러니 말인데요, 조지, 당신의 태도는 그 사람들 것과 다른 거 같아요. 모두가 재미를 찾는 것은 아니죠. 프랭크는 예술적 만족을 찾고 있고, 루시는 받아들여지길 원하죠."

"네, 당신 말이 맞아요. 흥분과 재미, 그게 제 개인적인 직장 스타일입니다."

상담사는 "그건 직장에서만의 일이 아닐 수도 있다"라고 조언한다. "아마 직장 밖에서도 당신은 어떤 것이든 재미있고 흥미롭게 만들기 위해 게임으로 바꿀 것 같아요. 조금 더 자세히 알아봅시다. 예를 들어, 친구들과의 관계를 살펴보죠."

짧은 대화 후에, 조지는 친구들과도 역시 재미를 추구하고 싶어 한다는 점을 발견하기 시작한다. 조지는 함께 농담하고, 게임을 하고, 스포츠 보는 것을 좋아한다. 그는 진지한 토론은 물론, 그저 긴장을 푸는 것만으로도 쉽게 지루함을 느낀다.

특정한 패턴이 드러나기 시작했고, 그들은 계속해서 그 패턴을 파고든다. 그들은 그것이 정말로 재미를 추구하는 것으로 특징지어질 수 있는지—때로는 우리의 초기 인상이 틀리기도 하니까—, 그것이 조지의 삶의 다른 영역까지 특징짓는지, 다양한 상황에서 어떻게 발현되는지, 그리고 그것이 수반하는 감정과 생각이 어떤 종류인지를 숙고한다. 일단 조지의 패턴이 드러나고 나면 앞으로 더 나아가서 이 패턴이 조지의 일상 세계를 어떻게 형성하는지를 성찰할 시간을 갖게 된다.

한계의 힘과 더불어 작업하기

패턴을 찾는 동안 철학실천가는 내담자가 저항하는 데 어려움을 겪는, 자동으로 발동하는 "완고한" 행동의 징후 역시 관찰한다. 이러한 고집스러움은 행동이나 정서의 패턴을 유지하는 한계의 힘일 가능성이 크다. 일단 고집스러운 행동이 발견되면, 어떤 패턴이 관계되어 있을 가능성이 크다.

그러나 패턴의 힘을 감지하기가 어려운 이유는 우리가 그것들에 저항할 수 있는 우리의 능력을 거의 시험하려 하지 않기 때문이다. 앞의 사례에서 조지는 보통 그의 장난기를 따르면서, 자신의 행동을 피해야 할 생경한 패턴으로 느끼지 않는다. 그의 관점에서 보면, 그의 장난기는 자연스럽고 자발적으로 흘러나오는데, 그는 이것을 자신의 일부로 느끼고 절대로 그것을 거스르려고 생각하지 않는다. 이와 마찬가지로, 앞 장의 사례에서 낸시도 보통 그녀의 긍정적인 성향과 일치하여 행동했다. 그러한 경향성을 알아차릴 때조차도 그녀는 그것이 외부의 힘으로 강요된 것이 아니라 자신의 자연스러운 행동이라고 느낀다.

이 때문에 상담사가 먼저 내담자들에게 그들의 행동이 정해진 패턴을 따르고 있다고 말해주면, 그들 중 몇몇은 그 말을 부인하거나 변명하려 한다. 실제로 당신의 일상적인 행동이 패턴의 자동적인 힘의 결과이지 자유의지의 결과가 아니라는 사실을 깨닫는 것은 흔히 충격으로 다가온다.

내담자가 상담자가 제시하는 패턴을 부정할 때, 이는 그 내담자가 패턴을 인지하는 데 어려움을 겪는다는 사실을 의미할 수 있다. 하지만 항상 그렇지는 않다. 내담자의 거부에는 타당한 이유가 있을 수 있다. 상담사는 충분한 증거가 존재해야만 패턴이 실제로 주어져 있다는 결론을 내릴 수 있다. 이때 내담자가 마음을 열고 다양한 상황에서 자기 자신을 다시 돌아볼 수 있게끔 격려하는 상담사의 온화한 끈기가 필요하다. 이 일은 매우 조심스럽게 해야만 한다. 내담자가 열린 마음으로 자신을 재점검하도록 독려하는 것과 외부의 해석을 강요하는 것 사이에는 미묘하지만 중대한 차이가 있다.

한계적 패턴에서 한계적 이해로 나아가기

전에 언급했듯이, 처음 두세 차례의 상담 회기는 일반적으로 내담자의 행동과 감정 패턴을 드러내는 데 전념한다. 그러나 철학실천가에게 패턴 자체는 주된 관심사가 아니다. 패턴은 오직 내담자가 자신의 세계를 이해하는 방식, 즉 그 사람의 한계에 기인하는 이해에 관한 중요한 단서이기 때문에 탐구하는 것이다. 한계에 기인하는 이해는 한계(또는 플라톤의 동굴)가 무엇으로 구성되어 있는지, 즉 그 사람의 삶을 제한하고 가난하게 만드는 것은 무엇인가가 중요하다. 우리가 철학실천 과정에서 초월하고자 하는 것이 바로 이 같은 감옥이다.

여기서 우리는 한계에 기인하는 이해(또는 불완전한 이해)가 의견과 같은 것이 아니라는 사실을 기억해야 한다. 의식적으로 생각하고 말로 선언하는 의견과 달리, 한계에 기인하는 이해는 종종 우리의 자각 없이 우리의 특징적인 행동과 감정에 내재해 있다. 사실, 이 둘은 서로 모순될 수도 있다. 예를 들어, 조지의 재미를 추구하는 행동은 재미가 가치 있다는 이해를 나타낸다. 그러나 동시에 그는 진심으로, 말로만 재미는 중요하지 않다고 말하는 것일 수도 있다. 다른 예로, 내가 눈물로 인해 감정이 무너지는 것을 수치스러워할 때, 비록 내가 말로 표현하는 의견은 아주 다를 수 있지만, 내 수치심은 "나약함을 보여주는 것은 명예롭지 않다"라는 나의 이해를 표현한 것일 수도 있다. 나는 우는 것이 완전히 정당하다고 생각하면서도 우는 것을 부끄러워할 수도 있다. 또 다른 예로, 만약 내가 지속해서 배우자를 통제하려고 한다면, 비록 내가 진정한 사랑은 소유가 아니라고 생각한다고 말로 선언할지라도, 내 행동은 "사랑하는 것은 소유하는 것을 의미한다"라는 내 이해의 표현일 수 있다.

이 간략한 예시들은, 내담자의 한계에 기인하는 이해를 밝히기 위해 당사자에게 의견을 묻는 것이 좋은 방법이 아니라는 점을 상기시켜준다. 예컨대 조지의 사례에서, 만약 우리가 재미의 의미가 무엇인지에 대한 그의 이해를 알기를 원한다면, 재미에 대해 어떻게 생각하는지 물어보는 건 별로 도움이 되지 않을 것이다. 그러한 질문은 추상적인 의견만 끌어낼 뿐이다. 우리를 흥미롭게 하는 것은 그의 의견이 아니라 재미에 대한 그의 실질적인 태도다. 다시 말해 그의 행동과 감정으로 표현되는 이해다. 그리고 이해를 드러내려면, 우리는 그의 행동과 감정적 패턴을 검토할 필요가 있다. 철학실천가의 역할은 내담자를 이 과정으로 이끌고 내담자의 이해가 어떤 한계 역할을 하는지 볼 수 있도록 도와주는 것이다. 다시 말해 그들이 자동적이고, 엄격하고, 표면적인 경계 안에서 삶을 어떻게 한계 짓는지를 보도록 도와주어야 한다. 철학하기의 과정에서 중요한 둘째 단계는, 자신의 한계에서 벗어나는 방법에 대한 탐색인데, 한계에 기인하는 이해를 성공적으로 탐색하면, 나중에 내담자가 이 단계에 착수하는 데 도움을 줄 수 있다.

패턴을 탐구하는 단계에서 한계에 기인하는 이해를 탐구하는 단계로 전환하는 일은 매우 중요한 철학적 과정이다. 이 과정은 사실의 단계("나는 울고 난 후에 항상 당황스럽다")와 아이디어들에 관한 철학적 단계("약함을 표현하는 것은 불명예스럽다")의 연결 지점에서 일어난다. 즉, 행동이나 감정의 단계와 이해의 단계 사이를 말한다.

철학상담에서 이 전환은 대체로 거의 셋째 또는 넷째 회기에 일어난다. 처음 두세 번의 회기에서 중심 감정과 행동 패턴이 나타나기 시작한 후에, 내담자가 강력한 패턴이 자신의 일상을 관통하고 있다는 사실을 깨닫기 시작할 때, 상담사는 이 패턴이 조사할 가치가 있는 특정한 태도 또는 이해를 표현하는 것일 수 있다고 추측할 수 있다. 여러 회기에 걸쳐 패턴과 이해에 관한 탐구가 병행하여 진행될 수 있다. 회기가 이어질수록 이해를 주제로 다루는 작업이 좀 더 우세해진다. 비록 패턴을 주제로 다루는 일이 결코 완전히 사라지지는 않지만 말이다.

여섯째나 일곱째 회기쯤 되어서야, 어떻게 한계에 기인하는 이해의 감옥을 넘어설 것인가라는 문제가 중심을 차지하게 된다. 다음 단계로의 이 같은 전환은 상담에서 중요한데, 개인의 감옥에 관한 이해로부터 그것을 벗어나는 과정을 뜻한다. 이에 관해서는 나중에 논의할 것이다.

마이크의 사례

마이크는 비밀이 많은 젊은 남성이다. 그는 자동차 정비공인데, 직장에서는 친절하고 헌신적인 젊은 근로자로 알려져 있다. 사람들은 그를 좋아하지만, 심지어 그의 친구들도 그가 무슨 생각을 하며 무엇을 느끼는지 알지 못한다. 당신이 그에게 "너는 저 영화에 대해 무슨 생각 했어?"라고 묻는다면, 아마 그는 웃으며 이렇게 모호하게 대꾸할 것이다. "난 그걸 보면서 잠들지 않았어"라고. 당신이 그에게 기분이 어떤지 물으면, 그는 아마 "온갖 종류의 기분이 들어"라고 말할 것이다. 그리고 만약 당신이 그가 성급하게 대답한 것 같다고 주장한다면, 그는 "왜? 너는 내 감정들에 이름 붙이길 원하는 거니?"라고 대꾸할 것이다.

그는 꾸준하고 진지하게 사귀는 여자친구가 결코 있어 본 적이 없다. 최근에 그는 실비아와 영화를 보러 나갔지만, 그의 헷갈리는 문자들은 그녀를 혼란스럽게 해서 그녀는 그가 무엇을 원했는지 알 수 없었다. 드문 일이지만 나중에 그가 솔직해졌을 때, 그는 친구에게 "내가 그녀를 좋아했는지 아닌지 내 마음을 정할 수가 없었어"라고 털어놓았다. 그리고 곧이어 그는 자신이 솔직하게 말했다는 사실을 후회했다. 그

는 선의의 논쟁에서 한쪽 편을 들거나 결정 내리는 것을 보통은 피하지만, 그렇게 하도록 강요받으면 불안해한다. 결정을 내린 뒤 그는 자신이 나약하다고 자주 느끼고 화도 나지만, 친구가 그에게 "마이크, 너 오늘 화나 보인다"라고 말하면 그는 화를 낸다.

우리는 마이크의 태도에서 반복되는 주제, 다시 말해 패턴을 볼 수 있다. 그는 어느 특정한 감정 또는 의견과 자기 자신을 동일시하기를 회피한다. 그리고 그는 계속 애매하고 모호해지려고 한다.

이 패턴은 상당한 힘으로 유지된다. 그는 이 힘에 대해 생각하지 않고 자동으로 따른다. 그가 자신을 드러내도록 압력을 받으면, 온몸을 휩싸는 불안감이나 노여움이 그가 그렇게 하는 것을 막는다. 심지어 그가 그의 노여움을 인지하게 되었을 때도, 그는 그것[패턴]에 저항하기 어려워한다. 그의 불안함을 극복하고 그의 생각들이나 감정들을 드러내기 위해서는 특별한 노력이 필요해 보인다.

마이크는 철학상담사 린다를 만나러 가서, 고독하다며 한탄한다. 상담 첫 회기에서 두 사람은 친구들과 지인들을 향한 그의 행동에 관해 이야기를 나눈다. 린다는 구체적인 사건들에 관한 상세한 설명들을 계속 요구하며 질문한다. 그녀는 마이크가 일반화해서 표현하는("저는 보통 …를 합니다" 또는 "저는 종종 …를 선호합니다") 내용에 관해서는 별로 관심을 두지 않는다. 왜냐하면, 일반화는 해석들과 선입관들에 의해 쉽게 왜곡되기 때문이다. 사람들은 자기 자신을 관찰하고 자신의 태도를 이해하는 일을 그다지 잘하지 못한다. 그러므로 그녀는 될 수 있는 대로 이러한 사건들에 관한 마이크의 해석을 듣는 대신, 특정 순간에 정확히 무슨 일이 일어났는지를 듣고자 한다.

첫 상담 회기의 끝에 린다는 마이크에게 그녀가 질문하는 이유를 설명한다. 그녀는 마이크의 전형적인 행동들과 감정들은 아마도 다른 사람과 연관을 지어 자기 자신을 이해하는 그의 방식을 표현하는 것이리라고 추측한다. 그녀는 그러한 이해는 더 깊게 조사할 가치가 있다고 말한다. 비록 상담은 그의 문제를 해결하거나 기분이 더 나아지는 것을 의도하지는 않지만, 깊은 자기 탐색은 그가 자신의 감옥을 이해하고, 결국 그것에서 벗어나도록 스스로 시도해 보게 도움을 줄 수 있다.

다음 상담 회기를 통해, 두드러진 특정 패턴이 마이크의 많은 행동과 감정을 특징

짓는다는 사실이 차츰 확실해진다. 그는 항상 스스로 모호하고 확실하지 않은 태도를 유지하려고 노력한다. 일단 이 패턴의 일반적인 윤곽들이 분명해지면, 상담사의 다음 작업은 새로운 방향, 즉 이 패턴의 바탕이 되는 이해를 향해 한 발 더 나간다.

넷째 상담 회기를 시작할 때, 마이크는 자기가 자신을 숨기려 애쓰는 데 얼마나 큰 노력을 들이는지를 보고 깜짝 놀랐다고 말한다.

"하지만 그건 제가 인지한 노력은 아니었어요", 그가 생각에 잠긴 채 혼잣말한다. "그건 제가 마치 의도적으로 행동을 계획한 것이 아니에요. 그것은 그냥 자연스럽게 제게서 흘러나오는 것이죠. 그것은 제 강아지와 같아요. 걔는 자기가 원하는 걸 얻기 위해 온갖 꾀를 부리지만, 그걸 사전에 계획하진 않죠. 그 속임수들은 제 강아지의 일부예요."

그는 그러고 나서 자기 강아지의 속임수들 몇 가지를 설명한다.

훌륭한 상담사는 패턴들이 상담 공간 밖에서만 발생하는 것이 아니라는 사실을 안다. 그리고 그 패턴들은 스스로 상담 회기 내에서도 전형적으로 나타난다.

"당신이 지금 하고 계시는 행동을 보세요", 린다가 말한다. "당신은 지금 대화 주제를 당신 자신에서 당신의 강아지로 바꾸고 있어요. 이것이 당신이 가진, 숨기는 행위의 또 다른 예 아닐까요?"

마이크가 어깨를 으쓱한다. "제 강아지에 관해 뭔가가 나를 상기시킨 게 틀림없어요."

"당신이 대화 주제를 바꾼 것이 이번이 처음은 아닐 겁니다", 린다가 조심스럽게 주장한다.

"전에 제가 당신의 친구들에 대해 당신에게 물었는데, 그때 당신은 그분들과 함께 봤었던 영화 줄거리를 한두 문장 설명하기 시작했었죠."

"그러고 보니 생각나네요. 거인과 세 친구에 대한 농담이 …." 마이크가 주저하며 수줍게 웃는다.

"그거 보세요", 린다 역시 웃는다. "그런 일이 다시 일어나고 있잖아요."

"글쎄요 …. 선생님 말씀이 맞는 것 같네요. 저는 일 분 사이에 주제를 두 번이나 바꿨어요. 이게 무엇을 의미할까요? 저는 개인적인 이야기를 피하려고 사용하는 꼼수 같아요. 그건 선생님이 말씀하시는 '저 자신을 모호하게 유지하는 패턴'의 일부에요. 맞아요. 우리는 이점에 관해서 세 회기에 걸쳐 이야기했었죠. 이 패턴은 제가 하는 거의 모든 일에 적용되고 있다는 것을 깨달았어요. 하지만 그게 무얼 뜻하는 거죠?"

"훌륭한 질문이에요. 마이크, 당신은 어떻게 생각하세요?"

"아마도 저의 부모님이 항상 저의 행동을 분석했기 때문일 거예요. 저는 그렇게 추측해요. 제가 어렸을 때 부모님의 분석은 저를 불안하게 만들었어요. 그래서 저는 제 진짜 모습을 감추기 위해서 그런 꼼수를 사용했어요."

"아마도 당신 말이 맞을 거예요." 린다가 대답한다. "하지만 그것은 심리학자의 문제이지 우리 문제가 아니에요. 우리에게는 당신의 패턴이 어린 시절에서 기인한 것이라는 사실이 중요한 게 아니라 그 패턴이 존재한다는 것이 중요해요. 우리의 질문은 현재 이 패턴이 무엇을 말하고 있는가죠."

"그건 오늘 아침 제가 주차장에 들어온 어떤 여성에게 했던 말 그대로예요. '당신 차의 창유리가 왜 깨졌는지는 중요하지 않아요. 그것이 새 때문이지 또는 돌 때문인지 하는 이유가 중요한 게 아니에요. 사실은 현재 창문이 깨져 있고, 수리가 필요하다는 것이죠.'"

"정확해요. 마이크, 참 좋은 비유예요. 하지만 다시 주제에서 벗어나면 안 돼요. 다른 사람들이 당신의 기분이나 생각을 보지 못하게 할 때 무슨 말을 하는 거죠? 당신의 기분, 생각을 설명하기 싫어서 주제를 변경할 때 당신이 하는 행동에는 무엇이 있나요?"

"저는 그런 것 같아요", 마이크가 생각에 잠긴 후 말을 잇는다. "제 행동이 말해요, 날 정의하려고 하지 마. 왜냐하면, 난 네 정의와 다를 테니까."

"흥미롭군요. 당신은 그들이 당신을 정의하려는 어떤 가능한 시도도 미연에 방지하려고 하네요."

마이크가 웃으며 말한다. "정확해요! 나의 행동이 말해요. 나 자신에 관한 어떠한 정보도 주지 않을 거야. 왜냐면 네가 날 말로 사로잡을 수도 있으니까."

"음, … 당신을 사로잡는다고요? 그건 당신이, 다른 사람들이 당신에게 무엇을 원하는지에 대한 이론을 가지고 있다는 말처럼 들리네요."

"정말요? 이론 같은 건지는 모르겠어요."

"저는 문자 그대로의 이론을 말하는 게 아니에요", 린다가 설명한다. "당신의 태도를 표현하는 이론에 관해서 이야기하는 거예요. 다른 사람을 대하는 당신의 태도는, 마치 '다른 사람들이 나를 말로 사로잡고 싶어 하기 때문에 나는 정의되지 않도록 자제해야 해'라고 말하고 있는 것 같아요."

"그래요. 정의되지 않도록 숨는 것이 최선이에요."

그는 오랫동안 곰곰이 생각한다. 그러자 린다가 덧붙인다. "그러니까 당신의 행동으로 미루어 볼 때, 당신은 인간관계를 일종의 전투라고 생각하시는군요."

"인간관계는 일종의 전투죠", 마이크가 고개를 끄덕이며 반복한다. "정의를 내리고, 포로를 잡고, 자신을 감추는 전투. 저는 자유로워지기 위해서 싸우는 중이네요. 나는 자유를 위한 전사戰士다."

"왜 그래야 하죠, 마이크? 다른 사람들이 당신을 정의 내리면 어떻게 된다고 생각해요?"

"그들은 저를 상자 안에 가두고, 그다음 행동은 선생님도 아시겠지만, 제게 뭔가를 기대하는 거예요. 심지어 그들이 원하는 걸 제게 강요하겠죠."

"사람들이 당신에게 할 수 있는 일에 대해 매우 비관적이시네요", 린다가 말한다.

"모든 사람이 그렇게 행동하는 것은 아니에요. 대부분 사람은 괜찮아요. 저는 사람들과 함께 지내는 걸 좋아하기는 하지만 사람들이 저를 잘 안다고 생각하는 건 싫어요. 그래서 조심스러워요."

"그건 저번에 제게 했던 이야기를 생각나게 하네요. 당신의 친구들이 당신의 여자친구가 되어줄 여성을 찾으려고 공모했다고 당신이 의심했었다는 일. 또 체스를 둘 때 당신은 언제나 방어하는 전략을 선호한다고 했던 것을 떠올리게 해요. 만약 남들이 설령 좋은 의도에서 일지라도 당신을 조종하고 다치게 할 수 있다면, 그건 당신에게 무얼 의미할까요?"

마이크는 곰곰이 생각하고 말한다. "제 생각엔, '상처받기 쉽고 취약하다' 같아요."

"그러면 그건 당신이 다른 사람들을 보는 방식에 대해서는 무엇을 뜻할까요?"

그는 피식 웃는다. "저도 그게 터무니없는 생각이란 걸 알아요. 전 그렇게 약하지도 않고 사람들은 그렇게 강하지도 또 조종하려 들지도 않죠. 게다가 저도 그들처럼 행동해요. 하지만 잠깐만요. 아무도 다른 사람들에게서 상처받고 싶지 않을 거예요.

그렇지 않나요?"

"어느 정도는 그렇죠. 물론이에요. 하지만 모든 사람이 당신처럼 자신을 보호하려고 힘들게 행동할까요?"

"아닐 거 같아요", 마이크가 생각에 잠겨 말했다. "어디서 제 이러한 행동이 나오는 건지 모르겠어요. 전 결코 제가 그런 줄 몰랐어요."

"당신 안에 있는 무언가가 당신 자신과 다른 사람들에 대해 어떤 '이론'을 갖고 있어요. 그 이론은 당신의 자아는 여리고 연약하지만, 외부 세계는 거칠고 지배적이며 심지어 위험하다고까지 말하는 것 같아요. 매우 흥미로운 이론이죠."

"와, 저는 제가 이론을 갖고 있다고 생각해 본 적이 없어요. 하지만 맞아요. 저는 지금 깨달았어요. 그 이론이 밖에 나가는 것보다 내 안에 숨는 것이 훨씬 안전하다고 말하고 있어요."

"그건 당신의 이론이 당신의 내면과 바깥세상을, 그러니까 사적인 것과 공적인 것, 숨겨진 것과 보이는 것을 서로 예리하게 구별하게 만든다는 뜻이지요. 나는 당신의 그 내면이 무엇일지가 궁금하군요. 무엇이 그 내면을 취약하게 만들었는지. 그리고 다른 사람들이 그것을 어떻게 위협할 수 있다는 것인지. 이런 질문들이 호기심을 자극하네요. 당신의 이론은 더 자세하게 탐구할 가치가 있어요."

지성적인 관점으로 볼 때, 마이크의 이론에 잘못된 점은 없다—누군가는 그의 이론에 대해 유리한 또는 불리한 이유를 찾을 수도 있을 것이다. 그러나 그 이론이 마이크의 삶을 통제하게 된다면, 그의 인생은 감옥이 된다. 마이크는 자기 자신, 그리고 자신과 타인의 관계에 대한 특정한 이해 안에 갇혀있다. 그 이해는 회피적인 태도로 바뀌어, 강력한 힘에 의해 수줍음, 짜증, 불안 등의 형태로 유지된다. 마이크에게 자신의 행동은 아마 자연스럽고 자발적인 것처럼 보일지도 모른다. 여러 해 동안 머물러 있었던 훌륭하고 오래된 플라톤의 동굴이 마이크가 알고 있는 유일한 태도이고, 아마도 그는 이것을 당연하게 여길 것이다. 그러나 일단 마이크가 자기 자신을 철학적으로 성찰하기 시작하면, 자신이 실제로는 한계 안에 갇혀 살아가고 있는 수감자임을 깨닫게 될 것이다.

누군가는 마이크가 어째서 그런 방식으로 행동하는지에 대해 가설을 세우고 싶어 할지도 모른다. 그의 유년 시절 부모님에 대한 경험 때문일까? 낮은 자존감 때문에 자기 자신을 숨기는 것일까? 또는 무의식적으로 친밀감을 두려워하는 것일까? 그러나 여기서 이러한 물음들은 중요한 것이 아니다. 그러한 질문들은 심리학적 메커니즘과 과정을 다루기 때문에 심리학적인 물음들이다. 심리학자는 그러한 질문들에 관심을 두지만, 철학자는 아니다. 철학의 여정에서 중요한 것은, 마이크의 머릿속에서 일어나는 심리학적 과정들이 아니라, 그가 자기 자신과 타자를 해석하는 방식, 즉 세상에 대한 그의 이론이다.

마이크의 상황을 좀 더 명확하게 파악하기 위해 한계에 관한 탐색을 체스 게임 해설과 비교해 볼 수 있다. 체스 게임 해설자는 체스판 위의 말들이 하는 역할, 말들의 움직임, 전략과 기동 전술, 체스판 위에서 벌어지는 말들의 위협과 방어 방법 등과 같은 게임의 논리에 대해 분석한다. 해설자는 일반적으로 체스 경기 선수들의 어린 시절의 트라우마 혹은 부모님과의 유대관계와 같은 개인사에 관련한 심리상태에는 관심을 두지 않는다. 그렇다고 이것이 심리학적 요소들을 부정한다는 뜻은 아니며, 단지 그 요소들이 체스판 위 말의 움직임이 의미하는 것과는 관련이 없음을 의미한다.

이제 철학적 탐구 작업과 비교해 보자. 철학적으로 작업할 때 우리는 마이크의 한계, 즉 그가 하는 행동의 의미에, 다시 말해 그의 세계를 구성하고 있는 이해의 연결망에 관심을 가진다. 철학의 주된 문제는 아이디어들, 즉 이론, 신념, 개념, 가정 등이며, 심리학이 사람의 정신과 환경에서 일어나는 메커니즘과 과정을 연구하는 것과는 다르다. 그러므로 철학실천가라면 마이크의 "이론"을 이론으로서, 또는 비유에서처럼 체스 게임으로서 분석할 것이다.

오늘날 이 같은 작업을 수행하기는 쉽지 않다. 현대 문화는 심리학적인 사고로 점령당해 있기 때문이다. 문학 작품, 영화, 텔레비전 토크쇼, 심지어 길거리에서 나누는 대화에서도 심리학적 사고가 넘쳐난다. 우리는 거의 생각 없이 "방어기제", "합리화", "억압", "무의식적 욕구" 등에 대해 말한다. 다시 말해 우리 마음의 심리학적인 "톱니바퀴"에 대해 말한다. 심리학적 언어를 사용하는 것에 익숙하다 보니, 우리는 종종 신선한 방식으로 사람들에 대해 생각하는 것에 어려움을 느낀다.

철학은 이와는 전혀 다른 언어로 말한다. 철학은 근본적인 아이디어들의 영역으로 들어가는 여정—개인의 인생에 대한 이해, 즉 그 사람의 인생 철학 속으로 떠나는 여행이다. 왜냐하면 아이디어들(또는 이해들)은 우리를 조형하는 힘을 가지고 있기 때문이다.

연습과제

이제 당신은 당신 자신의 한계에 기인하는 이해에 대해 궁금해할 수도 있겠다. 한계에 의한 이해를 탐구하는 데는 체스 게임이나 예술 작품을 분석하는 것처럼 많은 훈련과 경험이 필요하다. 각자의 한계는 독특한 세계이니만큼, 특이하고 복잡한 방식으로 표현되기 마련이므로 단순한 꼼수가 통하지 않는다. 그럼에도 아래에서 제시할 연습 방법은 당신이 당신 자신의 한계에 관한 몇몇 중요한 측면들을 파악하는 데 도움을 줄 수 있을 것이다.

간단한 연습법으로서, 비교적 친숙한 경험, 예컨대 당신이 대인관계에서 느끼는 불편감에 초점을 맞추어 보자. 예컨대, 직장 상사와의 답이 없는 대화, 따지기 좋아하는 친구의 짜증스러운 태도, 엘리베이터 안에서 낯선 사람과 마주쳤을 때의 어색함 등 같은 것을 말한다.

다음 한 주 동안 당신이 이러한 상황에 부닥치게 될 때 어떻게 반응하고 있는지를 관찰하라. 흔히 일어나는 생각과 반응, 감정, 신체 감각과 몸짓, 또는 말버릇 등과 같이 반복되는 경향이 있는 경험에 특별히 주목하라.

자신을 관찰할 때 될 수 있는 대로 구체적인 순간들("오늘 아침 사라가 내 새 셔츠를 살펴봤을 때 나는 움츠러들었다")을 주목하되, 일반화("이번 주 내내 사라와 불편함을 느꼈다")를 피하는 것이 중요하다. 당신이 이번 주에 보통 무엇을 했거나 느꼈는지에 대해 생각하지 말고, 특정한 순간에 무엇을 하고 느꼈는지에 대해 생각해 보라. 특정 순간은 일반적인 진술에 포착되지 않는 풍부하고 복잡한 세부 사항을 드러내 준다.

주말에는 종이 위에 당신의 한계를 나타내는 원을 그리고 그 안에 당신이 관찰한 감정과 태도를, 그리고 원 바깥에는 당신이 피하고자 한 감정과 행동을 기록하라.

그다음, 그림을 보면서 당신이 작성한 일부 항목들에 공통되는 패턴, 즉 두 번 이상 나타나는 공통 주제를 하나 이상 찾아보라. 예를 들어, 이 실습 과정에서 당신이 다음 세 가지 관찰을 했다고 상상해보라. (1) 상사가 나를 꾸짖었을 때, 나는 듣는 것을 멈추었다. (2) 내가 영화관에서 줄을 서 있을 때 누군가가 나를 밀었는데, 나는 그녀를 무시했다. (3) 내 친구가 나에게 짜증 나는 질문을 해서, 나는 약간의 변명을 늘어놓고 그 자리를 떴다. 이 세 항목은 분명히 공통된 주제 또는 패턴을 공유한다. 즉, "누군가가 나를 짜증 나게 할 때마다, 나는 (신체적으로나 정신적으로) 신경 쓰지 않고 외면했다."

이제 당신의 일상적 행동에서 몇 가지 초기 패턴들을 찾았으면, 당신 자신과 다른 사람들에 대한 여러분의 이해(또는 이론)에 대해 그 사람들이 뭐라고 하는지 자문해보라. 다시 말해, 이 패턴들이 주변 사람들을 이해하는 당신의 방식에 대해 무엇을 말해주고 있는가?

분명히 말하건대, 이 연습은 예비적인 것에 불과할 뿐이며, 결과 역시 잠정적이고 지나치게 단순화된 것일 가능성이 크다. 실제로 패턴들과 이해는 더 복잡하며 훨씬 더 많은 관찰과 분석이 필요하다. 그럼에도 이 연습은 당신에게 한계에 관한 탐구가 어떤 것인지를 맛보게 해줄 수 있다.

철학적 자기 성찰 모둠에서의 한계 탐구

지금까지 우리는 일대일 철학상담의 형식 안에서 한계에 기인하는 이해를 탐구의 방법을 다루었다. 이와 유사한 탐구는 집단 형식으로도 수행할 수 있다.

앞서 언급했듯이, 철학적 모둠에는 철학실천가가 일반 대중에게 특정 철학적 주제에 대한 구조화된 활동 기회를 제공하는 철학적 *토론 모둠*이 있다. 이때 참가자들의 사생활보다는 철학적인 주제에 대해 논의하는 데 중점을 두기 때문에, 참가자들 사이의 친밀감은 제한적일 수밖에 없다. 게다가 오직 소수의 사람만이 모둠을 갖거나, 참가자들이 계속 참여하겠다는 약속 없이 오가기 때문에 연속성도 제한된다. 따라서 철학적 토론 모둠은 지속성, 친밀감, 신뢰를 요구하는, 개인의 한계 탐구에 적합한 형식은 아니다.

일대일 상담 말고도 자기 자신의 동굴, 즉 한계를 탐구하는 다른 방식이 있는데, *철학적 자기 성찰 모둠*도 그중 하나다. 이 모둠의 참가자들은 여러 회기에 걸쳐 서로 친밀한 관계를 맺으며, 함께하기, 그리고 개인적인 경험을 공유하기 등을 강조한다. 일대일 상담에서처럼 여기서도 자원자의 개인적인 경험을 검토할 수 있고, 또 다른 참가자들과 함께 그 경험이 드러내는 한계를 숙고해 볼 기회를 얻는다. 이때 모둠 전체가 상담사와 같은 역할을 한다. 사회자는 회기 동안 참가자들이 서로 존중하며 민감한 방식으로 의견을 교환할 수 있도록 전 과정을 감독하는 가이드 임무를 수행한다.

그러나 일대일 상담과는 중요한 차이가 있다. 일대일 철학상담은 오직 한 명의 내담자만 있으므로 그 사람의 한계를 깊이 파고들 수 있지만, 열에서 열다섯 명의 참가자로 구성되는 모둠에서 각 참가자의 한계를 깊이 탐구하기는 어렵다. 작업 일부는 참가자가 혼자 집에서 과제로 수행해야 한다.

이 같은 제약에도 불구하고 후자의 장점은 상호작용이 풍부하게 일어나서 상대의 경험을 통해 많은 학습, 피드백, 지지를 얻을 수 있다는 점이다. 이 같은 이점을 살리려면 회기마다 하나의 특정한 철학 주제에 집중하여 공유할 수 있는 참조점의 틀을 만드는 것이 바람직하다. 예컨대 "진정한 사랑은 무엇인가?", "자유롭다는 것은 무엇을 뜻하는가?", "인생에서 의미 있는 순간은?" 같은 주제들을 말한다. 사회자는 선택된 주제를 소개하고 여러 개의 철학적 접근 사례들을 설명할 수 있을 것이다. 참가자들은 그러한 철학적 아이디어를 통해 자신의 개인적 경험을 숙고하게 되는데, 이때 토론, 역할 연기, 그림이나 드라마를 통한 자기표현, 명상 연습 등과 같은 방법을 사용하게 된다.

만약 주제가 내면의 자유라면, 동료들은 자유에 대한 두세 개의 철학 이론을 검토하면서 시작할 수 있다. 그리고 그 이론에 비추어 내면의 자유에 관한 자기 생각을 숙고해 볼 수 있다. 이때 철학 이론을 권위로서가 아니라 발전 또는 수정되거나, 필요하다면 거부되어야 할 원재료로 간주한다. 자원자는 모둠에서 자신의 경험을 공개해야 하며, 이는 다른 참가자들이 타인의 한계가 어떻게 탐구되는가를 목격할 수 있게 해준다. 그래서 자신을 타인과 비교해 보거나 서로 지지해줄 수도 있고, 피드백을 얻을 수도 있다.

다니엘의 사례

다니엘은 주 일 회 철학적 자기 성찰 모둠에 참여한다. 그는 모둠에서 매우 적극적이고 도울 준비가 된 참가자다. 그는 신중한 논평으로 동료들이 그들 자신을 검토할 수 있도록 도와주고, 공감적인 태도로 그들을 격려하여 그들 자신을 개방하고 개인적인 경험을 공유하게 해주기도 한다.

세 번째 모임에서 이레나가 그에게 자기 자신에 대해 개방할 것을 주문한다.

다니엘은 미소를 지으며, "그게 당신을 불편하게 만드나요?"하고 묻는다.

로저가, "당신은 또다시 그러고 있잖아, 이레나 말에 대답하는 대신 되묻기만 하고 자신에 대해 말하기를 회피하기만 하잖아!"하며 반응한다.

다니엘은 두 사람이 옳다는 걸 알아챈다. "예, 그 점을 지적해 줘서 고마워요! 내가 나를 드러내기를 피하는 거 같네요. 흥미로운 패턴이군요, 그렇죠? 아마 일종의 방어 메커니즘일지도 모르겠네요 …"

브루스가 말을 끊는다. "우리는 여기서 심리학 하는 거 아니라는 걸 잊지 말아요. 우리는 철학실천 하는 거라고요. 중요한 건 당신의 패턴이, 당신이 자기 자신과 타인을 이해하는 방식에 대해 무얼 말해주는가라고요."

"우리 모둠이 이 점을 토론해주길 원해요, 다니엘?"하고 제시카가 묻는다. 다니엘이 인상을 쓰면서 말한다. "모르겠어요, 안 하는 게 낫겠어요."

"왜죠? 그게 무엇을 느끼게 만드나요?"

"난 아마 내 사생활이 다른 사람들의 이목을 끄는 것을 원치 않나 봐요."

"염려 말아요, 다니엘. 당신이 대화 주제가 되는 게 아니에요. 우리의 주요 주제는 자기 개방이라는 아이디어가 될 거에요. 우리는 철학적 모둠이잖아요. 우리는 당신의 경험을 빌어 자기 개방이 무엇을 뜻하는지를 함께 탐구하는 것뿐이에요."

"좋습니다, 동의해요. 자기 개방을 이번 회기의 주제로 정하죠."

다니엘은 이제 자신의 태도에 대해 해명하려 한다. "난 여기에 있는 누구라도 내 얘기를 듣고 나에 대해 말하길 원하지 않아요. 그건 내가 마치 어린애 같고 여러분이 나를 돌보는 어른처럼 느껴지는 일이죠."

그는 최근에 자신의 이모가 자신의 삶에 대해 이것저것 묻는 통에 대화를 중단했던 경험도 털어놓는다. 그러나 모둠이 이 경험을 검토해보니, 그의 이모는 실제로 "심문했던 것"이 아니라 그저 그에 대한 사랑과 배려를 표현했던 것이라는 사실이 드러난다.

다니엘은 "누구라도 나의 개인사를 들여다보지 못하게 하라—이게 나의 패턴이 분명해 보이네요. 내 머릿속 무언가가 내 삶의 사적인 부분이 허약한 어린애라고 생각하나 봐요"라고 말한다.

이레나가 거든다. "그리고 그것은 '취약해지지 않는 것, 어린애가 되지 않는 것이 중요하다. 나는 강해야 해, 약하지 않은 성인이어야 해!'라고 생각하는군요."

브루스가 생각에 잠기면서 말한다. "내게 흥미로운 사실은 허약한 어린애와 강한 어른 사이의 구분이 당신에게 그렇게나 중요하다는 점이에요. 그게 마치 인생에서 가장 중요한 구분이나 되는 것처럼 말이에요."

나중에 두 명의 참가자들도 자기 개방의 경험을 공유한다. 이 같은 비교를 통해 그들은 자신들 각자의 패턴, 그리고 그것이 표현하고 있는 이해에 대해 중요한 통찰을 얻는다. 시간의 제약으로 인해 모든 참가자의 한계를 깊이 검토하지는 못하고 최초의 통찰을 넘어서 나아가지는 못하지만, 사려 깊은 피드백과 지지 분위기는 그들이 귀가해 자기 성찰의 대상으로 삼을 많은 소재를 제공한다.

관찰을 예리하게 만드는 데 도움이 될, 자기 개방에 관련된 철학적 이론들(사르트르[1], 니체[2])도 토론된다. 이렇게 그들은 자기 개방에 관한 그들의 아이디어들의 연결망을 발전시키고, 이것은 다시 그 사람들 개인의 경험을 조망해준다. 그들은 삶이 복잡하게 연결된 다양한 아이디어들로 말하고 있다는 사실을 깨닫는다.

다니엘처럼 주목받는 것을 싫어한 히더 역시, "제 태도를 인제야 들여다볼 수 있

---

1 Jean-Paul Sartre, *Being and Nothingness, New York: Washington Square Press*, 1966.

2 *Thus Spoke Zarathustra*, 1부, "On the Friend," in Walter Kaufmann (ed.), *The Portable Nietzsche*, New York: Penguin Books, 1978, p. 169.

게 되었어요"라고 말한다. 제게 은닉해 있던 가정은, '만일 내가 수동적인 수용자라면, 난 더는 누군가이기를 멈춘다. 나는 무언가를 베풀고, 도움을 제공하고, 행동할 때 존재한다'였어요.

멜린다는 "흥미롭네" 하면서, "누군가로 존재한다는 것은 타자에게 행위를 한다를 뜻한다. 행위를 받는 것은 존재하지 않는 것이다"라고 말한다.

"맞아요, 덴마크 철학자 키르케고어는 존재한다는 게 무얼 뜻하는지에 대해 논했지요."

"그래요" 이레나가 말한다. "그도 비슷한 질문을 던졌던 거예요. 하지만 맥락은 전혀 달랐어요. 그래도 여러분의 접근 방식과 그의 방식을 비교해 보는 일은 흥미로울 겁니다."

한계에 기인하는 이해에서 한계에 기인하는 세계관으로 나아가기

개인은 보통 상이한 주제들에 관해 한계에 기인하는 여러 개의 이해를 가지고 있다. 예컨대 의미 있는 관계란 무엇인가, 공정하고 정의로운 것은 무엇인가, 자아란 무엇인가 등에 대한 이해 등을 말한다. 더 나아가 때로는 서로 다른 상황이 서로 다른 이해를 유발하기도 한다. 예컨대 내가 이방인들 사이에 있다면, 나는 그들에 대해 의심하는 이해를 갖게 될 수 있지만, 아주 친한 친구들과 함께 있으면, 신뢰하는 이해를 갖게 된다.

그럼에도 다양한 이해들은 보통 서로 양립하는 상태에 있다. 물론 드물게는 지킬과 하이드처럼 행동하는 사람도 있다. 두 개의 이해가 서로 갈등하는 때도 그 양자는 같은 동전의 양면처럼 존재하는 경향을 보인다. 이방인과 함께할 때면, "타자는 알려지지 않은 위험이다"라는 이해를, 그리고 친구들과 함께 있을 때는, "타자는 안전한 집이다"라는 이해를 갖게 된다. 그럼에도 이것들은 동일한 일반적 이해의 두 측면일 수 있다. 예를 들면, "우정은 미지의 타자에 의한 위험으로부터의 보호처다"와 같이.

그 결과 개인이 지닌 서로 다른 한계에 기인하는 이해들은, 일반적으로 일관성 있는 전체적인 이해로 결합된다. 여기서 전체적인 이해는 *한계적 세계관*, 또는 그냥 *세계관*이라고 불릴 수 있다. 그리고 *세계관*은 어떤 사람의 모든 한계에 기인하는 이해들의 종합을 의미한다. 더 정확히 말하자면, 전체적인 이해는 작은 이해들을 부분들로 포함한다. 그러므로 세계관은 그 사람의 한계를 전체로서 간주한 것이다.

세계관은 결코 무관한 아이디어들의 무작위적인 집합이 아니라 세상에 대한 어느 정도 일관성 있는 "이론"이다. 게다가 그것은 다른 것들보다 더 영향력 있고 강력한 중심적 이해를 내포한다. 다른 이해들은 이 중심점을 중심으로 조직되어 있다. 말하자면, 일상에서 서로 모순되는 이해들이 내적인 갈등을 만들고, 그렇기 때문에 그것들은 서로 적응하는 법을 "배운다"는 것이다.

이것은 서로 다른 이해들 사이에 완전한 조화가 성립할 수 있다는 것을 의미하지는 않는다. 분명히 세계관은 종종 긴장과 충돌을 포함하지만, 이런 충돌들은 그 자체가 그 사람의 세계관 안의 구성 요소들이다. 예컨대 내 세계관은, "사랑은 한편으로는 의미 있지만, 다른 한편으로는 사랑이 당신을 의존하게 만든다"라는 이해를 포함할 수 있다.

내 세계관은, 그것을 구성하고 있는 구체적인 이해처럼 내가 항상 말로 생각하는 어떤 것이 아니라, 종종 내가 의식하지 않고서 그것에 따라 살아가는 어떤 것이다. 그것은 나 자신과 내 세계에 대해 내가 취하는 전반적인 태도를 표현한다. 아주 빈번하게 그것은 내 삶에 제한적이고 경직되고 자동적인 제약으로 작용한다. 그리고 그럴 때 내 세계관은 내 감옥이자 내 플라톤적 동굴이고 내 한계다. 대다수 사람은 실제로 그들의 한계적 세계관 안에 갇혀 지낸다.

앨리샤의 사례

앨리샤는 특히 깊이와 지혜를 발견할 수 있는 책을 읽기 좋아한다. 그녀는 고전 문학, 시 그리고 철학 서적을 읽으며 시간을 보낸다. 그녀는 책에서 감동하고 영감을 받지만, 뉴스, 인기 도서, 코미디, 수다 떨기와 같은 "사소한" 문제들에 대해서는 지루함을 느낀다. 그녀는 자신이 그런 것들과 엮일 수 없다고 생각한다.

앨리샤는 사람을 좋아한다고 말하지만, 사실 그녀는 그들과 관계를 유지하는 것이 어렵다고 생각한다. 다른 사람들은 그녀가 차갑고 감정이 메말랐으며 논쟁적이라고 생각한다. 그녀는 그것을 진지함과 사교성 부족 탓으로 돌린다. 그러나 자신의 관점에서 주장하기, 매우 추상적으로 말하기, 대화에서 다른 사람들 바로잡기와 같은 그녀의 말하기 습관은 다른 사람에게 거리감을 불러일으킨다. 그녀는 말한다. "제 마음속에는 많은 사랑이 들어있어요. 그런데 사람들이 받아들일 준비가 되어 있지 않았어요." 그러나 이것이 그녀에게 큰 걱정거리는 아니다. 그녀는 자신의 사랑을 마치 자신 안에 있는 개인적인 보물처럼 즐기기 때문이다. 그녀는 사람들과 거리를 두는 것에 대해 걱정하지 않는다. 그녀는 혼자 있는 것을 좋아한다.

앨리샤는 또한 사람들과 함께 있을 때 자신이 매우 소심하다고 말한다. 그녀는 사교 모임에서 소심해 보이고 무슨 말을 해야 할지 모른다. "사교적인 활동은 지루해요", 그녀는 말한다. "그래서 저는 가능한 한 사교 활동을 피하려고 해요". 그녀는 모임에서는 침묵하기를 선호한다.

앨리샤에 대한 몇 가지 사실을 검토해보면, 그녀는 최소한 세 가지 다른 행동적, 정서적 패턴을 지닌 것처럼 보인다. 그녀는 깊이 있는 책이나 사상에 흥미가 있고, 타인을 향해서는 차갑고 논쟁적인 태도를 보이며, 또 소심하다.

이는 '깊이가 중요하다는 것, 다른 사람들과 연결되는 방법은 사상을 통하는 것뿐이며, 사람들은 이해할 수 없고 지루하다'라는 세 가지 중요한 한계에 기인하는 이해를 나타내는 것처럼 보인다.

그러나 더 자세히 들여다보면 이것들이 하나의 중요한 이해, 즉 하나의 한계에 기인하는 세계관의 세 측면이라는 것을 알 수 있다. 이 세 측면의 공통점은, 어느 것이 의미가 있고 흥미로운지와 어느 것이 의미 없고 하찮은지에 대한 구별인데, 이는 그녀의 개인적인 세계와 외부 사회 세계의 구별에 상응한다. 그녀의 세계관에 따르면,

오직 깊은 문제들만 집중해야 할 가치가 있고 이것들은 개인적인 세계 안에 들어있는 것이다. 즉, 독서, 사유, 그리고 사랑 느끼기 같이 그녀가 혼자 하기 좋아하는 활동들로 이루어진 세계를 말한다. 다시 말해, 그녀의 사적 세계는 아마도 모든 의미와 깊이의 근원이자, 그녀가 돌보고 발전시켜야 한다고 느끼는 보물의 장소일 것이다. 이와 반대로 사교 세계, 즉 그녀의 사적 세계의 바깥은, 사람들, 대화, 그리고 거의 의미 없고 중요하지 않은 사건들로 이루어져 있다. 그것은 사회적 게임, 수다 떨기 그리고 이와 유사한 무가치한 문제들로 채워져 있다. 좋은 예는, 그녀가 타인을 향해 사랑을 느끼는 방식이다. 그녀에게 중요한 것은 자신의 마음속에서 사랑을 느끼고 있다는 사실이지, 그 사랑이 다른 사람에게 닿느냐 아니냐의 여부가 아니다.

요약하면, 앨리샤의 세 가지 이해는 하나의 기본 아이디어를 중심으로 돌아가는 하나의 세계관에 관련된 측면들이다. 그녀의 세계관은, '내 사적인 세계 속에 존재하는 깊은 문제들만이 의미를 지니며 돌볼 가치가 있다'라고 표현할 수 있다.

철학상담에서 우리는 보통 하나의 패턴을 확인하는 것에서 시작해서, 그 뒤에 있는 한계에 기인한 이해를 찾아낸다. 그러나 이러한 이해는, 다른 이해들도 포함하고 있는 더 큰 세계관 안의 작은 한 요소에 불과하다는 사실을 기억하는 것이 중요하다. 상담사는 더 많은 이해를 찾기 위해 다른 주제들, 경험들, 그리고 인생의 다른 측면들을 향해 대화의 방향을 바꿀 수 있다.

예컨대 철학적 대화는 내담자가 직장에서 느끼는 지루한 감정에서 시작할 수 있을 것이다. 기본적인 그림이 윤곽을 드러나기 시작하면, 상담사는 내담자에게 취미, 가족 관계, 또는 친구들에 관해 질문할 수 있을 것이다. 처음에는 중심적인 이해로 보이던 것이 더 큰 세계관 안의 한 요소에 불과한 것으로 밝혀지는 일이 흔하다.

연습과제

어떤 내담자와의 철학상담 과정에서 아래의 세 가지 이해들이 드러나고 분명히 표현된다고 가정해보자.

이해 1: 재미는 가치 있는 것이다. (내담자 스스로 했던 말에서 예를 들어보자: "저는 재밌는 영화를 좋아해요. 저는 웃고 노닥거리는 것을 좋아해요. 저는 제 유머 감각이 꽤 자랑스러워요.")

이해 2: 인정받는 것이 중요하다. (예를 들면, "가끔 저는 사람들에게 화가 나요. 특히 그들이 저를 무시하거나 저를 이해하지 못할 때 말이에요.")

이해 3: 다른 사람의 존재는 기대를 의미한다. ("저는 다른 사람들과 회사에 있을 때 상당히 긴장해요. 저는 그들이, 그게 무엇인지는 잘 모르겠지만, 제게 뭔가를 기대한다고 느껴요.")

이제, 이러한 세 가지 이해들이 한계에 기인한 더 큰 세계관 안에서 그것의 요소들로서 함께 연결될 수 있는 몇 가지 방식들을 상상해보자. 그 세계관의 본질을 하나의 기본적인 아이디어로 요약해보자.

제6장

한계의 심층적 의미를 탐색하기

제6장

한계의 심층적 의미를 탐색하기

앞장에서 우리는 개인의 행동, 감정, 생각들이 서로 관련 없는 내용을 마구잡이로 쌓아 놓은 더미가 아니라, 삶에 관한 거의 일관적인 태도를 이루고 있다는 사실을 볼 수 있었다. 그것들은 다양한 주제들에 관한, 한계에 기초한 이해들의 몸체를 표현하며, 그 이해들이 하나로 합쳐져서 그 개인의 한계적 세계관을 구성한다. 우리는 또한 한계에 기반을 둔 내담자들의 이해와 관련해 다수의 구체적인 사례들을 분석했고, 그 결론을 짧게 한두 문장으로 분명하게 표현했다.

사실 이는 지나치게 단순화한 것이다. 한계에 기반을 둔 이해는 한 문장으로 표현할 수 있는 아이디어보다 훨씬 더 복잡하기 때문이다. 삶에 관한 개인의 태도는 매우 다양한 조건들에 관계되어 있으므로, 단순한 공식으로는 온전하게 표현될 수 없다. 예를 들어, 인간관계에 관한 나의 한계적 이해는 친구들, 이웃들, 가족 구성원들, 지인들, 그리고 낯선 사람들에 관한 나의 이해를 포함하며, 또 그 각각의 관계들은 내 특정한 경향성과 환경에 따라 각기 다를 것이다. 내가 단순한 로봇 같은 사람이 아닌 한, 관계에 관한 나의 이해는 관계란 무엇인가에 관한 전체적인 이론에 이르게 되는 아이디어들의 연결망을 반드시 포함할 것이다. 그러므로 만약 우리가 한 개인의 한계에 기인하는 세계관과 그것을 구성하는 한계적 이해들을 분명하게 표현하고자 한다면, 우리는 단순한 요약을 넘어서 더 섬세한 세부 사항들에 주의를 기울이는 법을 배워야 한다. 이번 장에서는 이것이 어떻게 가능할지 탐구해 볼 것이다.

철학적 이론의 관점에서 본, 한계에 기인하는 이해

한계에 기인하는 이해는 사랑, 자유, 의미 등과 같은, 어떤 주어진 주제에 대한 이론으로 보일 수 있다. 이 같은 이론은 그 주제에 관련된 일상적인 사례들을 설명하거나 해석한다. 이 점에서 그것은 학술 서적에서 발견할 수 있는 이론들과 유사하다. 광합성이 어떻게 작용하는지를 설명하는 생물학적 이론, 대륙이 어떻게 만들어졌는지를 설명하는 지질학적 이론, 트라우마의 영향을 설명하는 심리학적 이론, 또는 어떤 행동을 도덕적인 행동으로 만들어 주는 것이 무엇인지를 설명하는 철학적 이론 같은 것들 말이다.

과학적 이론은 통제된 실험과 관찰을 통해 측정된 경험적 발견물 그리고 흔히 수학적 계산에 크게 의존한다. 이와는 대조적으로 철학적 이론은 일차적으로 기본적인 아이디어들에 관한 것이며, 주로 추론(논리적이든 직관적이든)에 의존한다. 그것은 대체로 생각의 산물이고, 경험적 관찰의 산물로는 거의 이루어져 있지 않다. 이와 마찬가지로, 한계에 기인하는 이해도 근본적인 아이디어들에 관한 것이다. 그래서 그것은 우리가 철학책에서 발견할 수 있는 철학 이론들과 유사하다. 예컨대 아리스토텔레스의 우정에 관한 이론, 장-자크 루소의 진정성에 관한 이론, 존 스튜어트 밀의 도덕적 행위에 관한 이론, 또는 오르테가 이 가세트의 사랑에 관한 이론들을 말한다. 각각의 철학 이론은 개념, 구분, 가정 등과 같은 기본적인 아이디어들을 받아들이고 그것들을 구성 요소로 사용하여 문제시되고 있는 주제를 이해한다.

하나의 이론은 주어진 주제를 조망하고자 시도하는 아이디어들의 연결망으로 볼 수 있다. 이는 개인의 한계에 기인하는 이해에도 적용된다. 물론 우리가 길에서 마주치는 일반인이 가진 한계적 이해는 위대한 사상가들의 철학적 이론들만큼 정교하거나 세련되지 않다. 그 사람들의 이해는 지나치게 단순하고 왜곡되었거나 편향된, 불완전한 추론에 기반한 것일 수 있다. 비록 그것들이 아마도 철학책에서 찾을 수 있는 이론처럼 세련된 것은 아닐지라도 여전히 유사한 종류의 이론들이다. 이런 의미에서 우리는, 사유하는 모든 사람이 반드시 훌륭한 철학자는 아니더라도 여전히 철학자라고 말할 수 있다. 전문적인 철학자들과 마찬가지로, 사유하는 모든 사람은 사랑, 우정, 도덕, 혹은 인생의 의미 등과 같은 주제들에 관한 이론을 통해 세상과 관계를 맺는다.

어떤 사람의 한계에 기인하는 이해, 즉 한계적 세계관을 탐구하는 일은 그 사람의 일상적인 삶에 암암리에 내재한 이론을 명료하게 한다는 것을 의미한다. 이는 간단한 일이 아니다. 한계에 기인하는 이해는 보통 말로 표출되는 것이 아니라, 그 사람이 매일 하는 행동에 내재하는 것이기 때문이다. 사람들은 보통 자신이 의지해 살아가고 있는 "이론"을 의식하지 못한다. 그래서 세계관을 명확히 하고 어휘들로 묘사하는 일은 마치 암호를 판독하는 작업과 같다.

이뿐만 아니라, 철학적인 이론을 말로 분명히 표현한다는 것은 철학적 사유 훈련을 받지 못한 사람에게는 확실히 어려운 일이다. 추상적인 아이디어들로 어떤 사람의 태도를 분석하는 일도 어렵다. 다행히도 여러 사상가가 여러 시대를 거쳐 인류가 직면해온 인생의 주요 화두에 대해 고심해

왔고 또 그 화두에 대한 귀중한 이론과 통찰을 표현해 왔다. 그러므로 철학실천가들은 철학의 역사에 기록된 이 이론들을 활용할 수 있다.

이것은 물론 철학상담사가 내담자에게 기존의 철학 이론을 강요해야 한다는 말이 아니다. 사람들은 서로 다르며, 그들의 이해력 또한 개별적이기 때문에, 예컨대 사르트르나 마르틴 부버의 이론에 정확히 들어맞지도 않는다. 그럼에도 철학 이론들은 유용한 아이디어들의 원천들로서 작업에 활용해야 할 원재료로 쓰일 수 있다. 우리는 심오한 사상가들의 아이디어들을 숙고하여 그 일부를 채택하고, 나머지 것들을 수정하고 거부하면서 우리 자신의 의견을 분명히 표현할 수 있다. 우리가 내담자에게 전혀 적용할 수 없는 철학 이론을 거부할 때조차도, 그것은 여전히 내담자의 한계에 기인하는 이해를 명확히 하는 데 도움을 줄 수 있다.

도나의 사례

도나는 철학자가 아니지만, 다른 사람들처럼 자신의 주변 사람들을 이해하는 방식이 있다. 이러한 이해는 그녀의 행동, 기대, 희망 그리고 감정들을 형성한다. 비록 그녀가 자신의 이해에 관해 모호하게만 의식하고 있어도 그렇다. 그것은 그녀를 둘러싸고 있는 한계적 세계관의 일부다.

"저는 외로워요", 도나가 그녀의 철학상담사 린다에게 말한다. "저는 혼자 있는 게 좋아요. 그렇지 않으면 제 내면을 들여다볼 수 없으니까요. 하지만 전 여전히 좋은 친구를 사귀고 싶어요. 제가 진정으로 믿을 수 있는 친구를요. 전 벌써 서른다섯 살이에요. 그런데 아직도 저는 저와 감정을 나눌 수 있는 누군가를 찾고 있어요. 저는 사람들한테서 너무나 많은 실망스러운 일들을 겪었거든요."

도나는 할아버지에 관한, 네 살쯤이던 어린 시절의 기억을 갖고 있다. 그 기억은 아주 또렷한데, 할아버지가 화를 내며 그녀에게 크게 소리 질렀다. 도나가 이 특정 사건을 기억한다는 것은 기이한 일이다. 그녀의 할아버지는 항상 그녀를 사랑했으며

결코 언성을 높인 적이 없었으니까. 그때가 할아버지가 화를 낸 유일한 순간이었다.

도나는 한 남성과 오랫동안 연애한 적이 있다. 그는 부끄럼을 잘 타는 조용한 사람이었는데, 둘은 이 년 동안 썩 잘 지냈다. 그런데 사귀기 시작하고 여섯 해가 지날 무렵 그는 교통사고로 세상을 떠났다. 이 사건으로 그녀는 매우 힘든 시간을 보냈다. 그녀는 자신이 버려졌다는 느낌을 받았다. 사실 그녀는 그가 그녀를 떠났다는 사실에 화가 났다. 그녀는 이성적으로는 자신의 분노가 말도 안 된다는 것을 알고 있었지만, 그런데도 그러한 감정은 여러 주 동안 지속되었다.

다행히도 몇 개월 후에 그녀는 자신처럼 독신인 여성 페기를 사귀게 되었다. 이 두 사랑스러운 여인들은 절친한 친구가 되었다. 하지만 곧 페기는 새로운 남자친구를 만나게 되었다. "그녀는 사나흘 정도 온다간다 말도 없이 사라져버리곤 했죠", 도나가 비통한 표정을 지으며 린다에게 말했다. "전 마침내 그녀가 절 더이상 신경 쓰지 않는다는 걸 깨달았죠. 그리고 저는 그녀에게 아무것도 기대하지 않는 법을 배웠어요."

우여곡절 끝에 도나는 강아지 훈련 교실을 열었다. "동물은 친해지기가 쉬워요"라며 그녀가 설명했다. "특히 강아지는요. 게네는 결코 놀라게 하지 않아요. 만약 당신이 그 아이들과 친해지려고 마음만 먹으면, 게네는 당신에게 충성하죠. 그러니까 제 말은, 인간들은 예측하기 너무 어렵다는 거예요."

실제로 그녀는 누구든 개를 학대하거나 잘못 다루는 사람을 볼 때마다 흥분해서 자신을 통제하기가 어려웠다. 며칠 전 그녀는 이웃의 한 젊은 여성이 강아지를 마치 여행 가방처럼 끌고 가는 것을 목격했다. 도나의 분노가 폭발했는데, 다행스럽게도 한 이웃이 도나가 그 젊은 여성을 때리려는 것을 막았다.

"이 여자는 괴물이란 말이에요", 도나가 이웃에게 했던 말이다.

그 이웃 사람은 회의적인 시선으로 도나를 바라보며 말했다. "어쩌면 그 여자 기분이 안 좋았거나 급한 상황이었을지도 몰라요. 또는 단순히 개를 어떻게 대해야 하는지를 몰랐을 수도 있고요."

"아녜요, 그 여잔 괴물이라니까요", 도나가 응수했다. "그리고 만약 괴물이 아니라면 그녀는 정신 장애가 있을 거예요."

흥미로운 점은, 도나는 타인에 대해서는 비판적이지만, 그녀 자신에게는 관대한 것처럼 보인다는 사실이다. 그녀가 페기와 친했을 때도 그녀는 가끔 페기를 피하고는 했다. 그리고 페기를 보지 않기 위해 온갖 핑계를 대었지만, 도나는 자신이 정당하지 않은 행동을 한다고는 느끼지 못했다.

"그건 당신이 다른 사람에게 요구하는 충성심과 본인에게 요구하는 충성심이 다르다는 걸 의미하는 것 같은데요"하고 린다가 의견을 말한다.

도나는 마지못해서 동의한다.

이러한 대략적인 서술만으로도 우리는 도나가 다른 사람들과 맺는 관계들의 중요 패턴에 대해 정의 내리는 일에 착수할 수 있다. 그녀는 다른 사람들을 믿지 못한다. 그 사람들이 도나와 친구가 되고 나면, 그녀는 결국 그들이 그녀를 실망하게 하거나 자신이 버려질 수도 있다는 가능성에 몰두한다. 그녀는 또 다른 사람들의 행동에 대해서 일방적인 견해를 갖는 경향이 있다. 작은 부주의라도 보일라치면 그것을 비현실적인 비율로 증폭시킨다. 그리고 그것을 그 사람들의 배신 또는 냉혹함에 대한 증거로 해석한다. 그래서 개를 끌고 다니는 모습을 끔찍한 학대로 오인한다. 또 남자친구의 죽음은 배신이 되었다. 그녀가 할아버지에 대해 기억하는 것은 그들이 나눈 수많은 행복한 순간들이 아니라 오히려 보기 드물었던 할아버지의 가혹한 태도였다.

도나의 패턴은 그녀가 다른 사람들을 어떻게 이해하는지를 표현하고 있다. 그뿐만 아니라, 그것은 타자의 의미에 관한 그녀의 "이론"을 표현한다. 그녀는 자신의 "이론"을 스스로 말로 표현해 본 적이 없다. 그녀의 행동이 거의 매일 그것을 드러내고 있음에도 불구하고 그렇다. 이러한 연유로, 린다는 도나에게 타인에 대한 그녀의 의견을 묻지 않는다. 미숙한 철학상담가라면 그렇게 하는 경향을 보였겠지만 말이다. 그녀는 도나의 실제 행동을 안내하고 있는 이해를 찾고 있는 것이지, 그녀의 냉정한 의견을 알고자 하는 것이 아니다.

도나의 "이론"을 명확하게 드러내는 데 유용한 다른 방법은, 그녀의 상황과 관련이 있는 철학 텍스트를 읽고 그것을 자기 성찰을 위한 소재로 활용하는 것이다. 훌륭한 철학자들에게서 발견할 수 있는 특별한 점은, 그들의 이론이 모두에게 진실이라는 것이 아니라, 그들이 인간 경험을 통찰력 있는 말로 표현할 수 있었다는 점이다. 훌륭한 철학자들은 그들 자신의 세계관을 탁월한 감수성, 분명한 의견과 개념을 가지고 또 심오한 분석을 통해 표현할 수 있다. 그러나 그들의 철학은 도나의 이해

가 아니라 단지 그들 자신의 이해를 표현한 것에 지나지 않는다.

그렇지만 그러한 이론들이 도나에게 무가치한 것은 아니다. 그 이론들은 그녀의 한계의 지형도를 그리는 데 큰 도움이 될 수 있고, 결국 그녀가 그 한계를 넘어설 수 있도록 준비하는 데도 도움이 될 수 있다. 이 같은 이유에서 가끔 린다는 그들이 함께 읽고 도움을 받을만한 짤막한 철학 텍스트들을 준비한다. 린다가 도나에게 소개한 첫 철학자는 장-폴 사르트르다.

장-폴 사르트르—객관화하는 시선[1]

프랑스 실존주의자 장-폴 사르트르(1905—1980)는 그의 저서 『존재와 무』에서, 어떻게 다른 사람이 자신의 세계에 나타나는지를 묘사한다.

나는 공원에 있다. 멀지 않은 곳에 잔디밭이 있고 그 잔디밭의 가장자리를 따라 벤치들이 있다. 갑자기 한 남자가 지나간다. 그 대상이 *한 사람*이라고 단언하는 것은 어떤 의미인가? 벤치를 보는 것과 사람을 보는 것의 차이점은 무엇인가?

벤치는 내 세계 안의 어떤 대상이지만, 사람은 그것 이상이다. 벤치와는 대조적으로, 저기 있는 사람은 그 자신이 볼 수 있고, 들을 수 있고, 만질 수 있다. 그는 관점을 가지고 있다. 세계는 그의 시각을 통해서도 보이고, 그의 관점에서도 세계는 그를 둘러싸고 있다. 더 나아가 일단 다른 사람이 내 세계로 들어오자마자, 그 대상들은 더이상 *내* 세계가 아니라 *그의* 세계이기도 하다.

이는 다른 사람이 나타나자마자 내 세계의 구성이 산산이 조각난다는 것을 의미한다. 나는 더는 세계의 중심이 아니다. 왜냐하면, 그도 중심이기 때문이다. 말하자면, 다른 사람이 나에게서 세상을 빼앗는 것이다. 내

1 Jean-Paul Sartre, *Being and Nothingness*, New York: Washington Square Press, 1966.

세계가 그를 향해 달아난다.

게다가 그 남자가 이제 나를 보고 있다고 상상해보자. 나는 내가 그에 의해 보인다는 것을 깨닫는다. 나는 그의 시각에서는 어떤 대상이다. 만약 내가 천박한 행동을 했다면, 나는 이제 그의 시야에서 그 행동을 지우려 할 것이다. 만약 내가 혼잣말을 하고 있었다면, 방금 내 행동을 감추기 위해 빠르게 콧노래를 부를 것이다. 왜냐하면, 나는 내가 그의 시선의 대상이 되는 사태를 경험하기 때문이다.

타자는 새로운 위협을 가한다. 나는 단순한 대상이 되고 말 것이다. 즉, 더는 자유로운 주체가 아니라 그의 세계 안에 있는 단순한 대상이 되어버린다. 그도 역시 이와 유사하게 내 시선에 의해 위협받고 있다.

도나가 사르트르의 이론을 좋아하는 것처럼 보이지는 않는다. "저는 제가 타인의 관찰 대상이라는 아이디어와는 관련이 없어요."

린다는 이론을 즉시 판단하지 말고, 우선 그것을 숙고해 보라고 말한다. 중요한 것은 도나가 이 이론을 좋아하냐 아니냐가 아니라, 그녀가 이론의 요소들을 다른 사람들에 대한 그녀 자신의 고유한 이해를 분명하게 파악하는 데에 사용할 수 있는지다.

그리고 실제로 도나는 린다의 도움을 받아 사르트르에게서 흥미로운 통찰을 발견할 수 있다는 사실을 깨닫는다. 타인을 마주한다는 것은 그녀의 관점과는 다른 관점을 마주하는 것을 의미한다는 통찰이 그것이다. 타인은 그녀의 세계에 이질적인 가치와 선호가 담긴 다른 세계의 관점을 주입한다. 그러므로 타인은 그녀의 세계가 변화하도록 위협하는 외계 침략자를 의미한다.

린다는 도나가 사르트르의 이론을 통째로 받아들일 이유가 없다는 점을 강조한다. 첫째, 사르트르의 이론에서 몇 가지 요소들은 타자에 대한 도나 자신의 이론과 여러 측면에서 다르다. 그녀는 다른 사람들이 그녀를 관찰할 수도 있다는 사실을 두려워하지 않는다. 사르트르가 말하는, 객관화하는 시선은 도나의 한계의 지형도를 구성하는 한 요소가 아니다. 게다가 사르트르와 달리 그녀는 타인과 진정으로 함께하는 일이 가능하다고 믿는다.

둘째, 사르트르의 이론을 채택하는 것은 또 다른 플라톤의 동굴, 즉 제한된 이해 속으로 들어가는 것을 의미할 것이다. 이는 그녀의 한계를 또 다른 한계, 또 다른 이론, 또 다른 감옥으로 대체하는 것을 의미한다. 그러나 그녀에게 필요한 것은 또 다른 한계가 아니다. 그녀는 그녀 자신을 제한하는 것이 아니라 자유롭게 해줄 철학적 통찰들을 사용하길 원한다.

이후의 회기에서, 상담사는 타인에 관한 두 번째 철학적 이론을 소개할 기회를 제공한다.

호세 오르테가 이 가세트—숨겨진 내면[2]

그의 저서 『인간과 사회』에서, 스페인 철학자 호세 오르테가 이 가세트(1883—1955)는 타인을 놀라움으로 설명한다. 나는 갑자기 내가 이 세상의 유일한 거주민이 아니라는 것을 발견한다. 다른 누군가가 "나의" 세계에서 나와 함께 공존하고 있고, 그래서 나는 더이상 이전처럼 안심할 수 없다.

지금까지 나의 세계는 아늑하고 친근했다. 그것은 내 집이었고, 내 것이었다. 사실, 그것은 현존하는 단 하나뿐인 세계였다. 하지만 타인이 내 세계에 들어와 있는 지금, 그것에 대해 불안하게 하는 무언가가 있다. 사람의 출현은 무생물의 그것과는 달라서 숨겨진 현실을 보여준다. 그 사람의 눈 뒤에 감정, 생각, 의도들이 있지만, 나는 그것들이 무엇인지 볼 수 없다. 그의 내면은 내 시야에서 벗어난 것이다—나는 오직 외적인 징후를 통해서만, 즉 그의 몸짓, 표정, 그의 입 밖으로 나오는 단어들을 통해서만 그것을 감지할 수 있을 뿐이다. 그러므로 타인은 행동의 숨겨진 원천이다.

따라서 타인은 내가 알 수 없는 존재다. 오르테가의 비유를 사용하면,

2 José Ortega y Gasset, Man and People, New York: Norton, 1957.

그것은 마치 안개 속에서 발걸음 소리를 듣는 것과 같다. 나는 아마도 이렇게 반응할 것이다. "거기, 누구요?!"

나는 그의 내면을 볼 수 없지만, 그의 내면이 나와 관계가 있고, 내가 그에게 반응할 수 있는 것처럼, 나는 그가 내 존재에 반응한다는 사실을 그의 신체를 통해서 볼 수 있다. 이러한 의미에서 타인은 위험이나 놀라움을 의미한다. 나는 그가 나를 대할 것 같은 방식을 절대로 완전히 예측하거나 통제할 수 없기 때문이다.

하지만 타인이 내게 단지 문제로서만 나타나는 것은 아니다. 타인의 출현 덕분에 나는 나 자신에 관한 경계들, 능력의 한계를 발견하고, 그래서 내가 할 수 있거나 할 수 없는 일들, 나의 취향, 의견을 발견한다. 타인을 통해 나 자신을 발견하는 것이다.

도나는 곰곰이 생각해 본 다음 마침내, 타인을 위험한 놀라움으로 간주하는 오르테가의 관점이 그녀의 한계에 약간의 빛을 비춰 줄 수 있을 것 같다고 말한다. 그녀의 한계 안에서도 타인은 예측 불가한 존재이고 따라서 잠재적인 위험이기 때문이다.

하지만 유사성은 여기서 끝난 듯 보인다. 계속되는 린다와의 대화에서 그녀는 오르테가 이론의 나머지 부분이 그녀 자신의 것과 조금 다르다는 사실을 깨닫게 된다. 도나에게 타인이 위험한 존재인 까닭은, 타인의 내면이 숨겨져 있을 뿐만 아니라 좋은 의도를 갖고 있지도 않기 때문이다. 더욱이 오르테가에게 '나'는 타인과의 마주함 속에서 나 자신을 발견하는 존재지만, 도나는 홀로 외로움 속에 있을 때 그녀 자신을 발견하는 것처럼 보인다. 그럼에도 도나는 오르테가의 이론과의 대비를 통해 가까스로 그녀 자신의 태도를 좀 더 분명하게 만들 수 있다.

"네, 그건 사실이에요", 그녀가 인정한다. "확실히 저는 타인의 마음속에 마치 제가 알 수 없는 어떤 것, 언제든지 깨어나서 저를 물어버릴 수도 있는, 잠자는 어두운 힘이 숨겨져 있는 것처럼, 그렇게 타인과 관계를 맺어요."

에마뉘엘 레비나스—타인의 얼굴[3]

사르트르와 오르테가는 모두 타인에 관해 다소 암울한 모습을 표현한다. 이 점에서 그들은 도나의 타인에 대한 태도와 "관련이 있다". 그러나 타자에 대한 또 다른 철학적 이론들은 더 밝은 빛을 낸다.

프랑스 철학자 에마뉘엘 레비나스(1906—1995)는 서양철학이 나와는 근본적으로 다른 타인을 타인으로 존중하지 못하고 내 지식의 지평선을 넘어선 현실을 존중하지 못했다고 본다. 철학자들은 언제나 자신들이 "동일자"라고 부르는 것으로 타인을 해석하려고 노력해 왔다. 그들은 남성과 비교해 여성을 이해하려 하거나, 서양 문화의 관점으로 비-서양 문화를 이해하려고 노력했다. 이처럼 철학자들은 언제나 타인을 그저 또 다른 "나"로서 이해해 왔다. 레비나스는 이것을 제국주의적인 태도로 여겼다. 이 같은 태도는 다른 것을 침해하고 내 기준에 따라 이해하려는 것이기 때문이다.

진정으로 타인을 마주하는 일은 그 사람을 나와는 철저히 다른 존재로 직면하는 것이다. 타인은 항상 나의 지평 너머에 존재한다. 이는 그의 겉모습이 나의 자아 중심적 세계에 커다란 충격을 준다는 것을 뜻한다. 타인이 내 세계로 들어올 때 나는 무엇을 행하든 더는 자유롭지 못하다고 느낀다. 나는 이제 새로운 책임을 떠안게 된다. 타인을 인정해야만 한다는 책임 말이다. 타인의 얼굴은 "나를 죽이지 마세요!" 즉, 나를 말살하지 말라는 윤리적 요구를 표현한다.

레비나스의 접근 방식은 사르트르나 오르테가와는 다른데, 우리가 타인과 어떻게 연관되어 있는지를 분석하기만 하는 것이 아니라, 우리가 우리 자신을 타인과 어떻게 연관시켜*야 하는지should*도 분석하고 있다는 사

3 *Alterity and Transcendence*, New York: Columbia University Press, 1999.

실에 주목할 필요가 있다. 그는 우리 보고 더 높은 곳을 지향하라고, 그래서 우리의 평범한 태도를 초월하라고 호소한다. 그러나 현재 우리는 여전히 한계 분석을 다루고 있으므로 이러한 호소에 대한 검토는 일단 나중으로 미루어 놓겠다.

린다는 레비나스와 도나의 태도를 비교하면서 도나를 돕는다. 도나는 '철저히 다른 타인'이라는 레비나스의 개념을 빌릴 수 있다는 사실을 깨닫는다. 그러나 레비나스의 구상 중에서 나머지는 그녀와 관련이 적은 것으로 드러난다. 레비나스가 제안한 것과는 반대로, 도나에게 타인은 윤리적 요구가 아니라 위협이 되는 힘이다. 그럼에도 도나는 곧 그녀 자신에 대해 흥미로운 무언가를 배운다. 타자가 도덕적 요구라는 레비나스의 아이디어는, 도나 자신의 한계에서도 타자는 매우 다른 의미에서의 요구를 내포하고 있다는 사실을 깨닫게 만든다. 다만 그녀의 한계는 그 요구가 타자를 향한 것이지 자신을 향한 것이 아니라는 것이다. 타자는 도나에게 신뢰와 보살핌과 이해를 제공"해주어야"should 한다. 하지만 이와는 대조적으로 그녀는 타자에 대한 책임이 없다.

도나는 골똘히 생각하며 말한다. "이제 알았어요. 비록 전 제가 알게 된 걸 좋아하지는 않지만. 타자는 나에 대한 책임을 갖고 있지만 나는 그들을 향해 아무런 책임도 갖지 않고 있네요."

"도나, 당신과 다른 사람들 사이에는 꽤 심한 불균형이 있어요", 린다가 끄덕인다.

나중에 도나는 레비나스의 아이디어를 사용해 이러한 불균형에 대한 중요한 이유를 분명히 표현한다. 그녀의 한계 속에서 타인은, 오르테가가 말하듯 종잡을 수 없고 알려지지도 않았을 뿐만 아니라 그녀와는 완전히 다르다. 짐작하건대, 그녀 자신의 행동은 정상적이고 합리적인 데 비해, 다른 사람의 행동이 합리성과 공정성의 범위 너머에 있다. 그녀는 타인들이 준수해야만 하는 도덕적 기준들을 설정한다.

마르틴 부버―'나-너'[4]

오스트리아 태생의 유대인 사상가인 마르틴 부버(1878―1965)는 자신의 저서 『나와 너』에서, "나"는 따로 떨어진 별개의 독립체가 아니라고 설명한다. 나는 내가 맺고 있는 관계의 관점으로 정의된다. 나와 관련된 사람들은 나라는 사람의 일부이기 때문에 나는 타자들과 관련 없는 독립된 원자가 아니다.

부버는 타자와의 관계(동물, 식물뿐만 아니라 심지어 신과의 관계도)를 두 종류로 구별했다. 나-그것, 그리고 나-너 사이의 관계를 말한다. 첫째 유형의 관계에서 나는 다른 사람을 대상으로, 즉 지각의 대상, 지식의 대상, 또는 조정이나 보살핌의 대상 등으로 취급한다. 나는 그를 바라보고, 조사하며, 이해하기 위해 노력하고, 이용한다. 나는 예컨대 그를 도울 방법을 생각할 때처럼 좋은 의도에서도 그렇게 할 수 있다. 하지만 이러할 때조차도 우리 사이에는 간격이 존재한다. 나는 멀리서 그를 조사한다. 그가 마치 나의 외부에 자리하고 있는, 관측의 어떤 대상인 것처럼 말이다.

그러나 사람 사이의 관계에는 나-너라는 다른 방식이 존재한다. 이런 종류의 관계에서 나는 상대방과 *함께*한다. 이때 나는 거리를 두고 너를 향해 시선을 던지지 않는다. 너를 알려고 하거나 이용하려고 하거나 개선하려 하지 않고 단지 너와 함께 존재한다. 너는 더이상 내 세계 안에 있는 하나의 대상이 아니라, 오히려 내 모든 세계에 색을 입힌다.

이 같은 상황 속에서 나는 온전한 방식으로 존재한다. 나 자신의 어떤 한 부분(예를 들면, 내 생각 또는 어떤 감정)만을 포함하는 나-그것의 관계와는 다르게, 나-너의 관계는 내 존재 전부를 포함한다.

---

4 *I and Thou*, New York: Scribner, 1970.

내가 맺고 있는 관계들이 나라는 사람을 정의하기 때문에, 나는 나-그것의 관계에 있을 때와 나-너의 관계에 있을 때 다른 존재가 된다. 나-그것의 관계는 종종 실천적인 목적에는 유용한 방식이지만, 나-너의 관계는 나의 진지한 관계 맺음의 방식이다. 이것은 나의 온전한 가능성과 존재 방식을 표현한다. 비록 아주 짧은 시간 동안만 지속하더라도, 나의 관계에, 따라서 내게 생명을 준다.

하나의 예로서, "올바른" 행동만으로 이루어진 결혼생활에 대해 생각해 보자. 만약 부부가 때때로 나-너의 관계를 경험하지 않는다면, 그들의 관계는 죽은 것이라고 할 수 있다.

두 사람이 부버의 책에서 몇몇 시적인 구절들을 읽고 난 후, 린다가 이렇게 말한다. "당신은 마르틴 부버의 말에 감동한 것 같군요".

"아름다운 글이에요!", 도나가 대답한다. "그가 말하는 함께함이 정확히 제가 갈망하는 거예요."

하지만 곧 그들은, 부버의 접근법의 다른 측면들이 도나의 세계관과 매우 다르다는 사실에 주목한다. 부버와 달리 도나는 관계의 관점으로 자신을 정의하지 않는다. 그녀는 타자와의 거리에 의해 방해받지 않는다. 사실 그녀는 자기 자신과 교감하기 위해 타자와 약간 거리를 두기를 원한다. 부버가 사용하는 개념들은 도나의 한계를 표현하는 언어가 아니다.

그럼에도 부버의 아이디어들을 통해 도나는 자신의 세계 내부에 모순이 있음을 발견한다. 한편으로 그녀는 나-너의 관계를 그리워하지만, 다른 한편으로 그녀의 세계 속에서 타인들은 근본적으로 하나의 대상이다. 타인들은 도나에게 의심의 대상, 철저한 검토와 판단의 대상, 기대의 대상이다. 그녀는 이제 비록 자신이 갈망한다 해도, 나-너의 관계가 자신의 세계에서는 존재할 수 없다는 사실을 깨닫는다. 그녀의 한계가 바뀌지 않는 한, 그녀는 진정한 나-너의 관계를 갖지 못할 것처럼 보인다.

내담자의 한계적 세계관을 구체화하기

위의 네 가지 철학 이론 중 어느 것도 타자에 대한 도나의 이해를 정확히 포착해내지 못한다는 것은 놀라운 일이 아니다. 철학 이론은 한 특정한 사상가에 의해 명확하게 표현된 하나의 특정한 이해를 표현하며, 따라서 그것은 인간 사고방식의 복잡한 직물 구조 안에 있는 실 한 올이다. 우리는 현실의 인간이 보편적인 도식에 딱 들어맞기를 기대할 수 없다.

그럼에도 우리가 보았듯, 철학 이론들은 비록 도나의 한계에 기인하는 세계관과 상당히 거리가 있을지라도 그것을 드러내는 데 사용될 수 있다. 그녀의 개인적인 태도가 사르트르, 오르테가, 레비나스, 부버 등과 완전히 무관하지는 않다. 훌륭한 철학자들은 인간 현실의 여러 측면을 매우 깊이 있고, 민감하고, 상세하게 묘사할 수 있으므로, 그들의 관점과 도나의 관점 사이의 부분적인 중복조차도 그녀의 이해를 구체화할 수 있다.

이론은 아이디어들의 연결망으로 볼 수 있으므로, 한 사람의 한계적 이해의 구조(또는 그 사람이 지닌 어떠한 철학 이론의 구조)를 인식하는 데 유용한 방법은, 그것을 구성하고 있는 중심적인 아이디어들을 구체화하는 것이다. 예컨대 사르트르의 타자에 대한 이해는(그의 철학의 많은 다른 부분들도) 하나의 기본적인 이분법 위에 기초하는 아이디어들의 몸체다. 여기서 이분법이란, 자유로운 의식과 완성된 사실 또는 사물 사이의 이분법, 또는 사르트르의 용어로 자유와 사실 사이의 이분법을 말한다. 그의 철학에서 다른 중요한 개념들은 이 핵심 이분법을 중심으로 움직인다. 이는 다음과 같은 "아이디어들의 지도"로 구체화할 수 있다.

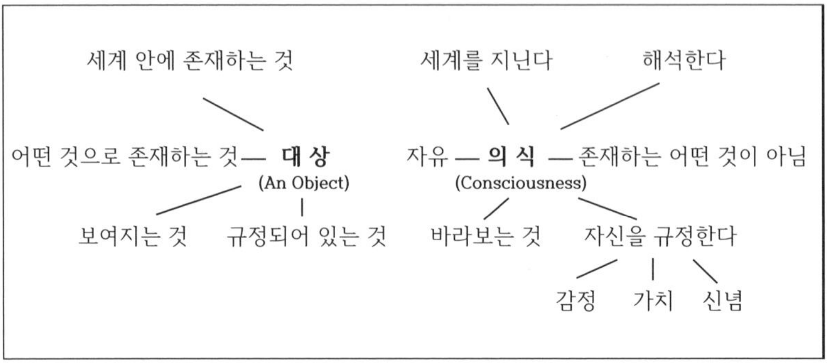

이 아이디어 지도에서 알 수 있듯이, 사르트르의 세계에서 나와 다른 사람 사이에는 기본적인 긴장감이 존재한다. 우리는 모두 타자를 객관화하거나, 그 또는 그녀에 의해 객관화될 수 있다. 즉, 우리가 타자에게서 자신의 세계를 해석할 수 있는 자유를 빼앗거나, 아니면 우리가 타자에 의해 자유를 빼앗기고 하나의 사실이 되어버릴 수도 있다. 그러므로 두 자유로운 개인이 진정으로 함께함은 불가능해 보인다. 이러한 세상에서 살아가는 개인의 주된 관심사는 자유를 유지하고, 객관화를 거부하며, 자신의 세계를 빼앗으려는 시도에 저항하는 것이다.

이와는 대조적으로 부버의 타자 이론을 구성하는 아이디어들의 연결망은 아주 다르다. 부버의 이론에는 객관화하는 시선과 같은 사르트르의 개념들이 들어설 곳이 없다. 부버의 아이디어들의 연결망은 개인 중심이 아니라 관계 중심으로 움직인다. 부버 이론의 중심은, '사람은 관계에 의해 규정된다'라는 아이디어다. 이것은 사르트르의 사실 대 자유의 이분법 대신, 나-너 관계와 나-그것 관계 사이의 핵심적인 이분법으로 이어진다.

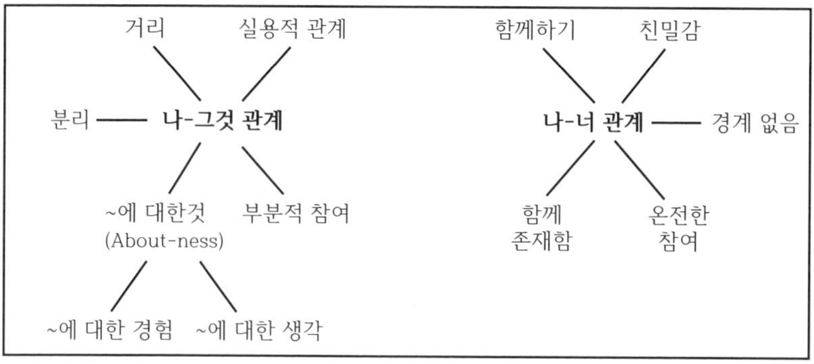

이러한 세계에서 개인의 삶은 실용적인 관계와 친밀함 사이를 계속 오간다. 분명히 이 그림은 타인이라는 같은 주제를 다루고 있음에도 사르트르의 것과는 아주 다르다.

아이디어들의 연결망 개념과 도표는 오르테가와 레비나스에게도 적용될 수 있다. 사실, 도나의 것을 포함해 타인에 대한 모든 이론에 적용될 수 있다. 도나의 타인에 대한 이해는 비록 전에 한 번도 말로 직접 린다와 대화한 적이 없을지라도 다른 철학 이론과 마찬가지로 하나의 철학적인 이론이다.

도나는 그녀의 철학상담사 린다와의 대화를 통해 타인에 대한 자신의 이해를 나타내는 아이디어들의 연결망을 탐구한다. 또 핵심적인 이분법을 중심으로 움직이는 그녀의 세계 역시 발견한다. 그러나 그것은 사르트르나 부버의 세계와는 큰 차이가 있다. 그녀의 세계에서 기본적인 이분법은 두 종류의 관계나 두 가지 존재 방식 사이에 있는 것이 아니라, 한 사람 안에 있는 두 층layers 사이에 있는 것으로 드러난다. 도나의 세계에서 그녀는 사람을 두 가지 기본 요소로 이루어진 이중성으로 이해한다. 하나는 어둡고 자기중심적이며 무분별한 힘으로 구성된, 인간의 숨겨진 측면이고, 다른 하나는 전형적으로 잘 다듬어지고 길들여진, 인간의 외적인 부분이다. 한마디로 보이지 않는 부분은 어둡고 불길한 반면, 보이는 부분은 대체로 잘 다듬어져

있다.

흥미롭게도 여기서 어두운 요소는 인간의 근본적인 현실로 확인되는 반면에, 잘 다듬어진 요소는 마치 순간 나타나는 어두운 심연 한가운데에 있는 섬처럼 부수적이고 일시적인 상태로 보인다. 원시의 심연은 눈에 보일 때만 잘 다듬어진 현실로 변형되며, 보이지 않으면 어둠으로 되돌아간다.

타인의 내면은 숨겨져 있기 때문에, 도나는 그것이 어두운 힘의 영향을 받는다고 가정한다. 자신의 내면은 아마도 그녀에게 알려져 있을 것이므로, 그녀는 그것을 공정하고 합리적인 것으로 본다.

이러한 성찰을 바탕으로, 도나와 린다는 다음과 같은 아이디어들의 도표를 만든다.

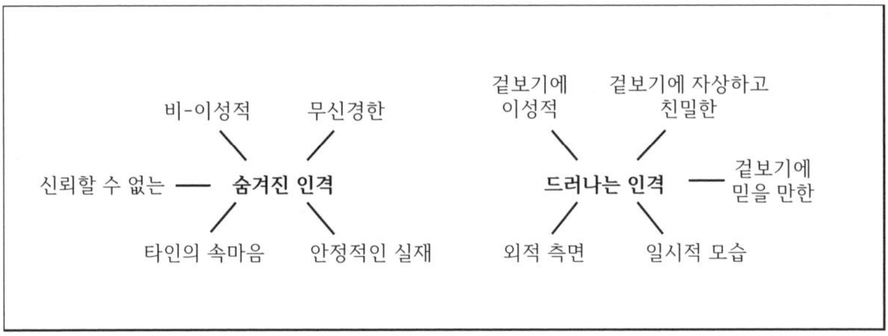

도나가 이 그림이 표시하는 것보다 훨씬 더 많은 것으로 이루어진 존재라는 점은 말할 필요도 없다. 그녀는 단순한 도표에 집어넣을 수 없는 인간이다. 그러나 이 도표는 도나의 전체를 포착하려는 것이 아니라 단지 도나의 한계에 대한 몇몇 측면들을 스케치한 것이다. 즉, 몇 가지 행동들과 굳어진 태도들은 쉽게 정의된다. 이 도표가 지리학적인 지도처럼 눈에 보이는 모든 세부 요소들을 포함할 수는 없다. 단지 도나의 한계에 기인하는 세계관의 주된 특징을 대략 스케치할 뿐이다.

이제 린다가 도나를 도와 이 도표를 검토하고, 이해하고, 그녀의 실제 행동과 비교하여 내용을 풍요롭게 하면서 필요에 따라 수정해본다. 그들이 이 도표가 합당한 정도의 정확성을 가지고 도나의 한계를 기술한다는 사실에 만족해할 수 있을 때, 한계에서 벗어날 방법, 감옥에서 나올 방법을 찾는 철학적 과정의 둘째 주요 단계에 나설 시간이다. 이것은 뒤의 장에서 논의할 것이다.

집단 활동에서 한계를 탐구하기—사례 연구

우리가 도나의 사례에서 본 것과 같은 동일한 과정이 근본적으로 집단 활동에도 적용될 수 있다. 특히 장기적으로 진행되며 외부에 개방되지 않는 자기 성찰 모둠에서 개별 참가자의 개인적인 세계관을 철저히 조사하는 것은 무척 오랜 시간을 필요로 하는 작업이 될 것이고, 몇몇 개인적인 정보들은 공개적으로 논의되지 못할 수도 있다. 그럼에도 불구하고 몇몇 한계에 관한 탐구가 다양한 깊이로 이루어질 수 있다. 이때 다양한 연습과 절차가 도움을 줄 수 있으리라고 본다. 예컨대 개인적인 경험을 공유할 의지가 있는 자원자들에게 대화의 초점을 맞추는 것도 그중 하나다. 이 같은 과정에서 다른 참가자들은 질문을 제기함으로써 탐구 활동에 도움을 줄 수 있다. 또는 참가자들이 소규모 모둠들로 나뉘어 동시에 활동함으로써 시간을 보다 효율적으로 활용할 수도 있다.

철학실천가 린다도 모둠과 함께 실습한다. 오늘은 철학 전공자가 아닌 일반인 열두 명으로 구성된 철학적 자기 성찰 모둠의 두 번째 회기다. 이 참가자들은 일주일에 한 번 만나고 각 모둠은 적어도 한 명의 참가자와 개인적으로 관련된 철학적인 주제를 다룬다.

첫 모임은 소개 형식의 회기였다. 참가자들은 처음으로 자기소개를 하고 린다는

모둠의 주요 주제인 우리 일상에서 경험하는 한계적 이해에 관해 설명했다. 한계란 무엇인가를 설명하기 위해 참가자들과 함께 아주 간단하게 여러 개의 개인적인 경험들을 검토했다. 이 경험들은 여러 명의 참가자가 자발적으로 공유해준 것이었다.

오늘 모임은 의무에 관련한 주제에 초점을 두기로 한다. 예컨대 내가 무엇을 **해야만** 하는가에 대해 집중한다. 린다가 이 주제를 고른 이유는 이전 미팅에서 안젤라와 필립이라는 두 명의 참가자가 다른 참가자들에게 종종 숨이 막힐 것 같은 의무감을 느낀다고 말했기 때문이다.

모임이 시작되자, 린다는 안젤라와 필립에게 개인적 경험을 간략히 설명해달라고 요청한다. 안젤라는 모둠의 참가자들에게, 최근 친구들과 만났었는데 약간 안 좋은 분위기를 개선하기 위해 자신이 무엇을 말"해야 할지"를 끊임없이 고민하느라 도리어 긴장을 푸는 데 어려움을 겪었다고 말한다. 그런 종류의 경험이 그녀에게는 꽤 흔한 경험이라고 덧붙인다. 그녀는 종종 도움을 주고 사려 깊게 행동하려 애쓰느라 자신이 마치 사회적 게임을 하고 있는 것처럼 느끼며 또 그럴 때면 자기가 자기 자신에게 진실하지 않다고 느낀다. 필립은 직장에서 자신이 얼마나 자주 의무감에 얽매이는지, 그리고 그가 얼마나 "올바른 일"에 사로잡혀 있는지를 설명한다. 그는 이것이 자신을 비판적이고, 엄격하고, 자발적이지 않은 사람으로 만들지 않을까 걱정하고 있다.

린다는 이 모둠에서는, 보통 개별 내담자와의 철학상담에서처럼 안젤라와 필립의 친밀한 삶에 더 깊이 들어가는 것을 원치 않는다. 그 대신 그녀는 다른 참가자들에게 두 사람의 이야기에 대해 반응해줄 것과 비슷한 경험을 공유해줄 것을 요청한다. 이어지는 대화에서 참가자들 대부분이 그들도 두 사람 만큼은 아니지만 때때로 "나는 … 해야만 한다"라는 비슷한 경험을 한다는 사실을 발견한다.

"공유해주셔서 감사합니다" 하며 린다가 그들의 대화를 요약한다. "지금까지 우리가 비슷한 경험 사례들을 들어보았으니, 이제 그것들을 더 깊이 이해해보도록 하죠. 그런 경험을 한다는 사실이 무엇을 의미하는지 생각해 봅시다."

안젤라가 말하기 시작했다. "난 내 양심의 목소리가 내게 무엇을 할지 말해주는 것 같아요".

"맞아요! 저도 그렇게 느껴요", 필립이 동의했다.

"무엇을 해야 할지 말해주는 목소리" 하며, 린다가 그 말을 반복한다. "그건 아주 흥미로운 생각입니다. 안젤라, 필립, 당신들은 그 목소리가 자신과 다르게 느껴진다는 뜻인가요? 당신들은 자신 안에 두 사람이 있다고 말하는 것 같습니다. 하나는 명령하는 사람, 하나는 복종하는 사람, 하나는 말하는 사람, 다른 하나는 듣고 따르는 사람 말입니다."

안젤라가 주저한다. "음 … 확실치는 않지만, 그 양심의 목소리는 내 일부가 아닌 것 같아요. 마치 다른 사람이 나에게 지시를 내리는 것 같은 이질적인 느낌이 들어요."

"무슨 말씀을 하시는 겁니까! 그때 당신 말고는 아무도 없는 거잖아요!" 하며 제프가 반박하려 한다.

"난 지금 그 목소리가 내게 어떻게 느껴지는지를 말하는 거예요", 안젤라가 굽히지 않고 대꾸한다. "실제로는 그 목소리가 제 일부라는 것을 알지만, 저는 그렇게 경험하지 않거든요. 린다, 이게 당신이 알고 싶었던 거죠?"

"정확해요. 철학 용어로는 '현상학적 탐구'라고 하죠. 경험 그 자체와 그 경험을 느끼는 방식을 조사하는 것을 말합니다."

"알 것 같아요, 저 역시 가끔 이런 종류의 경험을 너무 많이 해요. 마치 누군가 제 어깨 위에 앉아서 저를 판단하고, 제가 옳게 하는 것과 잘못하고 있는 것을 말해주는 것 같은 기분이 들죠", 제프가 대답한다.

몇몇 참가자들이 고개를 끄덕인다. 그들도 그가 무엇을 말하는지 확실히 알고 있다. 그러나 다른 참가자들은 자신들의 개인적인 경험은 아주 다르다며 반대 의견을 말한다.

"좋아요", 린다가 대답한다. "그러니까 우리는 '나는 … 해야만 한다'에 관해 서로 다른 종류의 경험들을 하고 있는 거군요. 이것들 가운데 적어도 몇 개를 오늘 한번 검토해봅시다. 안젤라와 필립, 그리고 다른 몇 분이 묘사한 경험에서 시작해보죠. 내가 해야 할 의무가 무엇인지를 내게 말해주는 이질적인 내면의 목소리 말입니다. 이 내면의 목소리에 관해 더 말씀해주실 분 없을까요? 그 목소리가 여러분에게 뭐라고 말하나요?"

"제 생각엔, 그건 제 부모님이 만들어 준 목소리 같아요", 필립이 말한다. "제가 어렸을 때, 부모님은 항상 제게 엄격하셨죠. 아마 저는 아직도 그분들의 목소리와 저를 동일시하는 것 같아요."

"아마 프로이트라면 동의할 듯하네요", 데비가 덧붙인다. "그는 그런 내면의 목소리를 '초-자아super-ego'라고 불렀거든요. 당신은 당신 부모님의 판단을 내면화해온 거예요."

"잠깐만요", 린다가 끼어들었다. 그녀는 이것이 철학적 사고와 심리학적 사고 사이의 차이점을 이 상담 모둠에게 상기시킬 중요한 기회라는 것을 안다. "우리는 심리학을 하는 게 아니고, 또 심리학적 추측에 관심 있는 게 아니라는 걸 기억합시다. 심리학자들은 심리학적 과정에 관심이 있어요. 그러니까 여러분이 행동하는 방식대로 행동하게끔 만드는 과정들, 다시 말해, 서로 맞물려 돌아가는 여러분 마음의 톱니바퀴들 말이에요. 철학은, 그러니까 우리는 아이디어들—우리 자신과 세상에 관한 우리의 아이디어들—에 관심이 있어요. 우리가 이 관점으로 안젤라와 필립의 경험들을 바라볼 수 있을까요?"

"정확히 어떻게 하라는 건지 잘 모르겠어요."

"맞아요, 메리. 제 요구사항은 여전히 너무 애매하죠. 예를 들어 설명해볼게요. 우리가 무엇을 '해야만 하는지'에 관한, 달리 말해, 우리의 도덕적 의무들에 관한 흥미로운 철학 이론들이 여러 가지가 있어요. 그것들이 뭐라고 말하는지 살펴봅시다."

"그러니까 당신 말은, 안젤라와 필립의 경험들이 이러한 철학 이론 중 하나에 들어맞는다는 건가요?"

"아마도요, 앤. 혹은 그렇지 않을 수도 있고요. 그러니 우리는 이를 확인해봐야 할 겁니다. 둘 중 어느 쪽이든 간에, 일단 우리가 이러한 철학 이론들의 언어를 이해한다면, 우리는 우리 자신의 경험들이 해주는 말의 의미를 더 잘 이해할 수 있을 거예요."

린다는 이제 여러 도덕적 (윤리적[5]) 철학 이론들을 소개하기 시작한다. "이러한 이론들은 각기 고유의 방식으로 우리에게 도덕적인 결정을 내리는 법, 또는 행동이 도덕적인지 아닌지 판단하는 법을 말해주려고 해요."

---

5 보통 윤리학 분야에서 그러하듯이, 나는 여기서 "윤리적"(ethical)과 "도덕적"(moral)을 동의어로 사용한다.

임마누엘 칸트—사람의 권리를 존중하기[6]

내가 도덕적으로 해야 할 의무가 있는 행동은 무엇인가? 철학사에서는 권위 있는 독일 철학자 임마누엘 칸트(1724—1804)의 대답을 보통 "의무론적" 또는 "의무 기반" 윤리학이라고 부른다. 칸트에 따르면, 만일 내가 나의 도덕적 의무를 다하려는 의도에서 행동한다면, 그때 내 행동은 도덕적으로 옳은 것이다. 그러므로 내 행동을 도덕적인 것으로 만드는 것은 나의 의도다. 도덕적 행동은 그저 내가 그것을 즐기기 때문에 하는 것이 아니고, 사리사욕 때문에 하는 것도 아니며, 심지어 연민, 공감, 우정 때문에 하는 것도 아니라, 오직 의무감 때문에 하는 것이다. 내가 그것을 하도록 내게 동기를 부여하는 것은, 그것이 내가 해야 할 의무라는 것, 즉 내 도덕적 의무라는 것에 대한 깨달음이다.

도덕적 의무로 여겨지는 것은 무엇인가? 칸트는 그가 *정언 명령*Categorical Imperative이라 부르는, 우리의 모든 도덕적 의무들을 결정하는 보편적인 도덕 법칙이 존재한다고 주장한다. 그는 이 법칙에 관한 세 가지 정식formulations을 제안하고, 이 정식들이 서로 동등하다고 믿는다.

여기서는 이 정식들 중 하나를 살펴보는 것으로 충분할 것이다. 요점만 간단하게 말하자면, 우리의 의무란, 사람들을(다른 사람들뿐만 아니라 나도) 이성적 존재가 대우받을 만한 방식으로 대우하는 것이다. 좀 더 정확하게 말하자면, 우리는 사람들을 어떤 목적을 위한 도구로 취급해서는 안 되며 목적 그 자체로서, 내재적 중요성과 가치를 지닌 존재로서 대우해야 한다. 예컨대 다른 사람을 노예로 만드는 것은 부도덕한 일이다. 그것은 그 사람을 나의 만족을 위한 도구로 사용하는 것이기 때문이다. 그것은 그 사람을 자신의 삶을 책임지는 이성적인 존재로 대우하는 것이 아니다.

6 Immanuel Kant, *Groundwork of the Metaphysics of Morals*, New York: Harper & Row, 1964.

이와 유사하게 내가 누군가에게 거짓말을 하는 것도 잘못이다. 그것은 그 사람의 알 권리를 존중하지 않고, 그 사람이 자유롭고 이성적으로 결정하지 못하도록 방해하는 것이기 때문이다.

이러한 관점에서 보면, 우리는 도덕적 딜레마에 처할 때마다 우리 자신에게 물어보아야 한다. 어떻게 해야 사람들을 자율적인 사람들로 존중하는 의무를 충족하는 것인지, 다시 말해, 어떻게 해야 그들을 목적 자체로, 대접받아야 할 이성적이고 자유로운 개인으로서 대우할 수 있을까? 어떻게 나는 그들의 행동에 관한 책임을 존중해줄 수 있을까? 그들의 신체와 재산에 관한 권리, 그리고 이와 유사한 그 밖의 권리와 책임에 관해서.

이 같은 질문들을 마음속에 지니고 있으면, 사람들을 어떻게 도덕적으로 대해야 하는지를 결정하는 데 도움이 될 것이다. 내가 언제 누군가에게 의무를 갖는지, 또 언제 그러한 의무가 없는지를 결정할 때 도움이 될 것이다. 언제 책임을 물을지, 언제 그 사람을 용서할지, 언제 내가 하고 싶은 일과 하고 싶지 않은 일에 관한 권리가 있을지를 결정해야 하는 상황에서 말이다.

"저는 이 이론이 좋아요", 앤이 외친다. "그건 안젤라와 필립의 경험을 아름답게 설명해줘요. 두 사람에게 그들이 무엇을 해야 하는지 알려주는 의무의 목소리, 감정이나 욕망 때문이 아니라 그 의무의 목소리가 동기를 부여했었잖아요."

"맞아요", 필립이 동의한다. "저의 의무감은 저의 감정과는 일치하지 않아요. 저는 어떤 일을 하고 싶을 때도 있지만 의무감은 다른 일을 하라고 해요."

"좋은 지적이에요", 린다가 말한다. "더 추가하실 말씀 없나요? 사람을 그 자체 목적으로 대하고, 이성적인 개인으로 존중하는 것이 의무라고 하는 칸트의 생각은 어떤가요?"

안젤라가 곰곰이 생각하며 말한다. "제 경험에 따르면, 그건 존중의 문제로 여겨지지 않아요. 저는 사람들이 당연하게 받아야 할 것, 다시 말해 그들의 권리와 책임

에 대해 생각하는 것 같진 않아요. 제 안의 목소리는 '모든 사람이 기분 좋게 느끼도록 해주어라'라고 말하고 있어요. 아무도 괴로워하지 않도록 하라고요."

"무슨 말씀인지 알겠어요", 데비가 덧붙인다. "저는 다른 사람들과 함께 있을 때, 우리가 함께 즐겁게 지내고 있는지 확인하고 싶어요. 그리고 우리가 서로 함께 있으며 친구라는 사실을 말이죠."

린다가 말한다. "여기서 우리가 여러 가지 상이한 목소리를 들을 수 있을 것 같군요. 그것들을 구별하는 것이 중요하다고 봅니다. 사람들을 이성적 존재로 존중하는 것이 의무라는 칸트의 목소리는, 모든 사람이 좋은 느낌이 들도록 하는 것이나, 우리가 서로 친구가 되기를 원하는 목소리와는 다른 듯 보여요."

"그들은 확실히 다르게 들려요", 다비드가 동의한다. "비록 이유는 설명할 수 없지만요."

"좋아요", 린다가 말한다. "몇 가지 철학적 이론들을 더 살펴보고 그것들 사이에 어떤 차이점이 있는지 한번 알아봅시다."

존 스튜어트 밀—최대 다수의 최대 행복[7]

영향력 있는 영국의 철학자 존 스튜어트 밀(1806—1873)은 도덕적 행동과 도덕적 딜레마에 관한 다른 접근법을 제시하는데, 그것은 제러미 벤담의 철학을 발전시킨 것이다. 밀은 어떤 행동이 도덕적으로 옳거나 그른 것은 오직 그 행동이 사람들의 행복이나 고통에 영향을 주는 경우일 때뿐이라고 주장한다. 그 행동이 아무에게도 영향을 끼치지 않는다면, 그것이 어떤 사람의 행복 상태도 변화시키지 않는다면, 그것은 도덕적으로 옳은 것도 도덕적으로 옳지 않은 것도 아니며 중립적인 것이다.

그러므로 내 행동의 옳고 그름을 결정짓는 것은 행동의 결과다. 어떤

7 John Stuart Mill, Utilitarianism, Oxford: Oxford University Press, 1998.

행동이 내가 할 수 있는 대안적인 행동보다 더 많은 행복을 주거나 고통을 줄여준다면, 그 행동은 도덕적으로 옳은 것이다. 반면, 그것이 내가 할 수 있는 다른 행동보다 더 많은 고통을 주거나 더 적은 행복을 준다면, 그 행동은 도덕적으로 잘못된 것이다. 요컨대, 행복이 커지면 그 행동은 도덕적으로 옳다는 것을 뜻한다.

존 스튜어트 밀이 중요하게 생각한 것은 칸트처럼 의무를 수행하려는 의도가 아니고, 사람들의 합리성과 자유에 대한 존중도 아니며, 오히려 행복 대 고통의 대립이다. 어떤 행동을 도덕적인 것으로 만드는 것은, 그 행동이 사람들의 행복에 행사하는 영향력이다.

여기서 나오는 결론은, 내가 도덕적 딜레마에 처했을 때마다, 그리고 여러 가지 행위 대안들 속에서 자유롭게 선택할 때마다, 나는 스스로 이렇게 물어봐야만 한다는 것이다. 내가 어떻게 행동해야 (나를 포함해) 가능한 많은 사람에게 많은 행복감을 가져다주는 방식으로 행동하는 것일까? 예컨대 진실이 거짓보다 사람들에게 더 많은 행복을 가져다줄 때마다, 나는 거짓을 말하기보다 진실을 말해야 한다. 그러나 결과적으로 거짓말이 고통을 덜어주거나 더 많은 행복을 준다면, 나는 거짓을 말해야 한다.

밀은 자신의 접근법을 *공리주의*라고 부른다. 왜냐하면, 그것이 우리에게 "유용성"을, 즉 사람들의 행복(또는 사람들에게 가치가 있는 것들)을 최대화하라고 일러주기 때문이다.

규칙 공리주의라는 공리주의의 중요한 하나의 하위 유형도—이 유형은 아마 밀도 동의했을 만한 것이다—여기서 언급해야 한다. 규칙 공리주의는 일회적인 행동이 산출하는 행복에 초점을 맞추지 않으며, 어떤 행동을 일반적인 규칙으로 간주할 때 산출되는 행복에 초점을 맞춘다. 예를 들면, 하나의 특정한 거짓말로 인해 발생할 결과에 초점을 맞추는 것이 아니라, 거짓말을 일반화했을 때 나타날 결과에 초점을 맞춘다. 따라서 내가 도덕적 딜레마에 처했을 때 스스로 이렇게 물어보아야 한다. 내가 행동의 어느 일반적인 규칙을 따라야 할까? 그리고 그 답은, 가장 행복한 결과를 가져오는 행동의 규칙을 따라야만 한다는 것이다. 그러므로 그 규칙은, 대다수 사람이 따를 경우, 다른 모든 규칙에 비해 더 많은 행복을 가져다주는 규칙이다.

심지어 어떤 규칙이 특수한 경우에는 고통을 가져올 수도 있더라도, 그것이 일반적으로 나를 행복으로 인도한다면, 나는 그 규칙을 따라야 한다. 예컨대 몇몇 특정한 상황에서 거짓말이 행복한 결과를 낳는다고 하더라도, 거짓말은 부도덕하다. 왜냐하면, 보통 거짓말은 좌절감이나 상처를 낳고 신뢰를 잃는 등 부정적인 결과를 가져오는 경향이 있기 때문이다. 그래서 나는 '거짓을 말하지 말라'를 행동의 일반적인 규칙으로 삼고, 모든 경우에서 거짓말을 피해야 한다.

"이게 제 경험에 가장 가까운 것 같네요", 안젤라가 말한다. "제 내면의 목소리가 나를 둘러싼 모든 사람이 행복하다는 사실을 유념하라고 해요."

"당신 자신도 포함해서요?" 히더가 묻는다. "밀의 공리주의에 따르면, 다른 사람의 행복 못지않게 자기 자신의 행복도 중요하단 거죠? 린다, 제가 올바르게 이해했나요?"

린다는 동의하며 고개를 끄덕인다. "안젤라 어떻게 생각하세요? 당신은 공리주의자인가요?"

"그 경우라면 저는 꼭 공리주의자는 아니지만, 여전히 칸트의 의무론보다는 공리주의에 훨씬 더 가까워요. 저도 밀처럼 사람들이 덜 고통받는 것, 만족해하는 것이 중요하다고 봐요"

"제 생각에는", 제프가 끼어들었다. "행복이 중요하더라도 의무만큼 중요하지는 않다고 봐요. 심지어 사람들을 성가시게 한다고 해도 당신은 반드시 당신의 의무를 행해야만 해요. 그래서 밀의 이론에는 무언가가 빠진 것처럼 느껴져요."

"그건 흥미로운 탐구 주제입니다", 린다가 대답한다. "하지만 기억해야 할 것은, 바로 지금 우리는 어떤 이론이 다른 이론보다 더 나은가를 검토하는 것이 아니라는 겁니다. 우리는 안젤라와 필립의 경험 안에 숨겨진 이론을 드러내 보여주기 위해 노력하는 중입니다. 아직 이론들을 평가하지 않고 그것들을 분명히 표현하고 있을 뿐이에요."

아리스토텔레스—덕망 있는 사람이 되기[8]

"덕윤리"로 불리는 접근법은 고대 그리스 철학에서 흔한 것이었다. 근래에 와서 그것은 여러 현대 사상가들에 의해 재현되었다. 이 관점에 따르면, 우리에게 중요한 도덕적 관심사는 *우리가 무엇을 하는가*what we do가 아니라 *우리는 누구인가*who we are이다. 다시 말해, 우리의 인생에서 최상의 도덕 과제는 도덕적인 행동을 하는 것이 아니라, 도덕적인 사람이 되는 일이다. 이것은 자연스럽게 '무엇이 우리를 도덕적인 사람으로 만드는가?'라는 질문을 떠오르게 한다.

덕 윤리학자들은 이 질문에 대해 조금씩 다른 대답을 제시하지만, 그들 모두 기본적인 원칙에는 동의한다. 도덕적인 사람은 좋은 성향과 특성, 혹은 소위 말하는 덕을 가진 사람이다. 덕의 예로는 용기, 정직함, 진실함, 친절함 또는 관대함 등이 있다. 이런 덕을 지닌 사람을 유덕하다고 말한다. 도덕적인 사람이 되기 위해서는 이러한 덕목들을 스스로 계발해야 한다. 물론 도덕적인 사람이 된다는 것은 오랜 세월을 걸쳐야만 성취할 수 있는 장기 과제다.

이 점에서 덕윤리는 칸트의 의무론적 접근과 밀의 공리주의와는 매우 다르다. 후자의 것들은 무엇이 행동을 도덕적인 행동으로 만드느냐에 중

8 Aristotle, *Nicomachean Ethics*, Cambridge: Cambridge University Press, 2000.

점을 두지만, 덕윤리는 도덕적인 *성격*에 중점을 둔다. 덕 윤리학자들에게 기본적인 질문은, '내가 어떻게 행동해야 하는가'가 아니라 '내가 어떤 사람이 되어야 하는가'이다. 달리 말하면, '내가 어떤 성격 특성을 유지하고 발전시켜야 하는가'이다.

그렇다면 덕 윤리학자가 도덕적 딜레마에 처해서 두 행동 중 하나를 선택하도록 강요받는다면 어떤 일이 벌어질까? 예를 들어, 그녀는 친구의 기분을 나아지게 하려고 거짓말을 해야 할까? 아니면 상처를 줄 진실을 말해야 할까? 거지에게 적선해야 할까, 하지 말아야 할까? 의무론자나 공리주의자의 경우와 달리 그녀에게는 자신을 이끌어줄 도덕 법칙이 존재하지 않는다. 그렇다면 그녀는 어떻게 이 딜레마를 해결할까?

한 가지 가능한 대답은, 덕 윤리학자는 '유덕한 사람이라면 자신과 같은 상황에서 어떻게 행동할 것인가'를 자문해야 한다는 것이다. 예컨대 그녀가, 진실함이 덕목이고 도덕적인 사람은 거짓을 말하지 않는다고 믿는다면, 친구에게 진실을 말하기를 선택할 것이다. 반대로 진실함이 덕목이 아니라고, 적어도 중요한 덕목은 아니라고 믿는다면, 친구에게 거짓말하기를 선택할 것이다.

그렇다면 도덕적인 사람이 정확히 어떤 사람인가, 다시 말해 어떤 성격 특성을 덕으로 보느냐에 따라 많은 것이 좌우된다. 그런데 바로 여기서 덕 윤리학자들의 견해가 갈라진다. 비록 그들 모두 도덕성이 덕에 관한 문제라는 점에 동의하지만, 어떤 성격적 특성들이 이러한 덕목들로 여겨질 수 있는지에 대해서는 의견이 다를 수 있다. 예를 들면, 플라톤은 그의 대화편『국가』에서 네 가지 주요 덕목들을 지혜, 정의, 용기, 절제라고 주장한다. 다른 철학자들은 이에 동의하지 않으며 다른 덕목들의 목록을 제시한다.

또 다른 그리스 철학자 아리스토텔레스(BC 384-322)도 흥미로운 일반적인 접근법을 제시한다. 그에 따르면, 도덕적인 덕목들은 우리가 실천을 통해 배우고 발전시키는 습관이며, 양극단, 즉 과잉과 결핍 사이에 위치한다. 예컨대 용기는 비겁함과 경솔함 사이에 위치하는 덕이다. 이와 마찬가지로 절제는 쾌락에 대한 탐닉과 금욕 사이에 위치하기 때문에 덕이다. 유덕한 사람은 이와 같은 중도적인 도덕적 특성을 지닌 사람이다. 그러므로 아리스토텔레스의 윤리학은, 극단적이지 않은 특정한 성격적 특성이나 도덕적 성향을 스스로 계발함으로써 유덕한 인간이 되도록 노력해야 한다고 말한다. 그렇게 하는 것이 우리에게 행복, 즉 그리스어로 "에우다이모니아eudaimonia"를 가져다주게 될 것이라고 말한다.

앤은 "흥미롭네요. 하지만 안젤라나 필립이 생각하는 것은 아닌 것 같아요. 두 분이 생각하는 의무감은 어떤 사람이 되어야 하는가가 아니라 어떻게 행동해야 하는가를 말해주니까요."

안젤라와 필립은 동의하지만, 필립은 "그래도, 아리스토텔레스로부터 중요한 것을 배웠어요. 내 의무감은 도덕적인 성격의 언어가 아니라 도덕적 행동의 언어로 말한다는 거요." 필립은 웃으면서 계속 말한다. "다행스러운 점은, 나는 내가 되어야 할 사람을 통해 나를 괴롭히는 것이 아니라, 내가 해야 할 일로 나를 괴롭힌다는 거예요."

참가자들이 곰곰이 생각하는 동안 잠시 침묵이 흐른다. 제프가 침묵을 깨고 머뭇거리며 말한다. "저는 가끔 이런 식으로 저 자신을 고문하는 것 같다는 생각이 들어요. 저는 아주 자주 제가 좋은 사람이 아니라는 생각에 사로잡히거든요. 내가 더 인내심을 갖고, 더 관대하고, 더 다정해야 한다는 생각이 들죠. 저는 이제 이런 생각들이 일종의 덕윤리라는 것을 깨달았어요. 덕윤리는 제게 무엇을 바라는 걸까요? 성자?" 몇몇 사람들이 공감하며 미소짓는다. "그 기분이 어떤 건지 정확히 알겠어요", 앤이 한숨을 쉬며 말한다.

넬 나딩스—배려하는 관계를 발전시키기[9]

오늘날 미국의 교육 철학자 넬 나딩스는 때때로 페미니즘 윤리학의 하나로 일컬어지는 이른바 '배려 윤리학'care ethics을 대변하는 중요한 이론가이다. 그녀는 의무론, 공리주의 그리고 덕윤리적 접근법 같은 전통적 윤리학 이론들이 남성적 사고방식을 대변한다고 주장한다. 그녀는 도덕적 사고의 한 대안으로서 "돌봄"care 개념에 기반하는 여성적 사고방식을 내세운다.

어떤 사람들은 배려 윤리학이 "여성적"이라고 불릴만한 자격이 있는지, 그리고 "남성적"이라고 간주하는 전통적 접근법들과 실제로 상충하는지에 대해 의문을 가진다. 그들은 이러한 접근법들은 성에 관한 문제가 아니라고 주장한다. 여기서 우리는 이 논쟁을 해결하고자 시도하지는 않을 것이다. 여성성과 남성성의 대립 문제를 일단 접어둘 때, 중요한 점은 나딩스가 정의 기반의 윤리학(또는 도덕성)과 돌봄 기반의 윤리학(도덕성)이라는 두 접근법을 서로 구분했다는 사실이다. 공리주의와 의무론적 윤리학처럼 정의에 기반하고 있는 "남성적" 접근법은 누가 옳고, 누가 그른가 하는 문제에 집중한다. 남성적 접근법은 옳고 그름을 결정하는 일반적 원리들을 규정하려고 한다. 이 접근법의 주된 관심사는 개인들이다. 주로 그 개인들의 권리나 행복에 관심을 둔다.

이와는 대조적으로 나딩스가 여성적이라고 생각하는 돌봄 윤리학에서 중요한 것은 사람들 사이의 돌봄 관계다. 여기서 주요 쟁점은 어떻게 개인들의 권리를 존중할 것인가 또는 어떻게 개인들의 행복을 증대시킬 것인가가 아니라, 어떻게 돌봄의 관계들을 키우고 유지할 것인가다.

이러한 관점에서 보면, 우리가 윤리적 딜레마에 직면할 때 던져야 하

9 Nel Noddings, *Caring: A Feminine Approach to Ethics and Moral Education*, Berkely: University of California Press, 1986.

는 주된 질문은, '누가 옳고 누가 그른가?'가 아니라, '어떻게 내가 우리 사이의 돌봄 관계를 표현하고 발전시키는 방식으로 행동할 수 있는가?'여야 한다.

비록 그 모둠의 목적은 추상적인 철학 이론들을 토론하는 것이 아니었지만, 린다는 모둠 참가자들이 그녀가 설명했던 아이디어들을 확실하게 이해하고 그것들이 지닌 중요한 의미들을 알아차릴 수 있기를 원한다. 이를 위해, 참여자들은 잠시 네 개의 윤리 이론들을 상상의 사례에 적용하고 비교하면서 토론한다. 모둠이 그 내용에 대해 일반적인 이해에 도달했다고 느낄 때, 린다는 토론을 멈추고 참가자들에게, 어떻게 그 이론들이 그들 자신의 개인적인 경험에 적용될 수 있는지 확인해보자고 제안한다.

린다가 설명한다. "이 이론들이 우리가 우리 양심의 목소리를 어떻게 경험할 수 있는지를 어느 정도 조망해줄 수 있으면 좋겠어요. 모두의 경험을 말하기엔 우리 모둠이 너무 크기 때문에, 네 개의 작은 팀으로 나누도록 해요. 각 팀은 팀 구성원 중 한 사람의 경험을 검토할 거예요. 우리는 이런 방식으로 네 개의 대화를 동시에 진행할 겁니다. 필립, 안젤라, 당신들의 개인적인 경험을 팀 구성원들과 공유해주시겠어요? 구성원들의 역할은 당신에게 질문하고, 당신의 양심의 목소리를 분명하게 정리하며, 그것이 당신에게 정확히 무엇을 말하는지 도움이 되는 제안을 하는 거예요."

두 사람이 동의한다.

"누구 자원하고 싶은 사람 또 없나요? 우린 각 팀에서 한 명씩, 총 네 명의 자원자가 필요해요."

"제가 하겠습니다", 마크가 나선다. "의무가 나를 옴짝달싹 못 하게 점령하고 있지는 않지만, 전 도덕적 인간이 의무적으로 할 것이 무엇인지에 관한 제 의견을 갖고 있어요."

"우리의 주제는 의견들이 아니에요, 마크. 우리는 일상의 경험들, 삶에 대한 태도, 플라톤의 동굴 내부에 대해 관심이 있는 거예요. 우리는 추상적 의견들이 아니라, 일상의 삶 속에서 우리 중 일부에게 동기를 부여하는 의무감을 이해해야 해요."

마침내 팀의 동료들과 함께 자신의 경험을 공유하고 토론할 두 명의 추가 자원자

가 생긴다. 참가자들은 네 팀으로 나누어지고, 각 팀은 한 명의 자원자와 두 명의 추가 구성원으로 구성된다. 각 모둠은 방의 각 구석에 자리를 잡는다.

린다는 각 자원자에게 출발점으로서 최근의 관련 경험을 상기할 것, 그리고 그것을 팀의 다른 구성원들과 공유할 것을 요청한다. 그 후 팀 구성원들은 그 자원자들에게 더욱 자세한 내용을 자유롭게 요청하고, 자체적으로 토론을 벌인다.

네 개의 대화가 지금 동시에 벌어지고 있다. 린다는 그들 사이를 걸어 다니며, 가끔 그들의 토론이나 제안을 듣기 위해서 멈춘다.

삼십 분 후, 참가자들은 다시 일반적인 원 형태로 앉는다. 그들은 팀에서 다루었던 것, 그리고 지원자의 한계에 기인하는 이해에서 무엇을 배웠는지를 함께 공유한다. 린다는 그들이 예리하게 관찰하도록 돕는다.

"굉장해요", 이 만남이 끝나갈 무렵 필립이 말한다. "난 내 의무감이 옳고 그름에 관한 것, 즉 정의의 언어로 말하면서 다른 중요한 것들을 그 대가로 지급하고 있다는 사실을 전혀 눈치채지 못했어요. 난 사람들과 관련을 맺는 다른 적법한 방법들이 있다는 사실을 깨닫지 못했거든요. 난 지금 내가 의무를 강조할 때 행복의 중요성과 돌봄 관계를 등한시한다는 사실을 알게 되었어요. 사실상 내 의무감은 의무만이 중요한 것이라고 선언하고 있었지요! 사람들이 느끼는 것에 대해서, 이 사람들이 누구인지에 대해서, 그들과 연결되어 있다는 것에 대해서 잊고, 그들이 옳은지 혹은 그른지만 유일하게 중요한 문제였어요."

"매우 용감한 관찰이에요, 필립", 린다가 대답한다. "우리는 아마 그 점이 당신의 한계적 세계관의 일부라고 말할 수 있을 거예요. 그것은 당신이 당신 자신과 타인들을 이해하는 기본적 방식, 말하자면 당신의 자동적인 이론이에요. 그리고 다른 한계처럼, 그것은 당신의 세계를 제한해요. 우리는 아마도 나중에 당신이 그것에 대해 무엇을 할 수 있을지도 생각해 볼 기회가 있을 거예요."

제7장

한계를 벗어나 내면의 목소리에 귀 기울이기

제7장

한계를 벗어나 내면의 목소리에 귀 기울이기

우리가 이미 앞에서 한계의 구조적 측면을 보기 시작했기 때문에 지금쯤 독자들은 그 한계를 뛰어넘는다는 것이 무엇을 의미하는지 궁금해할 수도 있겠다. 플라톤의 방식으로 표현해 보자. 만약 당신의 동굴이 당신 자신이 세계에 대해서 통상적으로 가지고 있는 이해라면, 그 동굴에서 밖으로 나온다는 것은 무엇을 의미하는가? 그리고 그 동굴 바깥에서 무엇을 알아낼 수 있을까?

철학실천이 개인적인 요구를 충족시켜 주는 것을 목표로 삼을 수 있는가?

앞에서 언급했듯이 우리는 동굴로부터 나오는 것을 자기-변형의 한 과정으로 이해해야 한다. 그러나 자신을 변화시킨다는 생각이 우리를 너무 주눅 들게 하고 심지어 비현실적인 것처럼 보일지도 모른다. 그러므로 훨씬 더 평범한 목표에 안주하며 플라톤 동굴의 비유를 우리 자신에게 익숙한 일상의 관심사로 번역하고 싶은 유혹에 직면할 수도 있다.

그러므로 동굴 밖으로 나오는 것은 개인의 불만족이나 곤경 상황, 또는 역기능적인 행동 등을 극복하는 것, 다시 말해 그것이 무엇이든 그저 단순히 개인적인 요구들을 충족시키는 것을 의미한다고 생각할 수도 있다. 수줍음을 극복하고 자기주장을 키우는 것, 가족 내 소통을 더 원활하게 만드는 것, 만족스러운 직업을 찾는 것, 또는 불안감을 조절하는 것 등이 여기에 해당한다.

이 같은 접근 방식은 심리학적 상담과 심리치료에서 아주 흔하게 발견된다. 그러나 이 접근 방식을 만일 철학에 적용하고자 한다면, 그것은 여러 가지 이유에서 근본적으로 부적절한 일이다. 첫째, 이 접근법은 변형을 추구한 수많은 철학자가 오랜 세월을 거쳐 발전시켜온 위대한 비전을 왜곡시키고 사소하게 만드는 것을 뜻한다. 그것은 우리의 일상적인 삶에 의문을 제기하고, 그것을 초월하도록 영감을 불어 넣어주는 대신, 우리가 "정상"으로 돌아가기를 원한다. 그것은 우리가 작은 삶의 "동굴"에서 깨어나도록 하는 대신, 동굴을 그럴듯하게 꾸미고 더 편안하게 만들 수 있도록 돕고자 한다.

둘째, 일단 우리가 철학을 통해 개인적인 문제나 요구를 해결하거나 충족시키고자 한다면, 철학을 만족을 얻기 위한 단순한 도구로 전용轉用하는 것이다. 이것은 철학실천이 내담자의 웰빙을 고려하는 방식으로 진행된다는 것을 의미하며, 철학적 성찰이 지닌 잠재력을 무시하는 일이다. 내담자의 기분을 좋게 해주는 일에 우선을 두는 한, 철학실천 과정이 깊이가 있는지 또는 피상적인지, 일관성을 지니는지 또는 혼란스러운지, 개방적인지 또는 독단적인지 등은 더는 중요하지 않게 된다. 예를 들면, 내가 철학실천가로서 내담자에게 읽을 특정 텍스트를 줄 것인지 말 것인지, 또는 내담자가 가정하는 것에 의문을 제기해야 할 것인지 등에 대해 스스로 질문을 던져본다고 해도, 나의 결정은 어떤 것이 내담자를 더 깊이 있는 철학적 이해로 이끌 것인가가 아니라, 내담자의 웰빙을 증진할 것인가에 의해 좌우되기 마련이다. 결국, 깊이 있는 철학적 통찰보다는 단세포적인 슬로건이 내담자의 불안을 더 잘 해결하는 것으로 판명 날 수도 있을 것이다. 그러므로 고객의 만족을 목표로 삼는 것은, 이해와 지혜에 대한 추구 활동으로서의 철학을 저버리는 것을 뜻한다.

셋째, 일단 철학에 내담자의 요구를 충족시키거나 만족을 증진하는 것과 같은 목표가 주어진다면, 철학은 현대 시장경제의 소비주의 정신의 일부로 전락하게 될 것이다. 철학자는 이를테면 고객들의 명시적인 요구에 종속되는 상품 공급자로 전락해 버리는 셈이다. 마치 고객들의 입맛에 따라 음식을 준비하는 요리사처럼, 또 남들의 부러움을 사고 싶은 욕망을 충족시켜 주기 위해 코를 수술하는 성형외과 의사처럼, 사람들의 편의와 우아함에 대한 요구를 충족시켜 주기 위해 거실을 디자인하는 실내장식 디자이너처럼. 그 결과, 통용되고 있는 사회 규범에 대해 비판자가 되기를 항상 열망해 왔던 철학이, 이제 사회 *안에서* 일반 사람들과 다를 바 없이 그 규범의 장단에 맞추어 연기하는 연기자가 되고 만다. 우리가 지각하고 있는 요구들을 철저히 의문시하고 검토하는 대신, 오히려 그러한 요구를 만족시켜 주는 역할을 맡게 된다. 철학실천가는 이제 자신의 철학실천을 시장의 요구, 그리고 고객이 선언한 요구와 목표에 맞게 스스로 조정하고 있다는 사실을 깨닫게 된다. 그리하여 더이상 철학실천가는 사람들을 흔들어서 그들을 우쭐하게 만드는 착각과 자기만족에서 깨어나게 만들던 소크라테스나 니체가 아니다. 그러니까 사회가 듣기를 원하지 않는 것을 외쳐대던 철학자가 아니라, 오히려 만족을 추구하는 잘 길들여진 전문가 나부랭이에 불과하게 된다.

물론, 사람들의 기분이 나아지도록 돕는 것이 잘못된 일은 아니지만,

그것은 더이상 지혜에 대한 사랑 그리고 진리와 이해에 대한 탐구라는, 본래 의미의 철학은 아니다. 깊은 의미의 철학은, 우리가 지각하는 요구들에 대한 비판이지 그 요구들을 충족시켜 주는 것이 아니다. 철학의 목적은 불만을 유발하기 위한 것이지 만족을 제공하는 것이 아니다. 그것은 당혹감과 경이로움을 불러일으키기 위한 것이지 해결책과 안주함을 주기 위한 것이 아니다. 삶의 풍요로움과 복잡함에 대한 감탄을 장려하기 위한 것이지, 그 삶을 그저 해결책과 최종적인 손익 계산 결과로 단순화하는 것이 아니다. 진정한 철학실천은 사람들을 정상 상태로 이끌기 위해서가 아니라 바로 그 "정상"으로 여겨지는 모든 것에게 질문을 던진다.

철학실천가들은 종종 소크라테스와 플라톤을 그들의 롤 모델로 언급한다. 그러나 소크라테스는 확실히 사람들의 요구를 만족시켜 주는 사람이 아니었다. 그는 오히려 선동가였다. 그는 자신의 "내담자들"에게 불안감, 경이감, 혼란스러움, 창조적인 불만족감을 제공했다. 그와 유사하게 플라톤도 사람들을 그들의 좁은 동굴, 즉 그들의 "정상적인" 개념들과 욕구로 이루어진 환영의 세계로부터 끌어내고자 했다. 플라톤의 목표는 직장 상사를 어떻게 대할 것인가, 어떻게 하면 자기 자신에 대해 더 나은 기분을 느낄 수 있을까, 어떻게 하면 만족스러운 직업을 찾을 수 있을까 등과 같은 동굴 *내부의* 문제를 해결하는 것이 아니었다. 오히려 그들이 자신들의 동굴을 벗어날 수 있게끔, 잠자고 있는 열망을 일깨워 주는 것이었다.

소크라테스와 플라톤적인 의미에서 진정한 철학자가 선동가, 혁명가라고 하는 데는 다음과 같은, 아주 좋은 이유가 있다. 지혜를 위한 탐구란, 명백한 것을 의문시하는 것, 이전의 신념을 버리는 것, 우리의 자기만족과 안전을 희생하는 것, 지각하고 있는 욕구와 가치에 대해 등을 돌리는 것, 미지의 지역으로 모험 여행을 떠나는 것 등을 필요로 한다는 것이다.

변형적 사상가들—루소, 베르그송, 부버, 아우렐리우스

동굴을 벗어남의 의미에 대한 더 나은 이해는, 변형적 철학자들의 저서들 안에서 찾을 수 있다. 앞서 말했듯이, 그들 모두의 공통점은 삶에 대한 두 가지 태도, 즉 제한된 것과 더 온전한 것[충만함] 사이의 구별이다. 비록 이 구별이 엄격한 이분법의 문제라기보다는 정도의 문제일지라도, 단순함을 위해 우리는 이 두 양극단에 집중해야 할 것이다. 첫째 태도에서 우리는 오직 우리 자신의 피상적인 측면들에만 관심을 가지지만, 더 온전한 태도에서 우리는 우리 존재의 더 깊은 측면들에 관심을 가진다.

이것이 무엇을 의미하는지를 더 잘 이해하기 위해, 몇 개의 예시들을 좀 더 자세히 살펴보자. 나는 여기서 루소, 베르그송, 부버, 그리고 마르쿠스 아우렐리우스를 대표적 사례로 집중해서 다룰 것이다. 그들은 서로 매우 달라서 가능한 관점들의 영역을 넓게 다룰 수 있기 때문이다. 우리가 앞으로 보게 되겠지만, 이들 사이의 차이점에도 불구하고 이 사상가들은 동일한 공통 주제들에 대한 변주곡을 들려준다.

장-자크 루소—본성적인 자아 대對 거짓 가면

루소는 18세기 프랑스의 중요 철학자로, 그의 저서들은 근대 사유에 엄청난 영향을 미쳤다. 『에밀』[1]이라는 저서에서 그는 거짓되고 인위적인 사회적 자아와, 본성적이고 진실한 자아를 구별한다.

루소에게 가장 중요한 관심사는, 사람들에게 자아에 관한 거짓된 생각을 조장하는 사회적 게임들이다. 사람들은 사회적 규범을 따르고, 사회적으로 용인할 수 있고 존경받을 만한 것들을 말하고 행동하는 그런 방식에

1 *Emile*, New York: Basic Books, 1979.

그들 스스로 적응하고, 그들의 이웃이 소유하고 있는 것을 소유하길 갈망하며, 미리 정해진 방식 안에서 생각하고 느낀다. 이것은 사람들이 옷 입듯 겉에 걸친 단순히 외적인 행동이 아니다. 더욱 심각한 점은, 사람들이 이러한 생각, 감정, 행동 패턴들에 흡수되어서, 자기 자신을 자신이 하고 있는 사회적 게임과 동일시 하게 된다는 사실이다. 그들의 삶은 그들 자신의 진정한 자아와 동떨어지게 되고, 이러한 점에서 그들은 자신과 멀어지게 된다.

(자신을 타인과 비교하고, 외부적 압력에 굴복하고, 모방하고, 조작하고, 자존심과 자기애 때문에 행동하는 것 등을 포함하는) 여러 가지 심리학적인 과정들이 이 소외에 대한 책임이 있다. 그 결과 개인은 자신이 누구며, 무엇을 말하는지에 대해 거짓된 개념, 즉 거짓된 자아를 발달시킨다. 하지만 그는 자신을 이러한 거짓된 자아와 동일시하기 때문에, 거짓됨을 인지하지 못한다.

루소에 따르면, 이 소외된 인간 조건에 대한 해결책은, 유아기 때부터 시작되는 교육이다. 사회의 파괴적인 영향들로부터 아이들을 보호하고, 아이들이 아직 어리고 민감한 시기 동안 그들을 보호해줄 교육 환경(그들 삶의 진짜 원천이 외부의 왜곡 없이 자유롭게 발달할 수 있는 곳)을 마련하는 일이 관건이다.

여기서 루소는 중요한 (그리고 논쟁의 여지가 있는) 가설을 제시한다. 다시 말해, 인간은 사회의 영향에서 꽤 독립적인 '본성적인 내적 원천들'을 소유한다는 것이다. 이러한 원천들을 그는 본성적 자아라고 부른다. *본성적 자아*는 어떤 사람의 타고난 잠재력을 나타내고, 이는 어떤 나무의 타고 난 본성에 비교할 수 있는데, 하나의 씨앗에서 건강한 몸통, 가지, 잎을 가진 건강한 나무로 자랄 잠재력을 뜻한다. 이 내적 본성이 작용하기 위해서는, 흙, 태양, 물과 같은 기본적인 조건들이 있어야 하고, 그 결과로 내적 본성이 자신을 온전하게 표현할 수 있게 된다. 이와 유사한 방식으로, 진정한 인간은 내적 자아에서 생기를 얻는다. 내적 자아는 스스로 동기를 부여하는 에너지들, 즉 자발적, 생산적, 자율적, 자립적인 에너지들, 또 선한 기질의 에너지들의 원천이다. 이것들이 성장 과정을 거쳐 자신을 충분히 표현하기 위해서는 몇 가지 기본 조건이 필요하다. 따라서 루소가 구상한 교육의 역할은, 어린 식물이 사회에 나가기 전에 건강하게 성장할 수 있는 "온실"을 창조하는 것이다. 교육자는 어린 식물에게 자라는 방법을 지시하려 하지 않고, 오직 본성적인 잠재력이 최선으로 펼쳐질 수 있도록 하는 조건만을 제공해주는 정원사에 비유된다.

루소의 비전은 사회적 영향력과 내적 자원들을 지나치게 단순화하여 구분했다는 점에서 비판받을 수 있다. 예컨대 사회의 영향력에 의해 조형되지 않은 자아는 완벽하고 건강한 개인이 될 수 없다는 반박이 있을 수 있다. 사회의 영향은 성장, 성숙, 자기-이해, 자기-동일성에 있어서 필수적인 부분이다.

이는 타당한 반대 의견이지만, 우리가 지금 여기서 이를 논할 필요는 없다. 우리의 목적을 위해서는 루소 이론의 세부 사항들을, 그에게 영감을 주었던 근본적인 비전을 외부로 보여주는 복장으로 간주하는 것만으로 충분하다. 결국, 우리 자아가 일상에서 보여주는 모습들이 우리가 될 수 있는 모든 것은 아니다. 심지어 그 모습은 우리 자신 가운데 가장 깊고 참된 부분도 아니다. 우리의 진정한, 깊은 자아는 보통 잠들어 있어서 무시되며, 오직 적절한 조건들 아래에서만 깨어날 수 있다.

루소의 거짓 자아는 구체적인 패턴들—비교하고, 조종하고, 모방하며, 권력 게임을 하려는 경향—을 따르는 심리학적인 구조라는 사실을 주목하라. 그것은 심리학적인 *메커니즘*이다. 이것이 바로 그 자아가 고정된 패턴으로 자신을 표현하는 이유다.

이에 반해, 루소의 본성적 자아는 심리학적 메커니즘들에 의해 지배되지 않으며, 어떠한 패턴도 따르지 않는다. 오히려 그것은 자발적이고 자유롭다. 실제로 그것은 좀처럼 묘사하기 힘들다. 루소는 우리의 거짓 자아를 형성하고 조종하는 메커니즘들은 상세하게 묘사하지만, 우리의 본성적 자아의 구조에 대해서는 거의 말하지 않는다. 그가 본성적인 어린아이의 허구적 예시로 든 에밀Emile에 대해 말한 것도 하나의 이야기, 특정한 사례일 뿐, 일반화된 이론, 에밀의 심리에 관한 하나의 이론은 분명 아니었다. 이것은 이해할 만한 일이다. 본성적 자아는 정의할 수 있는 메커니즘들과 행동 패턴들을 갖고 있지 않기 때문이다. 따라서 그것 자체로는 일반적인 공식 같은 것들에 의해 포착될 수 없다.

하지만 만약 본성적 자아가 심리학적인 메커니즘이 아니라면, 어떻게 우리의 행동, 생각, 감정을 조형할 수 있을까? 루소는 분명하게 말하지는 않지만, 내가 보기에 그는 본성적 자아가 거짓 자아의 범주와는 완전히 다른 범주에 속한다고 생각한 것 같다. 루소가 이야기하는 본성적 자아는 통제하고, 조형하는 메커니즘이 아니라, 에너지와 동기를 부여하는 원천이다. 진정한 인간은 내적 자아에 의해 지배당한다기보다는 그것에서 영양을 공급받고 거기에서 흘러나온다.

그러므로 여기서 우리는 두 가지 정신적 실재 사이의 이분법을 발견한다. 우리는 한편으로는 행동과 심리에 관한 패턴을 강요하는 메커니즘에 의해 지배받으며, 다른 한편으로는 생명 에너지의 원천에서 자유롭게 흘러나온다는 것이다. 이것은 메커니즘과 원천 사이의 이분법이며, 패턴 대 자발성, 통제력 대 풍요로움의 대립이다.

앙리 베르그송—총체적인 것 대 단편적인 것

우리는 앞에서 언급된 것과 유사한 구분법을 대부분의 다른 변형적인 사상가의 글에서도 찾을 수 있다. 물론 그들은 각자 다른 시각으로 그것을 바라본다. 그 한 사례가, 루소에서 삼 세기를 지나 이십 세기 초에 특히 영향력이 있었던 프랑스 철학자이자 노벨상을 받은 앙리 베르그송이다. 현대 유럽 철학은 여전히 그의 영향을 받고 있다.

루소와 달리 그의 관심은 주로 개인과 사회의 관계에 초점을 맞추고 있다. 베르그송은 우리의 내적인 정신적 삶[생명]과 그 삶이 시간 속에서 흐르는 방식에 집중한다. 자신의 책 『시간과 자유의지』[2]에서 그는 우리의 정신적 삶의 다양한 요소들이—감정, 감각, 느낌, 사고, 이미지 등의 많은 음영들—물질적 대상의 조직과는 근본적으로 다른, 독특한 방식으로 조직되어 있다고 주장한다. 돌과 의자와 집은 서로 분리된, 고정되고 안정된 "물건들"이다. 그것들은 공간과 시간의 차원에서 특정한 위치를 차지하고 있다는, 규정된 속성을 지닌다. 그리고 그것들은 독립적인, 별도의 부분들로 만들어져 있다 (또는 부수어질 수 있다).

이와 반대로, 우리의 정신적 삶은 베르그송이 "지속"이라고 부르는 구조를 띠고 있다. 그는 이것을 서로 침투하는 성질들의 총체적인 흐름으로 이해한다. 이러한 성질들은 물질적인 물체와는 달리 별개의 요소들도 아니고 시간 속에서 안정을 유지하는 것도 아니다. 예를 들어, 포도주를 마실 때 포도주의 맛은 콧속 후각, 입안의 질감, 친구와 함께 있다는 즐거움, 심지어는 두통이나 불안감과도 완벽하게 구분되지 않는다. 이러한 성질들은 서로에게 "색을 입힌다." 그것들은 또한 이전의 순간들에 의해서도 채색된다. 십 분 전에 먹은 음식이나 내가 방금 막 했던 짜증 나는 대

2 Henri Bergson, *Time and Free Will*, New York: Dover Publications, 2001.

화들에 의해서도 그렇다. 그리고 과거는 시시각각 끊임없이 증가하기 때문에, 정신적인 성질들도 시간이 지남에 따라 변하기 마련이다. 예를 들어, 포도주를 마시는 첫 순간 느끼는 맛은 혀의 부드러운 따끔거림이 입 전체로 퍼지는 나중 순간의 맛과 다르고, 또 감각이 무겁고 둔해지는 두 번째 또는 세 번째 잔의 맛과도 같지 않다. 과거는 시간이 지남에 따라 끊임없이 추가적인 요소들을 축적하며, 따라서 모든 경험은 끊임없이 변한다.

더욱이, 엄밀히 말하자면, 같은 감각에 관한 서로 다른 강렬함의 정도에 대해서는 말할 수조차 없다. "약한" 두통의 성질은 관자놀이가 날카롭게 꼬집히는 것처럼 느껴지며, 머리 전체를 흔들어대며 망치로 두들기는 듯한 "강한" 두통의 특징과는 다르다. 다른 두통들은 강도뿐만 아니라 기본적인 특성도 다르다. 그것들을 함께 묶고, 같은 것에 관한 다른 강도로 묘사하는 것은 오직 언어뿐이다.

그러므로 우리 내면의 정신적 삶은 그저 다른 조합과 강도로 재편성된, 고정된 성질들의 순차적인 조합이 아니다. 오히려 상호 침투하는 새로운 성질들이 끊임없이 변화하며 창조하는 총체적인 흐름이다. 우리는 단지 단순화와 의사소통을 위해 우리의 정신적 삶을, 다른 강도로 분리되며 측정이 가능한 안정된 요소들로 이루어진 것처럼 취급한다. 우리는 정신적 삶의 성질들이 나타내는 흐름 속에서 특정한 성질을 추출하되, 음영과 점진적인 변화는 무시하며, 성질에 명확한 특징들을 부과한다. 예컨대 "두통", "사랑", "더 큰 행복", "똑같은 분노" 등과 같이 말이다.

이러한 언어적 추상화의 결과는 대단하다. 그것들은 우리 내면에서 조금씩 현실적인 것이 되어간다. 그것들이 우리의 정신적 성질들에 자신들을 강요하기 때문인데, 그것들은 결정체를 형성하여 분리될 수 있는 파편들로 변한다. 우리의 정신적 삶의 흐름 위에서 하나의 껍데기가 형성되는데, 정신적 성질들로 만들어진 이 껍데기는 더는 살아 있지도 흐르지도 않으며, 서로 구별되고 고정된다. 연못에 떠다니는 죽은 나뭇잎처럼 생기를 잃은 정신적 내용들이 총체적인 정신의 흐름 위에서 부유한다. 우리는 점차 심층에서 흐르고 있는 풍요로운 조류를 무시하게 된다. 그래서 우리는 주로 우리 존재의 표층에서 살아가기 시작한다.

그 결과 우리는 내적 삶의 충만함과 접촉하는 방법을 잃게 된다. 대부분의 경우 우리는, 우리의 삶이 생명력 없는 결정체로 굳어버린 정신적 내용들로 이루어진 껍데기일 뿐이며, 이 분리된 내용들이 더이상 창조적인 교향곡처럼 흐르는 것이 아니라 고정된 기계적 패턴을 따른다는 사실을 깨닫지 못한다. 이 상태에 이르면, 우리는 온전히 우리 자신이 아니다. 특별한 순간들에만 우리 내면의 삶으로 이루어진 훨씬 더 깊은 흐름이 표층을 부수고 터져 나온다. 오직 그때에만 우리는 우리 자신의 영원하고 진실된 존재를 온전하고 자유롭게 표현한다.

그러나 우리가 보통 우리의 정신적 삶의 조화로운 흐름을 망각하고 있더라도, 우리는 그것을 알아차리는 능력을 지니고 있다. 이것을 베르그송은 *직관*이라고 부른다. 베르그송에게 직관은 총체적이고 직접적인 이해의 방식이다. 직관은 전체를 부분들로 부수지 않으며, 또 그것에 개념과 구분을 강요하지 않으면서 전체를 파악한다. 더 나아가 직관은, 우리를 삶의 강물과 직접 이어주는 내부로부터 삶을 이해하는 방식이다.

베르그송과 루소의 이론은 분명히 차이가 있으면서도 놀라울 정도로 유사하다. 그들은 둘 다 우리의 내적 삶의 두 양상을 구별한다. 외부적으로 강요된 구조들에 의해 만들어진 우리 인생의 표층, 그리고 깊은 자아의 충만함으로부터 드러나는 깊고 진실하며 자유로운 내면의 삶이라는 두 측면을 말한다. 두 사상가가 모두 도달한 결론은, 우리가 일반적으로 일상 속에서 잠재력을 온전하게 계발하지 않으면서 살고 있다는 것이고,

우리가 통상적으로 살고 있는 표면적인 삶은 이질적인 구조들에 의해 왜곡되었으며, 이 구조들은 우리 자신과 우리의 세계와 관련된 편협하고 거짓된 방식으로 삶을 제한한다는 것이다. 그리고 우리 내면에는 보통 인식되거나 활용하지 않고 있는 더 커다란 [삶의] 원천이 존재한다는 것이다. 분명, 이 두 사상가는 각자 그들 자신의 개념과 아이디어의 관점에서 똑같은 깨달음을 표현하고 있다.

마르틴 부버—함께하기 대 거리두기

필자는 신중하게 우리의 세 번째 사례 연구로 이십 세기의 영향력 있는, 오스트리아 태생의 이스라엘 철학자 마르틴 부버를 선택했다. 그의 철학은 루소와 베르그송과 아주 많이 다른 것처럼 보이기 때문이다. 우리는 이미 그를 앞에서 간략하게 접했는데 이번에는 훨씬 더 자세히 그의 사상을 살펴볼 것이다.

부버는 진지한 삶의 원천을 개인의 내면에 놓여 있다고 생각하는 루소와 베르그송의 개인주의적인 관점과는 대조적으로, 그 진지한 삶을 다른 사람들과의 대인관계 안에 위치시킨다. 하지만 이러한 명백한 차이점에도, 우리는 부버의 글에서 동일한 중심적 주제가 흐르고 있음을 발견한다. 부버 역시 두 가지 존재 방식에 관한 동일한 기본적 구분을 하고 있기 때문이다. 그의 책 『나와 너』[3]에서 부버는 우리가 타인들에 대해 보통 '나-그것'의 관계라고 부르는 것을 상정한다고 설명한다. 내가 타인을 나의 생각, 나의 감정, 나의 경험 등의 대상으로 간주할 때, 나는 다른 사람과 '나-그것'의 관계에 서게 된다. 이것은 예를 들면, 내가 그녀가 무엇을

3 *I and Thou*, New York: Scribner's, 1970.

생각하는지를 알아내려고 노력할 때, 또는 내가 그녀를 분석하거나 심리학적으로 관찰할 때, 또는 내가 그녀에 대한 인상이나 생각을 형성할 때, 또는 그녀를 호기심으로 바라볼 때, 또는 그녀를 훼방꾼으로 대하거나 나의 요구를 만족시키는 수단으로 대할 때, 또는 그녀를 두려워하거나, 그녀를 조종할 때 등의 상황에서 발생한다. '나-그것'의 관계가 반드시 부정적 의도를 포함하고 있을 필요는 없다. 예를 들어, 나는 다른 사람의 고통받는 영혼을 치유하기를 소망하는 자애로운 심리학자이거나 다정한 친구일지도 모른다. 만약 내가 무엇이 그녀를 걱정시키는지를 알아내려고 노력하거나 그녀가 겪는 괴로움의 근원을 살핀다면, 나는 그렇게 함으로써 그녀에 대해 '나-그것'의 관계를 취하는 것이다.

우리는 다른 사람들을 향해 '나-그것'의 관계를 취할 수 있으나 또한 자연, 식물과 동물, 음악 작업과 미술 작업 그리고 심지어 신과도 이 관계를 취할 수 있다. 이것은 우리가 그들을 사물들로 이해하기 위해 또는 조종하거나 이용하기 위해 우리의 생각이나 경험 속에서 대상으로 대할 때 발생한다. 우리의 매일의 삶은 보통 '나-그것'의 관계에 의해 지배된다.

'나-그것'의 관계에서 문제는 그 관계가 우리를 불완전하고 동떨어지고 소외감을 느끼게 한다는 것이다. 첫째로, '나-그것'의 관계 속에서의 타자는 내게 하나의 대상이기 때문에, 나는 그 사람에 *관한* 생각이나 경험을 통해 그 사람과 나를 연관시킨다. 이 '…에 관함'은 우리가 서로에게 외부적으로 존재한다는 것을 의미한다. 커다란 틈이 우리를 분리하는데, 주체와 객체, 즉 구경꾼과 구경 당하는 자 사이의 틈을 말한다.

더욱이 '나-그것'의 관계에는 단지 나의 제한된 부분만 참여한다. 다시 말해, 내가 그 당시에 했던 생각들이나 경험들 말이다. 예를 들면, 나는 내 인격의 나머지 부분이 관여하지 않으면서도, 내가 타인에 관해 관심을 가진다는 사실을 경험할 수 있다. 또 나는 나의 나머지 부분을 관여시키지 않으면서도, 다른 이의 말에 존중과 즐거움으로 반응할 수 있다.

그러므로 '나-그것'의 관계는 객관화하고 거리를 두는 것이며 불완전하다. 그리고 부버에게서 관계란 인간 존재의 중심에 있는 것이기 때문에, 내가 이러한 관계를 취할 때 나는 온전히 내 인생을 살지 않는다는 것을 의미한다.

여기서 부버의 관점은 루소와 베르그송의 기본적인 이해와 유사하다. 일상의 삶에서 내가 비록 통상 이러한 비-진지함의 상태를 의식하지 못한다고 하더라도, 나는 내 존재가 지닌 잠재력의 온전함에 대해 진실하지 않은 것이다. 더욱이 다른 두 사상가처럼 부버 역시 나는 이 소외되고 결핍된 상태를 극복할 수 있다고 주장한다. 이때 필요한 것은, 다른 사람들, 그리고 세상과 관계를 맺는 나의 방식을 최소한 일시적이나마 근본적으로 변형시키려는 시도다.

이 변형은 부버에게서는 오직 부분적으로만 나의 힘 안에 놓여 있다. 나는 주의를 기울일 수 있고 열린 마음을 가질 수 있으나, 그것은 가끔 마치 저절로 그러한 것처럼 잠시 나타났다가 사라진다. 이것이 부버가 '나-너' 관계라고 부르는 것에로의 변형이다.

내가 다른 사람과 '나-너' 관계에 있을 때, 나는 내 모든 존재와 *함께*한다. 이런 일이 일어나면, 특별한 순간에 형언할 수 없는 유대감이 나와 다른 사람—때로는 친구, 하지만 또 때로는 낯선 사람—을 묶는다. 그 순간 나는 다른 사람에 대해 생각하지 않고, 그 사람이 무엇을 느끼는지 추측하지 않는다. 어떤 지식이나 생각이나 경험도 우리 사이를 분리하지 않으며, 우리의 삶의 간격을 메우기 위해 어떠한 '…에 관함'도 필요하지 않다. 그런 간격은 존재하지 않기 때문이다. 우리는 더 작은 요소들로 분석될 수 없는 기본적인 관계인 유대감으로 묶여있다. 그 순간 우리는 우리의 관계 속에서, 우리의 완전한 총체성 안에서 온전히 존재하며, 따라서 우리 존재의 충만함에 대해 진실할 수 있다. 우리는 '나-너' 관계를 통해 진정성을 얻는다. '나-너' 관계를 항상 유지하는 것은 불가능하지만, 그것은 모든 상호작용과 삶 일반에 의미와 가치를 공급하는 원천이다.

우리가 본 바와 같이, 부버도 루소와 베르그송이 말하듯 자기-변형이 우리를 우리 존재의 충만함과 만나게 해줄 수 있고, 우리가 삶과 더 온전한 관계를 확립하여 진정성 있는 방식으로 살 수 있게 해준다고 주장한다. 그러나 부버는 여기서 이전의 다른 두 접근법에서는 덜 두드러졌던 추가 사항을 제시한다. 이 추가 사항을 파악하려면 주목해야 할 점이 있는데, 부버는 겉보기에 명백한 가정, 즉 나는 내 주위의 다른 사람들과 사물들로부터 분리될 수 있는 존재, 다시 말해 자족적인 실체라는 가정을 의문시한다는 것이다. 이 일반적인 가정에 따르면, 바위가 원칙적으로 다른 바위로부터 독립적으로 존재하는 것처럼, 나의 본성과 정체성은 내 주변의 다른 사람들로부터 독립적이다.

그러나 부버에 따르면, 우리가 그렇게 분리된, 자립적인 원자라는 가정은 소외된 '나-그것' 관계에만 해당한다. '나-너'의 관계로 나타나는 더 깊은 현실에서, 다른 사람들과의 관계는 나 자신의 일부다. 나는 관계 속의 인간이다. 그래서 나의 본질은 타인, 사물, 자연, 아이디어들, 신과의 관계를 포함한다. 다시 말해, 나는 근본적으로 관계적이며 근본적으로 나 자신을 초월한다. 내 존재의 원천들, 즉 내게 생명, 의미, 정체성을 주는 것들은, 단독으로 존재하는 내게 있는 것이 아니라, 내가 다른 사람들과 함께 있음에 있다.

우리는 이미 베르그송에서 비슷한 생각의 씨앗을 보았다. 베르그송은 우리 정신의 성질들은 서로 분리되어 있지 않으며, 이웃하고 있는 성질들과 상호 침투되어 있고 그 자신들 이상으로 열려있다고 주장하기 때문이다. 부버는 전체로서의 인간은 자기 폐쇄적인 독립체가 아니라고 말하면서 한 걸음 더 나아간다. '나-너' 관계에서 드러났듯이, 나의 근본적인 현실에서 나는 타자에게 열려있고, 이런 의미에서 나는 나 자신 이상이다. 실제로 베르그송의 나중 저서인 『창조적 진화』는 한 인간의 생명을 지구상의 생명력의 전체적인 흐름 일부로 서술한다.[4]

마르쿠스 아우렐리우스—우주의 질서에 참여하기

우리 자신을 초월하는 우리의 근본적인 개방성에 대한 마지막 주제는 이미 고대 헬레니즘 세계에서 번성했던 중요한 철학 학파인 스토아학파에 의해 오래전에 개발되었다. 흥미로운 예는 이 세기 스토아학파 철학자 마르쿠스 아우렐리우스가 집필한 『명상록』[5]이다.

다음 장에서 나는 이 책에 대해 더 자세히 논할 것이다. 여기서는 이 저서가 심리적인 노예 상태에서 내면의 이성적 자유로 나아가는 자기-변형을 구상하고 있다는 점만 언급하는 것으로 족하다. 마르쿠스 아우렐리우스에 의하면, 우리는 보통 욕구나 두려움과 같은 심리적인 힘에 의해 통제되며, 그래서 자유롭고 이성적으로 행동할 수 있는 능력인 우리의 진정한 자아를 배반한다. 우리가 우리의 심리적인 힘에 굴복할 때, 우리는 욕구의 대상에 애착을 갖게 되고, 우리가 가진 것에 대해 불만을 가지게 되며, 미래에 대해 불안해하게 되고, 후회, 질투, 분노, 그리고 그 밖의 다른 고통스러운 감정의 희생자가 될 수 있다. 이것은 노예와 같은 상태일 뿐만 아니라 불행이기도 하다.

이와 반대로, 이성은 가능한 모든 상황에서 우리에게 일어날 수 있는

---

4 *Creative Evolution*, Lanham, MD: University Press of America, 1983.

5 *Meditations*, Amherst: Prometheus Books, 1991.

모든 것을 평온하게 받아들이라고 말해주기 때문에, 우리를 거짓된 욕구와 걱정으로부터 자유롭게 해줄 수 있다. 이성은 우리가 인간으로서 지닌 본질적인 본성이다. 그것은 각자의 영혼에 깃든 우리의 "안내 원리"(또는 "다이몬")이다. 하지만 보통 일상생활에서 우리는 그것을 잊고 일상의 관심사에 몰입하면서 이 원리와의 연결점을 잃는다. 우리가 우리 내부의 감옥에 대한 의식을 일깨우고, 우리의 진정한 자아, 즉 안내 원리를 되찾기 위해서는 특별한 철학적 연습이 필요하다.

지금까지 우리는 마르쿠스 아우렐리우스에서 다른 철학자들의 것과 유사한 변형에 관한 주제를 보았다. 그러나 한 가지 더 강조할 가치가 있는 아이디어는, 이성이 인간뿐만 아니라 우주 전체를 안내한다guide는 것이다. 우주는 질서, 보편적인 로고스 또는 이성에 따라 움직이는 조화롭고 조직되어 있는 체계다. 그러므로 좋은 세계란 일어나야 할 모든 일이 일어나는 세계다. 만일 우리가 우리에게 일어나는 일을 불완전하고 한탄스러운 것으로 여기려는 유혹을 받는다면, 그것은 우리가 편협하고 자기중심적인 욕구에 집착하면서 더 큰 그림을 보지 못하기 때문이다. 우리는 세계가 우리의 기대에 부응할 것이라고 기대한다.

일단 우리가 자기중심적인 관점을 버리고 보편적인 이성의 넓은 관점에서 인생을 바라보면, 우리는 그것이 완벽한 세계, 정말로 신성한 세계라는 사실을 깨닫게 된다. 그래서 마르쿠스 아우렐리우스는 그의 저서에서 자신을 우주의 맥락에서 바라볼 것과 자신이 이 신성한 전체의 극히 일부라는 사실을 기억할 것을 거듭 상기시킨다. 그렇다고 이것이 비관적인 세계관은 아니다. 오히려 그 반대로, 우리가 광활한 우주의 아주 작은 부분이라는 사실을 이해할 때, 우리는 사소한 걱정으로부터 해방되고 우리 자신을 사물의 더 큰 질서에 참여하는 존재로 바라보게 된다. 우리의 보잘것없는 인생은 전체로부터 가치와 의미를 부여받는다.

우리가 이 형이상학의 기초가 되는 근본적인 통찰을 이해하기 위해 스토아 형이상학—우리 자신을 고립된 원자가 아니라 더 큰 전체의 일부로 보아야 한다—의 관점을 공유할 필요는 없다. 우리가 더 넓은 관점—그것이 누구의 것이든—을 채택할 때, 우리는 우리의 작은 개인적인 세계관을 초월할 수 있기 때문이다.

그러므로 마르쿠스 아우렐리우스의 글들이 제안한 변형을 다음과 같이 정리할 수 있다. 우리는 우리 자신과 우리의 욕망에 흡수되어 버리지 않도록 해야 하며, 자신에게 편향된 세계 경계선을 더 큰 현실의 지평선을 향해 열어야 한다. 이것은 우리 자신, 타인 그리고 세계를 이해하는 방식에서 심오한 변화를 요구한다. 이는 우리가 마치 세계의 중심인 것처럼, 즉 우리의 개인적인 관심사로 구성된 배타적 관점으로 일상의 사건들을 마주하기를 멈추고, 그것들을 보편적인 관점에서 바라볼 것을 요구한다.

깊이의 내적 차원

위의 네 명의 사상가들(루소, 베르그송, 부버 그리고 마르쿠스 아우렐리우스)은 오랜 세월 동안 철학하기를 통해 자기-변형을 꿈꿨던 수많은 변형적 사상가들 중 일부일 뿐이다. 우리가 살펴본 것처럼, 그들은 분명 서로 비슷한 비전의 영향을 받았다. 이 비전에 따르면, 우리는 보통 위축된, 기계적이고 파편화된 인생을 살고 있지만 이를 초월할 수 있다. 우리는 이러한 제한들을 초월할 수 있을 뿐만 아니라, 그렇게 해야만 한다. 우리의 깊은 곳에는 스스로 변하고자 하는 열망—*소명*—이 있다. 더 위대하고 온전하며 풍요로운 삶을 살고자 하는 열망 말이다. 이 네 가지 철학 사상이 구상한 변형들은 여러 가지 중요한 측면에서 서로 명확히 다르다. 그러나 그럼에도 이것들은 몇 가지 중요한 특징들을 공유하고 있다.

1. 소중함: 아마도 이 철학자들이 공유하는 가장 명백한 주제는, 변형된 상태가 특별한 가치를 지닌 경험을 제공하리라는 아이디어일 것이다. 일반적으로 우리가 일상에서 겪는 대부분의 순간은 중요하지도 거의 의식되지도 않으며, 따분하고 잊기 쉬운 것처럼 느껴진다. 이와 대조적으로, 변형된 상태의 매 순간은 가치 있는 것으로 경험되며 우리에게 특별히 중요한 의미를 준다. 그 순간이 미래의 어떤 목적에 유용하기 때문이 아니라 그 자체로 중요하기 때문이다. 우주와의 조화 속에서 평온함에 집중하는 스토아적 순간, 루소의 단순하고 자유로운 자발성의 순간, 베르그송이 강조하는 풍요롭고 조화로운 흐름의 순간, 부버가 말하는 함께하기 등은 모두 소중하게 느껴질 뿐만 아니라 심지어 성스럽게까지 느껴지는 순간들이다.

2. 충만[온전]함: 위와 같은 순간들의 소중함은 부분적으로는 우리 자신, 타인, 세계의 현실을 완전하고 직접적으로 의식하고 있다는 지각sense 때문이다. 부주의와 자동성이라는 진부한 안개는 사라지고, 우리는 온전함 안에서 그 순간에 감사하게 되는데, 이 감사 또한 우리 안에서 생기를 얻어 강화된다. 이것은 이론적인 종류의 감사함[appreciation, 올바른 평가]이 아니다. 다시 말해, 우리가 이전에는 몰랐던 사실들에 관해 새로운 이론을 얻게 된다는 뜻이 아니다. 우리는 우리의 내면과 바깥에 있는 현실의 충만함과 풍요로움을 직접적으로 의식하게 된 것뿐이다.

3. 자기-통일: 보통 내가 나의 심리적 메커니즘과 힘에 의해 지배될 때, 나는 파편화된다. 나의 부분들은 일관성 없는 태도와 이해를 표현하는 각기 다른 힘들과 메커니즘들에 의해 활성화된다. 이와는 대조적으로, 변형된 상태에서 나는 하나다. 나의 생각들, 감정들 그리고 행동들은 더는 분

열되거나 고립되지 않으며, 별개의 방향으로 나를 끌어당기는 것이 아니라, 통일된 전체의 일부가 된다.

그러므로 내 행동은 더이상 상이한 심리학적인 힘들이 자신들의 규칙과 목록을 강요하는 것에서 나오지 않는다. 내 행동은 나의 내부로부터 분출된다. 나는 하나의 단일한 원천으로부터 행동한다. 그것은 스토아적 로고스, 자발적이고 본성적인 자아, 베르그송의 흐름 그리고 '나-너'의 함께함이다. 나는 나 자신과 하나가 된다.

4. *탈중심화*: 일상생활에서 나는 내가 내 세계의 중심에서 그 세계를 관리하고 통제하기 위해 움직인다는 사실을 경험한다. 나는 내 개인적인 문제와 염려, 욕구와 만족, 나를 표현하는 방식과 내가 타인들에게 남기는 인상 등에 의해 점령당한다. 이와 대조적으로, 변형된 상태의 나는 조그마한 나 자신을 넘어 삶의 더 넓은 지평선으로 확장해가는 더 커다란 현실의 일부가 된다. 마르쿠스 아우렐리우스에 따르면, 나는 우주의 필수적인 부분이고, 자기 자신을 광활한 우주 안의 작은 존재로 이해하며, 우주적 로고스와의 조화 속에서 살아간다. 루소에 따르면, 난 자기애 대신 생명 에너지에 의해 행동한다. 베르그송에 따르면, 나는 생명의 창조적인 흐름 속에 있는 개울이다. 부버에 따르면, 나는 타인들 그리고 세상과 함께 존재한다. 이 철학자들에 따르면, 나는 자기 몰입된 자아의 이름으로 사는 것이 아니라 삶을 위해서 산다.

5. *내적 자유*: 변형을 경험하기 이전에 나는 고정된 심리학적 힘과 패턴에 의해 지배받는데, 이는 내가 자유롭지 못하다는 것을 뜻한다. 변형이 일어나면, 네 명의 사상가들이 모두 설명하듯이 나는 이 메커니즘에서 벗어난다. 나는 나 자신과 하나이기 때문에, 나와 내 심리학적 메커니즘이

내게 지시하는 것 사이에는 차이가 없다. 즉, 통제하는 자와 내 안에서 통제받는 자 사이에 차이가 없다. 내가 행동하고 느끼고 생각하는 모든 것은 에너지의 통일된 원천으로부터 나오며, 나는 나 자신을 결정하는 주체다. 베르그송에게서 내 의식은 전체적이고 창조적인 자유 안에서 흐른다. 스토아 학자처럼 내면의 안내자와 나를 동일시하고 자유롭게 행동한다. 루소의 자연인처럼, 나의 행동은 내 본래 모습에서 자유롭고 자발적으로 나온다. 그리고 부버주의자처럼, 나는 각각의 사람과 새롭고 독특한 방식으로 어울린다.

요약하면, 변형을 추구하는 네 명의 철학자들은 변화된 상태를 변화 이전의 평범한 순간과 철저히 다른 것으로 묘사한다. 매 순간이 소중하고 온전하며, 내면의 일체감, 자기 초월적인 개방, 자유로움으로 가득하다.

그러나 이 모든 것이 단지 주관적인 마음 상태의 문제로 보일 수도 있다. 주관적인 마음 상태가 심오하게 여겨질 수 있을지는 몰라도 실제로는 별것 아닐 수도 있다. 예컨대 마약도 똑같은 효과를 낼 수 있다. 하지만 자세히 살펴보면, 그러한 변화는 주관적인 경험 그 이상이라는 사실이 드러난다. 그것은 우리가 우리의 현실을 새로운 방식으로 이해할 수 있게 해주는 것이기도 하다. 예를 들면, 스토아적인 마음 상태는 우주 안에서 이성이 작동하는 방식을 알려주고, 루소의 본성적 자아는 사회적 규범의 왜곡 없이 인간 세상을 있는 그대로 볼 수 있게 해준다. 베르그송의 의식의 흐름은 파편화되기 이전의 전체적 흐름 속에서 우리를 바라볼 수 있게 해준다. 그리고 부버의 '나-너' 관계는 타인을 그 온전함 속에서 보여줄 뿐만 아니라, 거리와 분리를 통해 객관화되기 이전의, 관계의 진정한 본질도 보여준다.

그러므로 변화된 마음 상태는 단지 경험적인 것일 뿐만 아니라, 인간 현실에 관한 더 깊은 지식을 열어주는 창이다. 그것은 우리가 일반적으로 보는 표층의 아래에 있는, 존재의 보다 기본적이고 심오한 차원을 이해할 수 있도록 해준다. 그러므로 요점은, 변화를 통해 단순히 우리 삶의 새로운 면이 발견된다는 것이 아니라, 우리에게 익숙한 삶이 더 깊은 뿌리를 드러낸다는 것이다. 자기-변형을 통해 우리는 우리 존재의 진정한 본질, 익숙한 세계가 위치한 더 넓은 맥락, 그것이 압축되고, 조각나고, 단조로워지기 이전의 우리 삶의 기본 원리를 보게 된다.

그래서 우리는 변형적 사상가들이 구상한 내면의 변화가 우리 자신과 우리의 세계를 더 깊이 이해할 수 있게 해주는 새로운 마음의 상태를 가져다준다고도 말할 수 있다. 그것은 우리에게 삶의 또 다른 "차원" 또는 *내적 차원*이라고 불릴 수 있는 것을 열어준다. 그리고 이 내적 차원이 인간의 현실일 뿐 아니라 대부분 숨겨져 있다는 것을 강조하기 위해 그것을 *내적 깊이의 차원*, 줄여서 *내적 깊이*라고 부를 수도 있다. 마르쿠스 아우렐리우스의 안내 원리, 루소의 본성적 자아, 베르그송의 총체적인 흐름, 그리고 부버의 나-너 관계 등은 모두 이 내적 차원, 내적 깊이의 차원에 관한 다른 관점들 또는 다른 이론적 해석들이다.

"차원"이라는 단어는 상당한 다양성을 드러내 주기 위해 광범위하게 사용되어야 한다. 루소나 마르쿠스 아우렐리우스 같은 철학자들은 차원을 우리 안에 내재해 있어 발견되고 깨어나기를 기다리는, 이미 존재하는 현실로 여긴다. 니체와 스피노자 같은 다른 철학자들은 그것이 현실로 나타나기를 기다리는, 실현되지 않은 가능성이라 여긴다. 루소에게 이 내적 차원은 에너지의 원천이다. 베르그송에게 이것은 조직된 형태의 의식 상태다. 마르쿠스 아우렐리우스에게 이것은 이해의 능력이고, 부버에게는 다른 사람과 관계를 맺는 방식이다.

위에서 언급된 것들은 상이한 이론적 해석들처럼 보이지만, 기본적인 통찰에서는 동일하다. 다시 말해, 이 다양한 해석에도 불구하고 그들이 공유하는 통찰은 앞에서 보았던 "플라톤의 동굴"이나 "한계" 같은 개념들과 유사하다. 이 사상가들이 각자 자신의 용어로 우리의 제한적, 피상적, 인위적 또는 진실되지 않은 태도로 여기는 것은, 내가 우리의 한계 또는 플라톤의 동굴이라고 불렀던 것들이다. 그것은 우리 세계 안의 고정된, 또 패턴화된 태도를 의미한다. 그 사상가들이 우리에게 시작하라고 요구하는 변형은, 내가 여기서 "한계를 초월하기"나 "동굴에서 벗어나기"라고 부르는 것이다.

우리는 변형을 추구한 철학자들이, 시대를 뛰어넘어, 일상의 동굴과 한계를 벗어나 내면의 차원을 만나고 깨우고 단련하는 것을 목표로 삼았다고 말할 수 있다. 이 목표는—특히 "깨어있음"[6]의 측면에서 공식화될 때—, 다양한 영적, 종교적 전통에서도 찾을 수 있다. 그러나 변형을 추구하는 철학자들의 흥미로운 점은, 내면의 차원을 깨우고 배양하는 과정이 철학적이거나 최소한 철학적 성찰의 도움을 받을 수 있다는 통찰 때문이다. 이는 달리 말하면, 근본적인 아이디어들을 탐색하는 과정이라고 할 수 있다.

---

6 [역주] Pierre Hadot, 같은 책(이 책 제2장의 1번 각주), pp. 84, 130 등이 다루는 스토아 학파의 "προσοχη" 개념 참조.

제8장

내면의 차원을 바라보는 법

제8장
내면의 차원을 바라보는 법

앞장에서 우리는 변형을 추구하는 여러 철학자 사이의 유사점에 집중했다. 이제 그들 사이의 차이점을 고찰할 때다. 우리가 보아왔던 것처럼, 이러한 사상가들은 각자 인간 한계를 서로 다른 조건에서 이해하고, 그것을 극복하는 상이한 방식들을 제안하며, 내적 차원과 이를 구축하는 방법도 다르게 구상한다. 이러한 차이는 한계에서 벗어나는 다양한 방법들이 존재함을 보여주고, 그 과정이 매우 개인적이어서 하나의 단일한 보편적 공식으로는 포착될 수 없으리라는 점을 암시한다.

변형을 추구한 철학들의 다양성

변형적인 철학들 사이의 명백한 차이점 하나는, 인간 조건을 이해하기 위해 각기 서로 다른 개념들의 연결망을 사용한다는 점이다. 그것들은 모두 한계적인 존재 방식과 변형된 존재 방식을 서로 구분하는 핵심적인 이분법을 설정하기는 하지만, 이를 서로 다른 개념들로 구성된 매우 다른 개념적 지형 안에 둔다.

예컨대 루소의 철학에 나오는 개념들과 부버의 철학에 나오는 그것들 사이의 차이점을 생각해 보자. 루소는 한계적 상태와 변형된 상태 사이의 구분을, 그것이 어떤 사람 자신에서 비롯됐는지, 아니면 반대로 그 사람의 바깥에서, 특히 사회적 영향력에서 비롯됐는지의 관점으로 이해한다. 그의 나머지 개념들은 이 기본적인 이분법을 중심으로 움직인다. 한 편에선 사회적 가면, 개인 간의 권력 게임, 조작, 질투심과 자존심을 통해 자신과 다른 사람을 비교하기 등 같은 아이디어들을 발견하며, 이분법의 다른 쪽에서는, 본성적 욕망, 사랑, 독립성, 자발적 동기부여, 자기만족, 진실성, 그리고 자발성 같은 개념들을 볼 수 있다.

이와는 대조적으로 부버의 철학은 한계적 상태와 변형된 상태 사이의 구분을 매우 다른 개념적 지형으로 설명한다. 부버는 고립된 "나"라는 아이디어를 거부하기 때문에, 독립적인 내적 자아와 사회적 자아를 구별하는 루소와는 매우 거리가 있다. 부버의 세계를 구성하는 주요 개념들은—함께하기 대 거리 두기, 함께 있기 대 "…에 대해 생각하기", 완전한 참여 대 부분적 관계, 대상으로서의 타자 대 세계로서의 타자—루소의 세계에서는 들어설 여지가 없고 확실히 중심적이지도 않다.

한계적 상태와 변형된 상태 사이의 구분에 대한 베르그송의 이해는, 루소나 부버와 또 다르다. 그는 주로 의식의 현상학에 관심이 있어서, 그의 구분은 대인관계와는 거의 관련이 없고 부버의 관계적 개념들과 아주 다르다. 어느 정도는 루소와 유사하게 베르그송도 내적 자발성과 외적 영향력을 대립하는 것으로 여기지만, 그에게 외적 영향력은 루소에서 그랬던 것처럼 권력 관계나 사회적 비교 대상이 아니라 주로 언어에 관한 것들이다. 더욱이 베르그송의 주된 이분법은 창조적 전체론의 관점 대 고정된 단위를 이루는 파편들로 구성되지만, 루소의 개념적 지형은 주로 동기 부여적인 개념들, 예컨대 본성적 욕망 대 사회 규범에의 적응, 또는 자족적인 감정들 및 동기들 대 상대적인 그것들로 구성되어 있다.

그러나 마르쿠스 아우렐리우스는 이들 모두와 다르다. 얼핏 보면, 그의 주된 이분법은 두 개의 내적 정신 상태에 대한 베르그송의 구분과 유사한 것처럼 보인다. 하지만 베르그송과 달리 마르쿠스 아우렐리우스의 지형은 정서적 애착 대 자유롭고 합리적인 사고 사이의 구분을 중심으로 이루어진다. 이 구분은 베르그송의 지형에서는 특별하게 고려되지 않는다. 베르그송은 마음 상태의 기저에 있는 심리학적 메커니즘이 아니라 그 마음 상태의 경험적인 성질들에 집중한다. 더욱이 마르쿠스 아우렐리우스의 개념적 지형에서 이성과 자기-통제는 베르그송에서 그랬던 것과 같이 중심적인 이분법의 한계적 극단에 관한 것이 아니라 변형된 극단에 관한 것이다.[1]

결론적으로, 우리가 여기서 표본 삼아 살펴본 네 명의 사상가들은 상이한 개념들의 연결망을 통해 한계적 상태와 변형된 상태를 이해한다고 할 수 있다. 이러한 개념적 지형들이 서로 반드시 상반되는 것은 아니며—비록 다른 언어로 표현되고 다른 개념들로 구성되어 있음에도—우리가 본 바와 같이 적어도 그 취지에서는 몇몇 중요한 유사점을 갖고 있다. 그것들은 서로 다른 통찰, 흥미, 관점들을 표현하는 서로 다른 건축 벽돌들로 만들어진 네 가지 개념적 지형지물이다. 그것들 각자는 내적인 일관성을 지니고 있지만—각 지형을 구성하는 개념들은 서로 잘 들어맞는다—그 지형들이 서로 양립하지는 않는다.

중요한 점은 각각의 철학 안에서 같은 개념들이 한계적 상태는 물론 변형된 상태를 묘사하는 데도 사용된다는 것이다. 예를 들어, 마르쿠스 아우렐리우스의 이론에서는 통제 개념이 한계적 상태와 변형된 상태 모두

1 [역주] 베르그송은 이성적 사고의 한계를 강조한 철학자인 데 비해, 마르쿠스 아우렐리우스는 그것을 한계적 사고의 극복 상태로 간주한다는 의미로 보인다.

를 정의한다. 첫 상태는 감정적인 욕망이 통제하는 상태로 묘사된다. 이에 비해 둘째 상태에서는 이성이 통제하는 상태로 묘사된다. 달리 말해, 첫 단계에서는 이성적인 자아가 통제하지 못하지만, 둘째 단계에서는 통제한다. 이와 유사하게 베르그송에게서는 파편화 개념이 각 상태를 서술할 때 중요하다. 한계에 관련된 것들은 파편화된 상태로 묘사되는 반면에, 변형된 상태는 비-파편적 또는 전체론적인 상태로 묘사된다.

그러므로 각 이론에서 한계적인 것과 변형된 것 그 각각의 극단은 서로 상대를 부정하는 유사한 개념들의 관점으로 정의된다. 예컨대 이성 대 비-이성, 파편적 대 비-파편적, 함께하기 대 거리 두기 등과 같이. 우리는 서로 다른 철학자들의 개념들을 결합한 철학이 진지하고 일관성 있는 경우를 보지 못했다. 예를 들어, 루소의 한계 상태에 대한 개념과 마르쿠스 아우렐리우스의 변형된 상태에 관한 개념, 이 양자를 결합하여 하나의 일관된 개념적 지형도를 형성하지는 못한다.

플라톤적인 동굴에 관한 개별 차이점들

이상에서 얻을 수 있는 교훈은, 비록 변형을 추구한 철학들이 한계적 상태에서 변형된 상태로의 변화 가능성을 믿어 의심하지 않더라도, 그들은 각기 매우 다른 개념들의 연결망으로 이러한 변화들을 묘사한다는 것이다. 그 변화 과정을 개념화하는 대안적인 방법들 중에서 최선의 것을 결정하게 해줄 수 있는 이성적이고 객관적인 방법은 없는 것처럼 보인다. 그것들 가운데 하나를 "올바른" 방식으로서 선언하는 일은 비합리적이고 독단적인 것처럼 보인다. 동굴 밖으로 나오려는 기본적인 열망은 모든 인간에게 보편타당하다고 결론지을 수 있다. 하지만 그것을 어떤 특정한 개념들로 옮겨 놓으면, 그것은 더는 보편타당하지 않게 된다. 다른 인생 경험, 다른 태도와 감수성, 그리고 다른 성격과 문화적 배경을 가진 개인들은, 변형에 관한 서로 다른 철학들을 좀 더 적절하고 적용 가능하다고 여길 것이다.

이것은 모든 사람에게 보편적으로 적용할 수 있는 하나의 자기-변형 공식을 발견할 수 없다는 것을 뜻한다. 동서양의 역사를 통틀어서 여러 종교와 철학적 전통은, 모두에게 적용 가능한 보편타당한 하나의 진리로서 자기-변형에 관한 의견을 피력해 왔다. 하지만 다행히도 오늘날 우리는 개인과 문화의 차이에 대해 훨씬 더 잘 알 수 있게 되었다. 따라서 자기-변형에는 모든 사람에게 적용할 수 있는 단 하나의 길만 있는 것이 아니라는 사실을 깨달아야 한다.

이것이 바로 우리가 한계에서 벗어나기 위해 출구를 찾을 때 철학이 강력한 방법이 되는 이유다. 철학은 어떠한 방법이나 가정이라도 당연하게 여기지 않으며, 받아들여진 공식, 일반화, 이데올로기를 재검토하는 열린 탐구다. 철학은 개인들이 자신만의 독자적이고 개별적인 현실을 쌓아 올릴 건축 벽돌을 찾는 일을 도울 수 있다. 이것은 또한 자기-변형을 위한 철학적 탐구가 개인적인 탐구이어야만 하는 이유다. 각 개인은 자신의 고유한 플라톤적 동굴과 거기에서 나오는 자신만의 방법을 이해하고자 노력해야 한다. 그리고 이것이 철학실천가들이 이미 만들어진 아이디어들을 제공할 수 없는 이유이기도 하다. 오히려 그들은 열린 마음, 창의력, 감수성을 가지고 개인들에게 접근해야 한다.

그러므로 철학적인 여정은 철학실천가와 참여자 모두에게 개인적인 여정이다. 그것은 개인적인 길을 찾아가는 여행이며, 참여자의 특정한 한계에 관련한 제한을, 다시 말해 삶의 더 깊고 숨겨진 내적 차원에 관한 한계를 극복하기 위한 것이다. 참여자에게 더 깊은 차원이 무엇인지와 관련해서 이미 존재하는 어떤 관점을 강요한다는 것은 의심의 여지 없이 불가능한 일이다. 더 깊은 차원은 각 참여자가 각자의 방식으로 탐구해야만 한다. 그것은 각자의 고유한 현실 안에서만 발견 가능하며, 각자가 그것을 일깨우고 개발하는 법을 배워야 한다.

깊은 차원은 일반적으로 숨겨져 있어서 눈에 보이지 않는다. 하지만 그것은 드물게 모습을 드러내며, 그 순간이 드물더라도 우리는 알아차릴 수 있다. 예컨대 그것은 때때로 침묵의 순간이나 매우 행복한 순간에 자신을 표현한다. 어렴풋한 열망, 또는 단순히 우리 안의 어딘가에 있는 근본적인 불만, 즉 인생에는 우리가 지금 경험하고 있는 것보다 더 많은 것이 있다는 사실을 우리 안 어디에선가 알아차릴 때 말이다.

그러한 순간들은 잠이 든 상태에서 자각되기를 기다리는 삶의 다른 차원에서 우리에게 주어지는 암시다. 우리는 우리 삶의 표층에 살고 있다. 하지만 우리의 안에 있는 무언가가 더 풍요롭다는 것, 그리고 우리가 그것을 일깨워 주기를 요구한다는 사실을 느낀다. 우리는 여기서 플라톤의 동굴 비유에 대한 이미지를 크게 수정해야 한다. 비록 우리는 통상 우리 자신의 감옥에 갇혀있지만, 플라톤의 비유가 시사하듯, 태양과 완전히 분리된 상태에 있지는 않다. 때때로 길 잃은 빛이 열린 동굴의 입구를 통해서 혹은 벽에 반사되어 들어온다. 동굴이 인생의 전부는 아니라고 알려줄 수 있는 것이다. 그리고 만약 우리가 이러한 작은 섬광들을 발견한다면, 우리는 그것들을 의식하고, 그것들의 원천을 찾는 작업을 시작할 수 있다.

나는 우리 모두 동굴 너머에서 "길 잃은 빛"의 불꽃들이나 암시들을 경험한 적이 있다고 믿는다. 과도한 단순화 혹은 과도한 일반화의 위험에 빠질 수도 있겠지만, 우리가 그것들을 어디서 찾아야 할지와 관련해 더 나은 아이디어를 얻을 수 있도록 그것들을 몇 가지 전형적인 유형으로 분류해볼 필요가 있다.

전반적인 불만족

아마도 우리의 좁은 한계 너머에도 다른 인생이 있다는 가장 명백한 암시는 일반적인 불만감일 것이다. 불만감은 우리에게 "인생에는 나의 좁은 동굴보다 더 많은 것이 있다"라고 말하는 것일 수 있다. 그러나 모든 불만감이 나의 동굴 전체에 대한 것은 아니다. 일상에서 느끼는 다양한 불만감은 동굴 *안의* 구체적인 세부 사항에 대한 것들이고, 그것들은 나의 평상시의 상황 *안*에서 지엽적인 변화를 향한 욕망을 표현한다. 예컨대 나는 더 많은 월급, 더 많은 휴가와 편안한 시간을 원하며, 나의 동료들이 내게 고마워하기를 바라고, 내 외모가 더 잘생겼으면 하고 바란다. 이 같은 경우, 나는 내가 동굴에 갇혀있다는 사실에는 불만이 없다. 나는 단지 나의 동굴이 더욱더 편안하고, 내 족쇄가 더 보기 좋고, 내 의자가 더 편리하고, 내 동료 죄수들이 더 다정하기를 바랄 뿐이다. 이것들은 그들이 정상적인 동굴 안에서의 인생을 개선하고자 하는 욕망을 표현한다는 점에서 "정상화"에 관한 불만감이다.

그러나 때때로 불만감은 더욱 포괄적이고 더 근본적이다. 인생이 객관적으로 잘 굴러가고 있는 것처럼 보이지만, 여전히 무언가가 나를 완전히 만족시키지 못할 때가 있다. 나는 좋고 안정된 직업을 가지고 있을 수 있고, 사랑하는 가족, 멋진 집과 좋은 친구들을 가지고 있을 수도 있지만, 여전히 무언가가 결여되어 있다고 느낄 때 말이다.

특정한 문제와 관련되지 않은 보편적인 불만감은 종종 내 안의 무언가가 나의 세계에 만족하지 않는다는 것을 나타낸다. 내 세계 안의 이것 혹은 저것의 세부 사항뿐만이 아니라, 전체로서의 세계에 대해서 그렇다는 것이다. 이것은 전반적인 불만족이다. 그것은 나의 현재 삶의 지평을 변형시키고, 내 한계의 경계를 뛰어넘고자 하는 욕망을 표현한다. 이런 의미에서, 그것은 부름과 같은 역할을 한다. 나의 현재 삶의 영역을 넘어서 있는 무언가가 내게 손짓하는 것이다.

그러한 불만감은 때때로 모호하고 확실한 형태가 없으며, 당사자는 자신의 인생에 무언가가 빠져있다고 말하는 것을 제외하면 더 설명할 수 없을지도 모른다. 그러나 때때로 그것은 당사자에게 조금 더 명확하고 나타나며, 그 세부 내용은 희망하는 변형이 지향해야 할 일반적인 방향을 암시해줄 수 있다. 예를 들어, 가족과 친구가 있어도 숨이 막힐 듯한 외로움을 느낀다면, 이는 부버에서와 같은, 세상을 향한 함께하기에 대한 갈망을 암시하는 것일 수 있다. 불안하게 만드는 침울함이나 단조로움에 대한 느낌은 풍요로움에 대한 갈망을 암시할 수 있고, 괴로움을 주는 내면의 갈등과 우유부단함에 대한 느낌은 아마도 베르그송의 경우처럼 전체성에 대한 염원을 암시할 수 있다. 이런 것들은 물론 잠정적인 암시에 불과하므로, 우리는 그것들에게 사전에 형성된 어떠한 해석도 강요해서는 안 된다. 그것들은 더 많은 탐구를 위한 출발점이다.

폴라의 사례

폴라의 한 주는 익숙한 패턴을 따른다. 매일 아침 간단하게 식사를 마친 후 서둘러 일터로 나가고, 오후 다섯 시면 집으로 돌아온다. 집에 돌아오면 몇 분 정도 소파에 앉아서 쉬었다가 일어나서 저녁 식사를 준비한다. 그녀의 남편은 조금 늦게 직장에서 돌아와 폴라를 돕는다. 십 대인 폴라의 딸은 조금 나중에 귀가하는데, 때로는 남자친구를 데려오기도 한다. 그들은 함께 저녁을 먹으며, 별것 아닌 일에 대해 아무렇지 않게 담소를 나눈다. 그런 다음 폴라의 남편은 그녀가 텔레비전을 시청하는 동안 설거지를 하고, 남편이 설거지를 끝내면 잠자리에 들 때까지 그녀와 함께 시간을 보낸다.

하루하루 생각 없이 편안하게 반복되는 일상 속에서 거의 새로운 것 없이 시간이 빠르게 흘러간다.

"제 인생은 너무나 편안해요", 폴라는 철학상담사인 린다에게 말한다. "도전도 없고, 열정도 없고 심지어 진짜 감정도 없어요. 저는 활동적이고 무언가 할 일을 하고, 물론 가끔 웃기도 하고 화가 나 소리를 지르기도 하지만, 저의 깊은 내면에서는 어찌 되었든 아무것도 정말 중요하지 않아요. 재앙이 나를 강타해주기를 소망할 정도죠. 그건 마치 제가요 …" 폴라는 말을 잇지 못한다.

"마치 당신이 자동장치의 조종사인 것처럼요?", 린다가 묻는다.

폴라는 망설인다. 그러고 나서 그녀는 원하는 단어를 찾아 당당하게 발음한다. "꿈을 꾸고 있다—이게 바로 제가 찾던 단어에요! 저는 대부분 시간을 꿈속에 있는 것처럼 느껴요."

"꿈이요? 제게 그 비유를 설명해줄 수 있나요?"

"음, 일들이 현실과 다르게 마음속에 떠오르는 영상처럼 일어나고 있어요. 사실이 아닌 것처럼요." 그녀는 침묵에 빠졌다가 덧붙인다. "제가 깨어나기를 원해요."

"깨어있는 것은 어떤 것 같을 거라 생각하세요?"

"저도 알고 싶어요. 아마도 모든 게 덜 당연해질 것 같아요. 뜻밖의 놀라움이 제 머리를 강타하거나 아니면 저를 깨우거나 제게 영감을 불어넣어 주겠죠. 모르죠, 어쩌면 제가 뭔가를 위해 애쓰고 있는 것인지도 모르겠어요, 정말 고군분투하는 중인지도."

"최근에 꿈꾸는 것 같은 감각을 느꼈을 때 어떤 상황이었는지 말해줄 수 있나요?"

폴라는 슬프게 끄덕인다. "예를 들면, 지금처럼요. 저는 린다씨 당신에게 말하고 있지만 그게 정말로 중요하다고 스스로 느낄 수가 없어요."

폴라의 불만감은 그녀의 세계가 어떻게 제한되어 있는지, 그리고 그것이 변형되기를 "원하는" 일반적인 방향에 대해 몇 가지 초기 단서를 제공할 수 있다. 폴라의 불만족은 꿈속에 있는 것 대 깨어있는 것, 안정 대 도전, 현실감 대 비현실감, 나에게 중요한 것 대 중요하지 않은 것 등과 같은 이분법을 중심으로 돌아가는 것처럼 보인다. 이러한 이분법은, 폴라가 자신이 수감되어 있다고 느끼면서 또 동시에 변형에 대한 희망감이 공존하는 감옥을 표현하는 것일 수도 있다.

물론, 드러난 암시는 신중하게 받아들여져야 한다. 알고 보니 잘못된 단서로 밝혀질 수도 있다. 또는 폴라가 텔레비전 프로그램에서 빌려온 말들에 지나지 않을 수도 있다. 그러나 그것들은 진지한 조사를 위한 좋은 출발점이다.

열망

폴라의 불만감은 그녀가 어떻게 해서든 자신의 삶을 변화시키고자 하는 숨겨진 열망을 암시한다. 사실, 전반적인 불만감은 종종 열망을 동반한다. 나는 내 삶에 불만을 느끼고, 그래서 또 다른 삶을 열망하기도 한다. 그러나 때때로 열망의 경험은 불만감의 경험보다 더 두드러진다. 나는 어떤 것이 옳지 않다는 부정적인 감각을 경험하는 경우보다 새로운 지평선에 대한 열망을 더 많이 경험할 수 있다. 이러한 경우에 철학실천가는 열망을 직접 탐구하는 것이 더 쉽다.

열망을 단순한 욕망과 구별하는 것이 중요하다. 열망은 한 사람의 삶 전체에 대한 것, 삶의 기초라고 인식되는 것에 대한 것이지만, 욕망은 자신의 삶 안에 있는 특정한 요소들에 관한 것이다. 열망은 삶의 기본 좌표를 바꾸고, 삶을 더 높은 수준으로 끌어올리고, 그것에서 현재보다 더 많은 것을 만들어 내고자 하는 바람이다. 그러므로 열망은 삶이 어떻게 다를 수 있는가에 관한, 막연하고 예비적이며 졸고 있는 듯한 비전을 포함한다.

이와는 대조적으로 욕망은 다른 요소들은 그대로 둔 채 그 사람의 삶 안에서 특정한 요소들만을 바꾸고 싶어한다. 예를 들어, 만족스러운 직업, 경제적 안정, 또는 로맨틱한 관계에 대한 욕망은 그 사람의 삶의 범위

내에서 특정한 요소에 관한 것이다.

실제로 욕망과 열망을 구별하는 것은 어려울 수 있다. 이는 어느 정도는 정도에 관한 문제다. 욕망이 더 전반적이고 근본적일수록 더 많은 열망의 성격을 가진다. 명확한 경계가 없음에도 둘 사이에는 중요한 차이점이 있다. 욕망은 구매하고 소유할 상품, 개선해야 할 관계, 바꾸어야 할 직업 등과 같이 특정한 문제에 관한 것이다. 포괄성을 갖는 열망은 삶의 특정 항목에 대한 것이 아니라, 내 삶 전체의 기반에 대한 것이다. 흔히 욕망은 내가 갖고 싶은 것을 의미하고, 열망은 내가 어떻게 되고 싶은지를 의미한다고 말한다. 그러니까 내가 내 인생에서 찾고 싶은 "무엇"과 내가 살고 싶은 "어떻게" 사이의 차이를 말한다. 플라톤의 동굴 비유를 사용하면, 그것은 내 동굴 안에서 무언가를 가지고 싶어 하는 것과 내 동굴에서 완전히 새로운 세상을 향해 발을 내디디고 싶어 하는 것 사이의 차이다.

열망을 보통 표현하기 어려운 이유도 이 때문이다. 열망은 특정 항목에 관한 것이 아니어서 쉽게 설명할 수도 없다.

자크의 사례

자크는 대학생이고, 친구들 사이에서 인기가 있으며, 사회적으로 활동적이고 수업 성적도 꽤 좋다. 자크는 캠퍼스 주변을 서성거리고, 그의 여러 지인, 친구와 수다를 떨고, 캠퍼스 잔디밭에서 프리스비나 축구를 즐긴다. 또 주말에 친구들과 영화를 보러 가거나 파티에 가는 것을 즐긴다.

하지만 즐거운 삶의 이면에서 그는 때때로 뭔가 더 많은 것에 대한 이상한 갈증을 느낀다. 자크는 정확한 단어를 떠올릴 수 없다. "정말 중요한 것", 자크는 되뇐다. 이 목마름은 예상치 못한 순간에 나타나는데, 때로는 혼자 과제를 하고 있을 때, 때로는 친구들과 활기찬 대화를 나누고 있을 때 나타난다. 한두 시간 생각이 머리를 맴돌다

사라진다.

어느 날 자크는 철학적 자기 성찰 모둠에 대한 공지를 보고 호기심에 합류하기로 한다. 모둠의 첫 미팅에서, 진행자인 린다는 참가자들에게 모둠에 자신을 소개하는 특이한 방법을 제안한다. 자신이 어디에 사는지, 무엇을 공부하고 있는지, 취미가 무엇인지 같은 일반적인 개인 정보를 제공하는 대신, 각자 인생에서 하고 싶은 일을 말해달라고 요청한다.

자크가 말할 차례가 되었을 때, 그는 삶에서 갈증을 느꼈던 순간들을 상기했고, 모둠 참가자들과 그것을 공유하기로 했다. "앞서 말씀한 분들과는 다르게", 하면서 자크가 말문을 열었다. "전 제가 무엇을 원하는지 특정 지어 말할 수 없어요. 솔직히 전 제 인생에 꽤 만족하거든요. 그리고 저 자신과 미래 계획에도 문제가 없어요. 그렇지만 여전히 전 때로 제가 하고 있는 것들이 어떤 진정한 의미도 갖고 있지 않다고 느끼는 순간들이 있어요. 무슨 뜻인지 아시겠죠? 그리고 그럴 때 전 제가 더욱 의미 있는 무언가를 할 수 있길 바라요. 더 가치 있고, 더 중요한 무언가를 …"

참가자 중 한 사람이 묻는다. "그러니까 당신 말은 가난한 사람을 돕거나, 베스트셀러를 쓰거나 과학적 발견 같은 것들을 뜻하는 건가요?"

"꼭 그런 건 아니에요. 음, 혹 그런 것일 수도 있기는 한데, 하지만 그것은 제가 정말로 해야만 하는 일이에요. 만약 그것이 오직 나 자신의 즐거움이나 만족을 위한 것이라면, 그건 아니에요. 가난한 이를 돕거나 소설을 쓰는 것도 훌륭한 일이죠. 하지만 그걸로는 충분하지 않아요. 저를 대신해 누구나 할 수 있으니까요."

"당신은 다른 무언가를 하길 원하는군요", 다른 참가자가 말한다. "당신은 남과 달라지고 싶어 해요. 그렇죠, 자크?"

"아뇨, 제가 하는 일들을 얼마나 많은 사람이 하는가는 중요하지 않아요. 전 남들이 모두 아이를 갖고 있다는 이유만으로 아이 갖기를 포기하지 않을 거예요. 그건 이런 것과 더 가까워요. 전 그저 제가 생각해 낸 임의적인 프로젝트를 하는 것이 아니라, 제가 해야 할 것으로 여겨지는 걸 한다고 느끼길 원한다는 거죠."

"그건 이런 말 같네요", 린다가 언급한다. "당신은 마치 성취해야 할 임무가 주어지길 바라는 것 같아요. 발명하는 것이 아니라, 무엇으로부터 받기를요. 신? 우주? 인생? 어떤 것으로부터 받기를 바라나요?"

자크는 놀라서 그녀를 쳐다본다. “정확해요”, 그는 얼굴을 붉혔다. “인생에서 주어진 임무, 전 이 단어가 좋아요.”

린다가 덧붙인다. “그렇다면 당신의 경험은 흥미로운 이분법의 언어로 말하고 있어요. 내가 발명한 의미 없는 것과 내가 삶에서 받은 의미 있는 것들 사이의 대립이요.”

자크는 끄덕이며 그녀가 계속하길 기다린다. “의미심장함”meaningfulness은 여기서 핵심적인 개념이에요. 이건 생산될 수 없고 주어질 수만 있어요. 그러한 세계 안에서 당신의 역할은 임무를 만드는 것이 아니라 그것에 충실한 거예요.“

린다의 단어들은 자크를 깊이 감동하게 한다. 심지어 소개가 한 차례 계속되는 동안에도, 그것들은 계속해서 그의 마음을 맴돈다. 그 모임이 끝난 후, 자크는 린다에게 어떻게 그가 이 새로운 통찰에 관한 탐구를 계속할 수 있을지 묻는다.

소중한 경험들

불만감과 열망은 아직 성취되지 않았지만 가능한 변형을 암시한다. 그러나 우리의 대부분은 그 변형이 어떤 것인지를 맛볼 수 있는 특별한 순간들도 경험한다. 예컨대, 드문 순간이기는 하지만, 우리를 집어삼킬 수도 있을 듯한 어떤 거대한 웅장함이나 강렬한 내면의 침묵을 느낄 수도 있고, 온 세상을 향한 자애로운 사랑이 우리 자신에게서 흘러나오는 듯한 느낌을 느끼거나, 경이로운 충만감이나 영감, 정신이 명료해지는 것을 느낄 수도 있다. 이 소중한 경험들은 우리에게 인생은 달라질 수 있으며, 그것의 잠재력은 우리가 일반적으로 알고 있는 것보다 더욱 위대하다고 말한다. 그것들은 더욱 충만한 방식으로 존재하길 바라는 우리의 열망에 불을 붙이고, 우리에게 일상적 한계에서 벗어나는 방법을 찾기를 격려한다. 그러나 그러한 경험들은 더 나아가 우리가 우리 자신을 어떤 방식으로 변형시킬 수 있을지까지도 말해줄 수 있다.

나탈리의 사례

나탈리는 스스로 운이 좋다고 여긴다. 그녀는 회사 관리자라는 안정된 직장, 사랑스러운 남편, 멋진 두 아이를 가졌다. 그리고 그녀는 불평할 아무런 이유가 없다. 그들은 부유하지는 않지만, 좋은 옷, 아이들을 위한 장난감 그리고 다 함께 일 년에 한 번씩 며칠간 여행을 갈 수 있는 정도로 넉넉한 수입이 있다. 인생은 예상대로 계속된다. 인생이 그녀를 어디로 데려갈지 알기에 나탈리는 안심한다.

어느 날 오후 직장에서 특이한 마음 상태가 그녀를 덮쳐온다. 처음에 그녀는 그것을 거의 알아차리지 못한다. 그래서 평소처럼 계속 일한다. 그러나 그때 그녀는 마음에 친숙하지 않은 명료함이 점진적으로 자신 안에서 자라나고 있다고 느낀다. 그녀의 의식은 명확하고 강렬해진다. 그녀의 생각은 침묵에 빠지고, 대신 신체의 행동들은 마치 그들 스스로 흐르는 것처럼, 정확하고, 집중되고, 쉽게 움직인다. 그녀는 자신이 세계, 동료들, 손님들, 심지어 그녀 주변의 벽들을 향해 열려있음을 느낀다. 모든 작은 물체들과 얼굴들 그리고 주름살들까지, 모든 작은 움직임과 기분들까지 이 순간을 강렬하고 생생하게 표현한다. 비록 그녀는 이러한 이해를 단어들로 분명하게 표현할 수는 없지만, 새로운 눈으로 지금까지보다 풍부한 이해를 통해 세상을 바라보고 있다고 느낀다.

"이건 정말 놀라운 일이야", 그녀가 경탄한다. "내가 이런 걸 다 경험할 수 있다니."

그녀는 그 경험이 부드럽고 부서지기 쉽다고 느꼈기 때문에 방해하지 않기 위해 조심스럽게 내면에 간직한다. 그녀가 그것을 무시하면 곧 사라질 것이라고 느낀다. 거의 한 시간가량 그녀는 이 소중한 명료함에 몰두하며 일을 계속한다. 그녀는 새로운 마음 상태가 되어, 예전처럼 동료들 위에 군림하는 행동을 하지 않으면서, 또 익숙한 방식대로 자신을 통제하거나 억제하지도 않으면서 업무를 매끄럽고 착실하게 처리한다. 그녀는 자신이 결코 알지 못했던 상냥함과 이해심 그리고 연민의 감정으로 주변 사람들을 바라본다.

그녀가 회사에서 차로 집을 향해 출발하자, 그녀는 자신의 경이로운 경험이 사라지기 시작한다는 사실을 알아차린다. 오늘 저녁은 무엇을 먹을까? 아이들이 언제 집에 온다고 했더라? 이 같은 궁금증이 마음을 차지하기 시작한다. 그녀는 자신이 방

금 겪었던 경험을 떨치고 싶은 유혹을 받지만, 더 깊이 숙고해 본 후 그것이 좋은 기분 이상이었다는 사실을 깨닫는다. 아니, 그것은 그녀를 고양시켰고, 새로운 관점을 열어주었으며, 몇 시간 동안 완전히 다른 사람으로 만들었던 것이다.

혼자 중얼거린다. "만약 내가 이런 마음 상태를 더 자주 경험할 수 있다면 현명한 여성이 될 수도 있을 거야. 사람들을 도와 조언해줄 수도 있고, 심지어 구루guru가 될 수도 있겠지."

그녀는 이제 자신이 평소 익숙한 자신 이상의 존재라는 사실을 안다. 그녀는 그저 평범한 나탈리가 아니다. "나는 내 생각보다 훨씬 더 나은 내가 될 수 있다"라고 속삭인다. 그리고 이 "훨씬 더"는 소중하고 숨겨져 있으며 실현되기를 기다리는 중이다. 잠재적인 나탈리, 더 고상한 나탈리는 정신이 명석하고 섬세하며, 모든 사람에게 개방적일 뿐만 아니라, 부드러운 침착함을 지니고 있고, 지혜를 사랑한다.

그녀는 자신의 더 나은 부분을 계발할 방법을 찾아야 한다고 스스로 말한다. 그녀는 그 경험을 억지로 다시 나타나게 할 수 없다는 사실을 알지만, 만일 그렇게 할 방법을 알 수만 있다면 공간을 마련해 어떻게든 불러오고 싶어 한다.

그녀가 집에 도착하고 그 경험이 완전히 사라졌을 때, 비로소 그 모든 함축적 의미가 떠오른다. 그녀는 이제 평소 자신의 존재가 얼마나 제한적이고 빈곤하고 초라했는지를 이해한다.

"마치 내가 평생 눈을 가리고 살아온 것만 같구나. 이제야 알겠어"라며 반성한다.

몇 달이 지나면 소중한 경험에 대한 기억은 점차 사라질 것이다. 그녀의 마음속에 남아 있는 것은 단지 그녀의 삶이 실제보다 더 나을 수 있다는 모호한 감각일 뿐이다.

나탈리의 소중한 경험은 일시적인 자기-변형이다. 그리고 그 경험이 그녀의 삶에 대해 정확히 무엇을 말하는지를 확신을 갖고 분석하기에는 너무 짧고 단발적이다. 그럼에도 몇 가지 핵심 개념들이 존재하는 것 같다. 지혜는 물론이고, 보는 것 대 눈을 가리는 것, 풍요로움 대 결핍, 부드러운 연민 대 통제 등과 같은 대립 개념들이 그것들이다. 흥미롭게도 나탈리의 경험에서 지혜는 그녀 자신만을 위한 것이 아니라 다른 사람들을 돕기 위해 사용할 수 있는 것처럼 보인다.

이러한 개념들은 아주 잠정적이고 조심스럽게 받아들여야 한다. 단 하나의 경험에 너무 많은 비중을 두는 것은 위험하다는 뜻이다. 그러나 우리는 이 경험을 통해 나탈리 내면의 무언가가 그녀의 현재 한계를 넘어 성장하기를 원한다는 암시로 볼 수 있다. 그것은 내면의 깊이에서 나온 짧은 "메시지"이고, 탐구하고 발전시켜야 할 특정한 방향을 가리키는 암시다. 그것은 그녀에게 삶의 새로운 차원을 열어줄 수도 있을 개념들의 연결망을 처음으로 희미하게 보여 준다.

어린 시절의 기억—한계와 그 너머 세계에 대한 단서

자신의 삶 전반에 대한 포괄적인 불만감, 열망, 그리고 소중한 경험 말고도 깊이 있는 내면세계를 엿볼 수 있는 기억, 다시 말해 가장 어렸을 때에 관한 기억을 언급할 필요가 있다. 우리 대부분은 3살에서 4살 정도까지의 어린 시절의 기억을 두세 개 정도 가지고 있다. 이 기억들은 우리의 한계와 그 너머에 있는 내적 차원과 관련하여 중요한 단서 역할을 할 수 있다.

아주 어린 시절의 기억도 어떤 사람의 한계에 기인하는 이해에 관한 정보를 제공해준다는 측면에서는 지난주 또는 작년에 있었던 일에 대한 기억과 다르지 않다. 그러나 아주 어렸을 때의 기억은 특별한 의미를 지닌다. 그렇지 않았다면 그것이 그렇게 오랫동안 기억되지는 않았을 것이다. 결국, 어린 시절에 우리는 매일 수십 가지의 강력한 경험을 하게 되는데, 그중 많은 것들은 흥미진진하고, 무섭고, 고통스럽고, 재미있거나 참신한 것들이다. 유아기에 우리는 수도 없이 넘어져서 무릎에 멍이 들고, 엄마, 아빠에게 야단맞거나 칭찬받거나, 새로운 장난감이나 새로운 종류의 동물을 발견하거나, 성공하거나, 실패하거나, 부모님을 그리워하거나 그분들 품에 안겨 있었다. 그럼에도 이 수많은 경험 중에서 단지 소수의 것들만이 여전히 우리의 기억 속에 새겨져 있다. 이러한 기억들이 사실에 기인한 것인지, 아니면 어린아이의 왜곡된 해석을 나타내는 것인지, 아니면 혹시 심지어 순전히 환상에 불과한 것인지는 중요하지 않다. 중요한 점은, 그것들이 우리 삶의 대부분 기간 우리의 기억 속에 존재해 왔다는 사실이다. 이는 그 기억에는 당사자에게 특별히 의미 있는 무언가가 있다는 것을 뜻한다. 그것들은 어떤 이유에서든 우리의 마음속에 남아 있었다. 그것들은 우리 안에 있는 중요한 무언가를 반영한 것이기 때문이다.

그리고 실제로 나는 철학실천가로서 나의 일에서 내담자, 친구, 학생, 그리고 심지어 낯선 사람들에게서 아주 어린 시절의 기억을 수집해 왔는데, 다음과 같이 자신 있게 말할 수 있다. 즉, 그 기억 여섯 개 가운데 다섯 개는 그 사람의 한계에 대한 중요한 정보를 포함하고 있다. 비록 겉으로 보기에는 때 묻지 않은, 심지어 아무런 이목도 끌지 못하는 것처럼 여겨질 수 있으나 자세히 들여다보면 거의 틀림없이 그 사람의 삶에서 중요한 역할을 하는, 한계에 기인하는 이해와 열망을 드러낸다. 이것은 보통 독립적인 연구 조사를 통해서도 확인되는 사항이다.

아주 어렸을 때 기억들의 중요성은 심리학자 알프레드 아들러[2]—프로이트의 제자였지만 그로부터 독립하여 별개의 심리학 학파를 세운 인물—에 의해 알려지고 인식되어 왔다. 그러나 가장 어렸을 때의 기억들에 대한 그의 분석은 그의 심리학적 아이디어들로 채색되었고, 그것은 여기

2 Alfred Adler, *The Science of Living*, New York: Garden City Publishing Company, 1929, 5장, "Old remembrances," pp. 117-134. John Linton and Richard Vaughan, *Alfred Adler*, London: Faber and Faber, 1945, 12장, "Earliest Recollections of Childhood," pp. 202-218. Heinz Ansbacher and Rowena Ansbacher, *The Individual Psychology of Alfred Adler*, New York: Harper and Row, 1956, pp. 351-357.

서 우리와 관련이 없다.

우리에게 중요한 사실은, 이미 언급했듯, 가장 어렸을 때의 기억이 이중적인 의미를 지닌다는 점이다. 즉, 그것은 당사자의 한계와 그 한계 너머에 있는 내적 차원, 이 두 가지에 관한 실마리를 제공한다. 한계에 관한 실마리라는 점에서, 가장 어렸을 때의 기억들에 관한 분석은 원래 한계 분석을 논의했던 앞의 장章들에 속하는 것이다. 그러나 내적 차원에 대한 실마리들이라는 점에서 보면, 이 분석은 여기, 즉 이번 장에 속한다. 왜냐하면, 둘 중 하나에 관한 분석 없이는 다른 하나를 분석하기가 어렵기 때문이다. 그래서 나는 가장 어렸을 때의 기억들에 관한 논의를 여기까지 미룬 것이다.

기억 분석을 위한 다섯 가지 지침들

아주 어렸을 때의 기억을 분석하는 일은 일반적으로 어떤 사람의 한계를 분석하는 일과 같이 하나의 예술에 가깝다. 이 예술에서 우리를 도와줄 수 있는 몇 개의 안내 지침들을 제안해 보겠다.

첫째, 가장 어렸을 때의 기억은 그것이 중요하기 때문에 다른 많은 것 가운데 기억될만한 것으로 선택된 하나의 경험으로 간주할 수 있다. 말하자면, 어린아이의 마음은 이 경험을 "선택"한 것인데, 이 경험이 그 아이에게 중요한 이해나 열망과 가까운 것이었기 때문에 그렇게 했다고 보아야 한다.

노마의 사례

중년 여성 노마가 과도한 걱정과 불안을 떠안고 살고 있다는 것은 그녀의 친구들에게도 잘 알려진 사실이다. 그녀는 일상의 루틴을 빈틈없이 따르면서 살아가고 있으며, 새로운 일을 시도하기를 항상 꺼린다. 그녀는 사고를 당할까 두려워 여행 가는 것을 피하고, 새 전자 기기들이 위험한 방사선을 내뿜을지도 모른다는 이유로 그것들을 구매하지 않으려 한다. 그리고 그녀는 음식이 그녀에게 안 맞거나 그녀를 아프게 할까 봐 잘 알려지지 않은 식당에 가는 것을 좋아하지 않는다. 그녀의 몇몇 친구들은 이러한 성향이, 그녀가 자신의 오래되고 익숙한 습관들을 유지하려 하는 이유를 정당화하기 위해 스스로 만들어 낸 변명들 아닐까 하고 의심한다.

노마는 철학실천가 린다와 먼 친척 관계다. 하루는 가족 모임에서 린다가 노마에게 그녀가 떠올릴 수 있는 가장 어릴 적 기억을 묻는다.

"나는 내 가장 어린 시절에서 오직 단 하나의 기억만을 생각해 낼 수 있어요"라고 노마가 답한다. "세 살이었을 때가 틀림없는데, 고모와 고모부께서 해외로 이주하기 직전에 그분들을 방문했던 때였으니까요. 저는 뒤뜰에서 창문 밖을 바라보고 있었다고 기억해요. 그곳은 주변에 온통 아름다운 꽃들이 피어 있었죠. 저는 나가서 꽃향기를 맡아 보길 원했고, 그래서 문을 열고 나갔어요. 그 순간 저는 최소한 어린아이에게는 아주 커다란 리트리버종의 개 한 마리가 서 있는 것을 보았죠. 그 개는 거기 서서 나를 쳐다보고는 바로 짖어대기 시작했어요. 그건 아마 개가 우호적으로 짖는 소리였을 텐데, 저는 겁이 더럭 났죠. 그래서 아주 빨리 다시 건물 안으로 들어가 문을 닫고 그 안에서 꼼짝하지 않고 있었어요."

"아주 흥미롭군요", 린다가 생각에 잠긴 채 말한다.

"정말요? 저는 이 사소한 일화에 전혀 특별할 게 없다고 생각했는데요. 아이들은 때때로 겁먹을 때가 있으니까요."

"맞습니다", 린다가 대답한다. "그러나 대부분 사람들이 이러한 초기의 에피소드들을 기억하지는 못합니다. 제가 흥미롭게 여기는 부분은, 그 사건 자체가 아니라 당신이 그것을 여전히 기억하고 있다는 사실입니다. 그 나이 때의 어린 노마는 분명 다른 경험도 많이 해 보았을 거예요. 하지만 당신은 그것들 대부분을 잊어버린 게 틀림없어요. 당신이 인생의 그 시기—기억의 대부분을 까먹는 어린 나이—에서 지금

까지 함께 해 온 유일한 기억은, 오직 두려웠던 그 순간의 경험뿐이니까요."

"그게 무슨 뜻일까요?", 노마가 다시 묻는다. "그 기억이 바로 제가 평소 늘 많이 걱정하며 사는 것에 대한 원인이라는 건가요?"

"음, 저는 뭐가 닭이고 뭐가 달걀인지는 모릅니다. 저는 당신의 마음이 이 기억에 관해 특별히 중요하게 여기는 무언가가 있었기 때문에 거기에 집착한다고 생각해요. 그 기억은 단지 특정한 개에 관한 것만이 아니라 어떤 중요한 아이디어를 표현하는데, 아마도 바깥의 저런 세상은 위험한 곳이므로 당신의 친숙한 세계 안에, 즉 내부에 머무르는 게 더 나을 것이라는 아이디어일 거예요."

"네, 저도 알 거 같아요. 집안에 머무르는 게 더 나은데, 그렇게 하면 바깥의 모든 저런 아름다운 것들을 놓치죠. 저 꽃들은—나는 오늘까지도 그것들을 기억하잖아요—거의 황홀할 정도로 진짜 아름다웠지요."

"노마, 제가 보기엔 당신의 기억이 말해주는 다른 점은 이런 거 같아요. 그러니까 바로 그것, 즉 밖으로 나가고 싶어 하는 당신의 열망은, 탐험하기 위해서나 자유롭기 위해서가 아니고, 또 자신을 증명하기 위해서도 아니며, 오히려 아름다움을 찾기 위해서라는 거죠."

노마는 놀라면서 린다를 쳐다본다. "확실히 그렇네요, 린다."

노마의 이야기에 적용할 수 있는 둘째 지침은, 어린 시절 기억의 어떤 세부 내용은 다른 내용에 비해 더 중요하다는 점이다. 예를 들어, 개가 무섭게 생겼고 짖고 있었다는 사실이 이 기억이 지닌 의미에서 중심이 되는 것처럼 보인다. 하지만 기억 속 개가 독일 셰퍼드가 아니라 리트리버종이었다는 사실이나, 모래나 자갈밭이 아니라 잔디밭 위에 있었다는 사실은 아마 그렇게 중요한 사실이 아닐 것이다. 이 이야기가 선택되어 기억된 이유는 잔디밭 때문이 아니라 무서운 개 때문이다. 그럼에도 여기서 주의해야 할 부분은, 잔디밭이 어떤 이유로든 중요하지 않다는 것을 미리 단정 지을 수는 없으며, 그것이 하나의 장면으로 기억에 남아 있다는 데에도 이유가 있으리라는 점이다.

우리는 대개 어릴 적 기억에서 대부분의 세부 항목들이 일정 정도의 의미를 갖고 있다고 가정할 수 있는데, 그렇지 않았다면 그것들이 오랜 세월 동안 기억에 남아 있지도 않았을 것이다. 예컨대 잔디밭에 관한 기억이 전혀 중요하지 않았다면, 노마는 아마도 개가 서 있던 곳을 기억해 내지 못했을 것이다. 아름다운 잔디밭은 어린 노마에게는 정원이 지닌 아름다움의 일부였고, 밖에 나가서 놀고 싶은 매력 중 하나였을지도 모른다. 그런데 노마는 개 때문에 나갈 수 없었다. 따라서 우리는 기억으로 남은 세부 항목들 대부분은 보통 기억의 근저에 놓여 있고 중요한, 한계적 이해와 관련이 있다고 말할 수 있다.

이처럼 중심적인 이해를 정의할 때 특이한 세부 항목을 찾아보는 것도 도움을 줄 수 있다. 예를 들면, 만약 그 무서운 개가 어린 노마를 등지고 서 있었다면, 그것은 아마도 의미 있는 사실이 될 수도 있을 것이다. 이 경우 우리는 우리 자신에게 이렇게 물어볼 수 있다. 왜 다른 장면이 아니라 *이* 장면이, 예컨대 서로 마주 보고 있는 장면이 아니라 개의 뒷모습이 기억에 남았던 것일까?

명심해야 할 셋째 지침은, 기억과 관련된 감정 역시 유용한 정보라는 것이다. 만약 노마가 개를 무서워했던 일을 기억한다면, 이 기억이 표현하고 있는 한계적 이해는, 예컨대 그녀가 아주 재미있던 일로 기억하는 어린 시절의 비슷한 사건과는 분명히 아주 다르다. 하지만 불행히도 감정은 종종 잊히기 마련이다.

넷째, 아주 어릴 적 기억들이 여럿 있다면 그 기억들을 살펴보고 서로 비교해 보는 것도 큰 도움이 된다. 나의 경험에 따르면, 사람들은 대개 거의 비슷한 어린 시절에 관한 두세 개 정도의 기억이 있다. 이러한 기억들은 종종 비슷한 이해(또는 열망)를 다른 형태로 표현하고 있으므로, 그것들을 비교해 보면 정확히 무엇을 표현하고 있는가를 확인하는 데 도움이 될 수 있다. 예를 들어, 만약 노마가 밤에 무서운 그림자 때문에 침대에서 일어나는 것을 두려워하는 어릴 적 기억이 있다면, 그것은 개에 관한 기억의 의미를 확인시켜 줄 수 있다. 왜냐하면, 두 기억 모두 같은 주제를 표현하고 있기 때문이다. 즉, 외부 세계의 위협에 대한 두려움.

그러나 같은 시기에 관한 두 기억이 반드시 같은 주제를 말해주는 것은 아니다. 그 기억들은 서로 보완적일 수도 있다. 예를 들어, "나는 무서운 개를 혼자 마주하고 있다"라는 기억과 "나는 엄마의 무릎에 앉아 바닥에서 놀고 있는 귀여운 고양이를 보고 있다"라는 기억이 떠오른다면, 어째서 이 두 개의 장면이 기억되는 것일까? 이 기억들을 주목하게끔 만드는 인상적인 것은 무엇일까? 이 물음에 대한 그럴듯한 대답은, 이 기억들이 서로를 *보완하면서*, 혼자 있을 때는 위험하지만 사랑하는 것들과 함께 있을 때는 안전하다는 이야기를 해주고 있다는 것이다. 첫 기억은 세상이 이질적이고 위협적이라는 한계적 이해를 표현하는 반면에, 둘째 기억은 따뜻함과 안전함에 대한 열망을 표현한다고 말할 수 있다. 만약 그렇다면, 우리는 노마의 내적 차원을 다정함에 대한 사랑에 초점을 맞추어 탐색해 볼 수 있다.

마지막으로 다섯째 지침은, 어린 시절 기억은 제한된 정보만을 담고 있어서 당사자에 관한 추가 정보의 도움 없이는 의미 있는 방식으로 분석하기가 불가능하다는 점이다. 기억 자체는 너무 단편적이고 모호해서, 우리가 그 사람에 대해 충분한 지식이 있는 경우에만 그 의미를 이해할 수 있다. 그러므로 예를 들어, 만약 우리가 그 사람이 평소에 잘 알지 못하는 상황을 회피하는 경향이 있다는 것을 안다면, 이 정보는 개와 대치했던 일에 관한 어릴 적 기억을 이렇게 설명해준다. "난 집에 있는 것이 가장 좋아, 내게 익숙하고 안전한 곳에". 하지만 대신 만약 우리가 그가 평소 모험적인 사람이라는 것을 안다면, 개로 인해 위험에 처하는 상황에 관한 똑같은 기억이라도 신나는 일을 표시하는 것으로 해석할 수 있다. 따라서 어릴 때의 기억은 항상 다른 정보의 출처를 보완해주는 역할에 그친다.

조쉬의 사례

조쉬의 가장 어린 시절 기억은 희미한데 아마도 세 살도 되기 전에 관한 기억일 것이다. 조쉬는 아버지가 방에 들어갔을 때 자신이 침대에 있었음을 기억한다. 어린 조쉬는 침대에서 급하게 뛰쳐나가 아버지의 품에 안기고 싶다고 느꼈으나, 즉시 자기 자신을 돌아보았다. 그는 잠이 든 척하고 한동안 계속 눈을 감은 채로 가만히 있었다. 그것이 이 유년 시절의 장면으로부터 회상할 수 있는 전부다. 그는 자신이 무엇을 느꼈는지 정확하게 기억하지는 못하지만, 어렴풋이 그것이 즐거운 경험이었다고 기억한다.

이 기억을 보면서 우리는, '조쉬의 유년 시절의 모든 경험 중, 어째서 이 특정한 경험만이 기억되었을까?'라고 물을지도 모른다. 어떤 특별한 주제가 그 경험을 기억할 수 있게 한 것일까? 이 장면에서 조쉬의 역할을 먼저 고려해보자. 분명히 어린 조쉬는 수동적인 관찰자가 아니다. 그는 무슨 일이 일어나는지를 그저 바라만 보고 있었던 것이 아니다. 또 마찬가지로 조쉬는 수신자도 아니다. 그에게는 아무것도 주어지지 않았으며, 또는 누군가가 그를 아버지의 품 안으로 옮기지도 않았고, 도움을 받지도 않았다. 그는 그 장면에서 주연 배우지만, 흥미롭게도 그의 연기는 노골적이지 않다. 그는 아무 말도 하지 않고, 장난감을 가지고 놀거나 성을 쌓거나 뛰어다니지도 않는다. 오히려 그는 자신을 숨기고 시치미를 떼고 있다.

종종 기억 속에서 놓친 것이 무엇인지를 보는 것도 도움이 된다. 이 경우 빠진 것은 아버지와의 상호작용이다. 어린 조쉬는 혼자가 아니며, 이야기 속에서 아버지의 존재는 중요한 요소다. 그런데도 두 사람은 소통하지 않는다. 조쉬는 아버지에 대해서 행동하고 있고 혹은 심지어 아버지를 조종하고 있다.

역시 그 장면에서 빠진 부분은 조쉬가 왜 잠든 척을 한 것인지에 대한 이유다. 조쉬는 재미로 잠든 척한 것일까? 아니면 벌을 피하기 위해서였을까? 아니면 아버지

가 가져다준 음식을 먹고 싶지 않아서였기 때문이었을까? 기억은 이러한 질문들에 대답하지 않는다. 이 질문들은 중요하지 않은 것처럼 보인다. 가식적인 게임을 한 이유는 기억할 가치가 있을 만큼 충분히 중요하지 않다. 조쉬에게 인상 깊었던 것은 그가 왜 그랬는지와는 상관없이, 그가 고의로 잠든 척할 수 있었다는 사실이다.

이러한 생각들은 이 장면이 시치미떼기와 조종하기라는 아이디어를 표현했기 때문에 기억에 남아 있음을 암시한다. 그러므로 조쉬가 자신의 내면에 오랜 시간 동안 갖고 있던 기억은 나와 타인의 관계는 (심지어 사랑하는 사람과의 관계도) 조종할 수 있다는 사실을 나타내는 것처럼 보인다.

이것은 매우 매력적인 해석 같아 보인다. 그러나 아무리 매력적으로 보일지라도, 우리는 조심해야 할 필요가 있다. 기억은 배후의 관련 정보를 누락시킬 수 있으므로 보이는 것과는 다른 의미가 있을 수 있다. 예를 들어, 만약 조쉬의 아버지가 그의 자녀들에게 공포를 느끼게 하는 가혹한 사람이었다면, 조쉬의 잠든 척한 행동은 아마도 탈출과 생존이라는 다른 의미가 있을지도 모른다. 추가적인 정보가 주어진다면, 우리의 해석을 분명히 하는 데 도움이 될 수 있을 것이다.

알고 보니, 조쉬는 거의 비슷한 나이 대의 두 번째 기억을 가지고 있다. 이 기억은 세부 사항 면에서 훨씬 더 풍부하다. 조쉬의 삼촌이 그의 가족을 보러 왔다. 어린 조쉬는 수줍게 아버지의 다리 뒤에 숨었지만, 삼촌이 그에게 미소짓고 그의 머리를 쓰다듬자, 자신감을 되찾고 앞으로 나왔다. 그 후 삼촌은 조쉬에게 주먹을 뻗으며 사탕 한 개를 가지고 있다고 말했다. 어린 조쉬는 흥분하여, 삼촌의 주먹을 열기 위해 버둥거렸지만, 삼촌이 손을 폈을 때, 사탕이 없는 빈손이었다. 분명히, 조시의 삼촌은 그에게 줄 사탕이 없었다. 그는 단지 조쉬를 골탕 먹이기 위해 속임수를 썼을 뿐이다. 조시의 삼촌은 자신의 짓궂은 장난에 크게 웃었다. 조시는 울음을 터뜨렸다.

만약 우리가 이 두 번째 기억을 검토한다면, 삼촌과의 일화에 관한 조시의 유년 시절의 두 번째 기억이 첫 번째 기억에 대한 우리의 해석에 힘을 실어주고 또한 보완한다는 사실을 알게 될 것이다. 여기서도 조쉬가 다른 사람들과 맺는 관계는 조종적이다. 단지 이번에는 속은 사람이 조쉬이고, 속인 사람이 아닐 뿐이다. 시치미떼기와 조종하기라는 주제가 두 기억 모두에서 중심적이라는 사실이 분명해 보인다. 그리고 만약 우리가 조쉬의 기억이 다른 수천 개의 경험으로부터 어린 시절의 이 두

경험을 "선택"했다는 사실을 상기한다면, 우리는 이 주제가 조쉬의 인생에서 중요하다는 점을 깨닫게 될 것이다. 이 두 기억은 "직접적인 관계란 불가능하다. 당신은 조종하거나, 아니면 조종당한다"라는 이해를 표현한다.

우리는 조쉬가 성인이 되어서도 자기 생각을 숨기고 다른 사람들을 이용하고 불신하며 가식적인 행동 패턴을 보인다는 사실을 발견하더라도 놀라지 않을 수 있다. 하지만 말할 필요도 없이 우리는 또한 조쉬가 이 패턴 이상의 것을 지닌 사람이라는 사실을 기억해야만 하며, 그러한 패턴은 단지 더 복잡한 한계 속에 있는 한 가닥 실에 불과하다는 사실을 기억해야만 한다.

따라서 우리는 이와 관련한 열망이 이 두 기억 속에 숨어있을지도 모른다고 추측할 수 있다. 예를 들면, 조작으로 왜곡되지 않는 정직하고 자발적인 애정에 대한 열망 말이다. 이것이야말로 첫 번째 기억이 아버지의 품에 뛰어들고 싶은 욕망을 억압하는 어린 조쉬를 묘사하고, 두 번째 기억이 신뢰하는 순간을 기록하고 있는 이유일 수 있다. 만약 이러한 암시들이 옳다면, 조쉬의 자기-변형을 향한 여행은 자발성과 단도직입적인 태도를 중심으로 움직이는 루소의 것과 같은 아이디어들의 연결망으로부터 혜택을 얻을 수 있을 것이다.

철학적 실천에서 어린 시절의 기억

철학상담에서는 내담자에게 가장 어린 시절에 관한 기억을 묻되, 한 차례 이상의 회기를 거치고 난 후 더 많은 개인 정보가 드러났을 때 분석을 시작하는 것이 좋다. 어떤 배경 정보도 없이 섣불리 기억을 분석하는 것은 왜곡의 가능성이 크기 때문이다. 어린 시절 기억의 분석은 그 자체로는 성립할 수 없다.

내담자에게 아주 어렸을 적 경험을 물어볼 때, 그 사람들이 기억하는 특정한 사건, 즉 그들이 시각화할 수 있는 사건을 물어보는 것이 중요하다. 예를 들어, "난 내가 혼자 놀곤 했던 일을 기억한다"라는 것은 특정한 사건에 대한 것이 아니라, 그 사람이 자신의 일반적인 습관에 대해 일반적으로 알고 있는 것의 일부다. 내담자에게 어린 시절의 기억이 중요한 주제를 포함하고 있다는 사실을 설명하고 함께 분석해보는 것은 좋은 시도다. 어린 시절의 기억만큼은 아니지만, 나중 시절에 관한 기억도 정보를 제공할 수 있다. 우리 중 대다수는 일곱 살 또는 열 살 때의 기억 수십 개를 갖고 있기에, 이 기억들 가운데 특정한 한 기억이 지니는 중요성은 제한적이다.

철학실천가는 어린 시절의 기억을 사용하여 세 가지 주요 사항을 탐구할 수 있다. 첫째, 기억은 개인의 패턴에 대한 실마리 역할을 할 수 있다. 예를 들어, 언쟁에 관한 어린 시절의 기억은 현재 그 사람의 적대적인 행동 패턴을 나타낼 수 있다. 둘째, 어린 시절의 기억은 개인의 한계에 기인하는 이해에 대한 실마리가 될 수 있다. 예를 들어, 자신을 배신한 친구에 대한 내담자의 어린 시절의 기억은 사람들을 신뢰할 수 없다는 그 사람의 이해를 표현하는 것일 수 있다. 이러한 현재의 패턴과 현재의 이해에 대한 두 가지 실마리는 굉장히 보편적이며, 일반적으로 동일한 기억에서 함께 나타난다. 그러나 이따금 셋째 실마리도 발견된다. 다시 말해, 때때로 어린 시절의 기억이 자신의 특정한 한계를 넘어서려는, 즉 자신의 패턴과 이해를 넘어서려는 열망을 표현할 수도 있다. 위에서 제시했던 노마의 사례가 여기에 해당한다.

제9장

내적 차원의 언어를 배우기

제9장

내적 차원의 언어를 배우기

불만감, 열망, 소중한 경험들 그리고 가장 어린 시절의 기억들은 우리의 잠재적인 삶이 가시적인 한계에 제한되지 않을 수 있다고 말해주는 주요한 암시다. 우리에게는 우리의 평범한 상태보다 더 많은 것이 있다. 나는 이것을 숨겨진 깊이 또는 내적 차원이라 부른다.

그러나 어떻게 우리가 한계의 감옥으로부터 나올 수 있는가? 어떻게 이 내적 차원과 만날 수 있는가? 우리는 이것을 깨우고 기르기 위해서 무엇을 해야 하는가?

첫 단계로, 우리는 이것을 분간하는 법을 배워야 한다. 그래서 어디를 보아야 하는지, 무엇을 찾아야 하는지를 알아야 한다. 여기서 기대할 수 있는 일반 공식은 없다. 한계가 개인마다 다르듯, 한계를 벗어나 내적 차원으로 향하는 과정도 마찬가지다. 내적 차원은 아마 개인마다 다른 방식으로 말할 것이다. 그러므로 나의 내적 차원에 대해 배우기 위해서는, 내적 차원이 나의 삶에서 말하는 "언어"에 대해 배워야 한다.

상담을 통해 내적 차원의 언어를 배우기

매트는 철학실천가인 린다를 만나러 간다. 그는 자신을 소개한 다음, 자신이 온 이유를 확실하게 말할 수 없다고 털어놓는다.

그들이 자리에 앉은 후, 그는 그녀에게 말한다. "제 생각엔, 혼란스러워서 여기에 온 거 같아요."

그는 첨단 기술 회사의 테크니컬 라이터(컴퓨터 전문용어를 쉽게 풀어 설명하는 사람)라는, 벌이가 좋은 직업을 갖고 있으나, 이 일이 자신이 정말로 하길 원하는 일이라고 느끼지 않는다. 그는 회사가 생산하는 전자게임들에 대한 설명을 잘 작성하지만, 종종 이 일을 하는 것이 시간 낭비라고 느낀다. 문제는 자신이 그 일을 그만둘 경우 어떤 일을 해야 할 것인지를 떠올릴 수 없다는 것이다.

린다는 매트의 말을 듣고 나서 내용을 명료하게 해줄 몇 가지 질문을 던진다. 매트는 린다가 자신이 최근에 친구들이나 가족과 함께 한 경험, 그리고 직장에서 겪은 경험들 같은, 얼핏 생각하기엔 자신의 문제와 상관없어 보이는 것들에 대해서까지 듣기를 원한다는 사실에 놀란다.

회기가 끝날 때쯤 그녀는 말한다. "당신의 이야기를 관통하고 있는 공통된 실마리가 흥미롭네요. 당신은 활동적이며 많은 일을 합니다. 하지만 건성으로 하죠. 예를 들면, 당신은 명확하게 가고 싶다고 생각하지 않으면서도 친구들과 캠핑을 갔어요. 당신은 비싼 새 카메라를 샀죠. 그러나 그 카메라에 대한 애정은 거의 없었어요. 당신은 테크니컬 라이터로서 일하라는 제안을 받아들였어요. 비록 당신이 이 일에 대해서 열광하진 않았지만요. 당신은 심지어 당신이 말한 대로, 정확하게 왜 왔는지 모른 채 날 만나러 왔어요."

매트는 곰곰이 생각하더니 방어적인 태도로 어깨를 으쓱한다. "전 제가 정말 원하는 것을 절대 찾을 수 없을 것만 같아요. 근데 난 그러고 싶거든요."

두 번째 회기에서 매트와 린다는, 그의 삶에서 추가적인 측면들을 검토하면서 그와 같은 태도가 그의 행동에서 두드러진 하나의 패턴이라는 사실을 발견한다. 상담이 끝나갈 때쯤, 매트는 이 새로운 사실에 꽤 동요한다.

"끔찍하지만 사실이네요", 그가 슬프게 말한다. "이건 확실히 제 패턴이에요. 굉장히 자주 전 제가 무엇을 하고 싶은지 그저 추측하고 있을 뿐이라고 느껴요."

다음 회기에서 린다는 새로운 단계로 나아간다. 지금까지 그들은 매트의 행태적이고 감정적인 패턴들을 탐구해왔다. 이제 린다는 철학적 단계, 즉 개념과 이해의 단계로 향하는 첫발을 내디딘다.

"당신이, '난 내가 정말로 하고 싶은 게 뭔지 모르겠어'라고 묘사하는 태도에 대해 생각해봅시다. 그건 당신 삶에 대해 무얼 말하고 있는 걸까요?"

"음, 제가 추측하기에 그건 이렇게 말하는 거 같아요. 대부분 시간에, 난 나의 '진정한' 나와 접촉하고 있지 않아."

린다는 끄덕인다. "즉, 그것은 당신 안에 '진정한' 자아가 있다고 말한다는 거군요. 당신이 보통 느끼는 기분이나 원하는 것들은 이 진정한 자아가 느끼고 원하는 것들이 아니라는 얘기네요."

"맞아요, 제 내면에 숨겨진 보물처럼요. 그리고 이 보물에 닿는 것이 매우 중요해요. 너무 중요해서 그것 없이는 아무것도 진정으로 가치 있게 여겨지지 않아요. 그리고 계속 이 진정한 무언가가 스스로 드러날 때까지 기다리면서 시간을 보내요. 인생이 그때까지 보류되고 있는 거죠."

매트는 생각에 잠기면서 웃는다. "이건 저 자신에 대한 꽤 특이한 묘사네요. 정확하지만 특이해요. 하지만 여기에 무슨 문제가 있다는 거죠? 오직 가장 최선의 것만을 원하고 거기에 못 미치는 것에 머무르지 않는 게 무언가 잘못된 건가요?"

"꼭 그렇지는 않아요. 제가 말하고자 하는 것은, 그것이 삶에 대한 당신의 개인적인 이해 방식이라는 거에요. 아마 타인들이 삶을 이해하는 방식과는 다르겠죠. 모두가 진정한 자신에 대해 신경 쓰지는 않아요."

"저도 알아요, 린다. 제가 친구들에게 내가 정말로 원하는 것이 뭔지 모르겠다고 말했을 때, 전 그 친구들이 제가 말하는 것을 이해하지 못한다고 느꼈어요. 네가 말하는 '진정으로' 그것을 원한다는 게 무슨 말이냐라고 반응했거든요. "네가 그것을 원하거나 원치 않거나, 둘 중 하나겠지"라고 말이에요.

"하지만 매트, 당신에게는 자신이 '원한다고 생각하는 것'과 '진정으로 원하는 것'이라는 두 가지 경우가 있어요."

실제로 그녀는 내가 정말로 원하는 것, 느끼는 것, 그리고 내가 진짜 누구인가 같은 진정성 개념이 매트의 이야기 중 핵심적인 부분이라고 말한다.

그녀는 테이블 위에 종이를 놓고 맨 위에 "진정한 나"라고 적는다. 매트는 이것이 자신과 삶에 대한 자신의 태도의 중심인 것 같다고 동의한다. "전 선생님이 진정한 나에 대해 좀 더 잘 이해하도록 도와주셨으면 좋겠어요."

상담 회기는 마무리되었고, 린다는 매트에게 집에서 진정한 나에 대해 생각해 보라고 제안한다.

다음 회기에 매트는 진정한 내가 누구이고 무엇인지 그리고 그런 것이 존재한다는 것이 가능한지 모르겠다고 말한다. "저는 단지 진정한 나를 이해하고 싶어요. 그건 숨겨져 있고 저를 괴롭혀요. 저는 겉으로 보기에 다 괜찮은 것처럼 보여요. 회사에서 저는 엔지니어들과 이야기를 나누고 시스템이 어떻게 작동하는지 배우고 글을 쓰고 피드백을 받아요. 다들 제가 잘하고 있다고 해요. 하지만 … 마음속으로는 이 모든 첨단 기술 사업이 정말 나일까 하는 생각이 들어요."

"당신 안에 두 개의 매트가 있는 것처럼 들리네요. 진짜 매트와 …"

"… 그리고 가짜 매트요. 제가 힘들 때, 그게 바로 가짜인 저 자신을 바라보는 방식이에요."

린다는 전 회기에 썼던 종이를 테이블 위에 놓고 위쪽에 두 번째 제목을 추가한다. 그것은 "진정한 나"와 "가짜 나"이다.

매트가 말한다. "진짜 대 가짜. 맞아요, 저와 함께 일하는 동료들은 모두 제가 열정적이고 일에 대한 도전을 즐긴다고 생각해요. 하지만 그건 제 진심이 아니에요. 아마도 마음 깊은 곳에서 전 그런 걸 별로 신경 쓰지 않을 거예요. 선생님은 제가 저 자신을 속인다고 생각하시나요?"

"자신을 속인다—흥미로운 표현이네요. 배반은 한 사람이 다른 사람을 배신하는 거예요. 누가 배신하고 누가 배신당하는 거죠?"

"음, 평소의 제가 배신하는 사람이겠죠. 그게 누구든 간에 제가 진짜 저를 배신하는 거겠죠."

"매트, 그럼 당신은 다시 이렇게 말하고 있군요. 아마도 숨겨져 있는 당신의 진짜 자신 외에, 당신의 평소 모습, 즉 당신의 가짜 모습도 있다는 거예요". 그녀는 조금 더 많은 개념을 종이 위에 적는다.

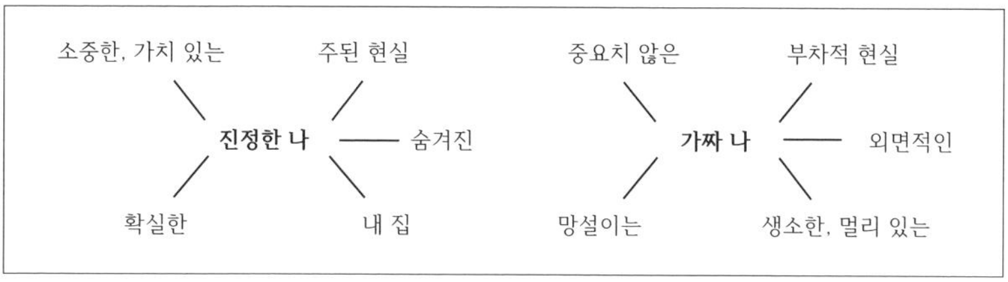

"이것이 당신이 자신을 이해하는 방식을 적절히 요약한 걸까요? 이건 마치 당신이 자신에 대해 가지고 있는 이론과 같은 거죠."

매트는 도표를 점검한다.

"린다, 저는 저 자신에 대해 이런 방식으로 생각해 본 적이 없어요. 하지만 맞아요, 선생님이 완전히 옳아요. 제가 저 자신과 관계 맺는 방식을 요약해주셨어요."

"우리는 그것을 단어로만 생각하지 않고 실제로 당신이 실천하고 있는 이론으로 간주할 수 있어요. 그리고 그것은 분명히 '진짜' 매트는 누구이냐는 물음을 제기해요."

"맞아요" 그는 잠시 멈춘 후에 답했다. "그건 확실히 나의 어느 부분이 '진짜 나'일까 라는 질문이네요."

"당신은 가끔 진짜 매트를 느끼나요? 당신은 가끔 불신이나 반신반의 없이 행동하는 자신을 경험하나요?"

"자주는 아니고 가끔요. 예를 들어, 지난달에 저는 세 명의 친구와 함께 등산을 다녀왔어요. 우리는 그곳에 있다고 들었던 작고 아름다운 폭포를 보고 싶어 했어요. 그런데 우리는 길을 잃었죠. 시간이 늦어져 폭포를 보지 못하고 집으로 돌아오려고 했어요."

매트는 그가 어떻게 갑자기 일어나 친구들을 통솔하고 끈질기게 설득하고, 놀라운 의지와 지략으로 그들을 폭포까지 이끌었는지 설명한다. "두어 시간 동안 저는 어디서 왔는지 모를 확신으로 가득 찼어요."

"폭포를 발견해서 틀림없이 기분이 좋았겠네요."

"마침내 폭포를 발견했을 때, 저는 놀라운 흥분의 감정을 느꼈어요. 이걸 어떻게 설명해야 할지 모르겠어요. 저는 완전히 저 자신이었어요. 저는 거기 있었고 제 모든

것이 바위 위에 서 있었어요. 이해되세요?"

"그건 소중한 순간이었을 것 같군요", 린다가 답했다.

철학 텍스트를 활용하기—슈티르너, 사르트르, 마르셀, 카뮈, 프롬

매트의 경험은 그의 한계의 구조를 말해준다. 그러나 또한 그 경험 가운데 어떤 것은 우리에게 그의 한계 너머에 놓여 있을 만한 것들을 일별하게 해주기도 한다.

하지만 아직 그와 같은 일견은 모호하며 상세한 검토가 필요하다. 이를 가장 훌륭하게 하는 방법은 철학 텍스트들의 도움을 받는 것이다. 심오한 철학 텍스트들은 통찰력 있는 개념들과 아이디어들로 가득하다. 그것들은 새로운 관점들을 제공할 수 있고, 그것들에 동의하든 하지 않든 상관없이 우리의 생각을 명확하게 해줄 수 있다.

린다는 막스 슈티르너의 저서 『유일자와 그 소유』에서 고른 몇몇 구절 중 한두 쪽을 매트에게 건네준다. "여기, 이거 받고 집에 가셔서 내용을 곰곰이 생각해 보세요. 슈티르너가 유명한 철학자는 아니지만, 당신은 그에게서 당신과 관련이 있고 자극이 될만한 것을 찾을 수 있을 겁니다. 여기서 그는 자아에 대해 그 자신이 이해한 것과 진짜인 것, 즉 당신이 '진정한'이라고 부르는 것이 무엇을 의미하는지를 설명하거든요. 매트, 저는 이것이 바로 당신이 갈망하는 그 '진정함'의 일종일지 궁금해요. 그러나 우선, 당신에게 슈티르너에 관한 일반적인 배경을 설명할게요."

막스 슈티르너—유일무이한 자아[1]

막스 슈티르너(1806—1856)는 독일 철학자로, 그의 저서들은 초기 실존주의자, 허무주의자, 무정부주의자의 주제들을 담고 있다. 슈티르너는 자아가 정의되거나 설명될 수 없다고 주장한다. 당신이 내게 적용하기 원하는 어떤 개념도 진정한 내가 누구인지에 대한 일부가 되지 못한다. 나는 유일무이하고, 그래서 어떤 일반적인 개념도 나를 담아낼 수 없다. 나는 금발일 수 있지만, "금발"은 내 본질에 속하는 부분이 아니고, 진정으로 내가 누구인지에 속하는 부분도 아니다. 나는 행복할 수 있지만, "행복한" 것은 진정 내가 누구인지에 속하는 한 부분이 아니다. 나는 남자일 수 있지만, "남자", 또는 심지어 "인간"도 진정으로 내가 누구인지에 속하는 부분이 아니다. 그러므로 내 자아는 정의될 수도 없고, 모든 일반적인 설명들 너머의 것이다. 당신은 내 머리카락 색을 당신의 머리카락 색과 비교하거나 혹은 내 신체를 당신의 신체와 비교할 수 있지만, 당신은 내 자아와 다른 사람들의 자아를 비교할 수는 없다. 나는 이 세상에 단 하나뿐인 존재다.

슈티르너의 주장에 따르면, 이는 내가 나에게 진실하기 위해 진정으로 내가 아닌 그 어떤 것도, 즉 거의 모든 것을 모조리 내던져야 한다는 것을 의미한다. 이 같은 방식으로 나는 나 자신을 "소유"하게 되고, 또 오직 나 자신만을 "소유"하게 된다. 내가 이렇게 행동하고 진짜 나 자신이 될 때, 나는 내가 인류에 관한 어느 일반적인 개념에도 진정으로 들어맞지 않는다는 사실을 깨닫는다. 비록 종교와 사회적 이데올로기들이 내게 특정한 정체성(당신은 하나의 "인간", "기독교인", "독일인", "교사" 등이다)을 부과하길 원할지라도, 현실에서 이런 것들은 거짓된 정체성이다.

1 Max Stirner, *The Ego and His Own: The Case of the Individual Against Authority*, Mineola, NY: Dover Books, 2005.

다음 회기 때, 린다는 매트에게 막스 슈티르너에서 발췌한 글에 대해 어떻게 생각하는지 묻는다.

"린다, 저는 왜 선생님이 이 철학자를 선택했는지 알겠어요. 슈티르너 역시 자신이 누구인지 말할 수 없었죠. 그러나 그와 나 사이에는 큰 차이가 있어요. 그는 그 사실을 편안하게 여기지만, 저는 제가 무언가를 놓치고 있다고 느끼죠. 선생님은 제가 그의 이론을 받아들여야만 한다고 생각하세요?"

"그 반대에요, 매트. 저는 어떤 것도 너무 성급하게 받아들이거나 거절하지 않았으면 좋겠어요. 시간을 갖고 슈티르너의 의견을 들어보고, 그것이 당신의 경험을 해명할 수 있는지를 알아보세요. 깊이 있는 철학 사상은 우리가 그것에 동의하든 동의하지 않든 새로운 방식으로 이해하도록 도전 의식을 일깨워 주죠."

매트가 말한다. "사실 그 글이 저를 고민하게 만들었어요. 제가 누군지 모른다는 사실이 정말 문제인지 궁금하게 만들었죠. 모르는 것이 좋을지도 몰라요. 아마도 그것은 내가 진정으로 나이기 때문에 일반적인 묘사에서 벗어난다는 것을 의미할 거예요."

"그러니까 당신은 슈티르너의 생각이 당신에게도 적용되는지가 궁금한 거군요."

"네, 그래요."

"좋아요. 슈티르너의 아이디어들을 표현하는 언어가 당신의 소중한 경험을 표현하는 언어와 일치하나요? 그가 사용하는 개념, 그가 만드는 차이점, 그가 기록한 아이디어들의 연결고리를 생각해 보세요."

"그렇지 않아요." 매트가 곰곰이 생각한다. "저는 제가 유일무이한 사람이라고 생각하지 않아요."

"좀 천천히 생각해 봅시다, 매트. 그리고 슈티르너에게 기회를 주세요. 폭포 경험을 떠올려보고 마치 자신이 슈티르너인 것처럼 말해보세요. 그날부터 다시 시작해봐요."

"좋습니다, 어디 보자 … 아침에 친구들을 만났어요. 우리는 빌의 차를 타요. 그들 셋은 수다를 떨면서 웃고 바보처럼 굴어요. 저는 그런 식으로 놀고 싶지는 않지만, 함께 놀아요. 슈티르너는 아마도 제가 저 자신의 자유와 진실성을 조용히 보호하고 있고, 친구들과 사회적 게임을 하기를 거부하고 있다고 이야기할 거예요."

"당신이 차 안에서 느낀 게 그런 거예요?"

"꼭 그렇지는 않아요. 저는 그런 이데올로기적인 행동을 하고 있지 않았어요. 저는 그 친구들의 말도 안 되는 소리를 들을 만큼 인내심이 있지는 않았지만, 그들의 기분을 상하게 하고 싶지 않았기 때문에 같이 어울렸을 뿐이죠."

"좋아요, 계속 이야기해보세요."

매트는 그들이 어떻게 주차하고, 걷기 시작하고, 길을 잃었는지를 계속 설명한다.

"그때 우리는 늦었다는 사실을 알아차렸고, 빌이 말했어요. '폭포는 잊고 집으로 돌아가자.' 그리고 데니스도 하늘이 어두워진다고 말했어요. 그러자 마크는 그 폭포가 정말 보고 싶었지만, 너무 피곤해서 신경 쓸 겨를이 없다고 말했죠. 모두가 우울해졌어요."

"좋아요, 그리고 다음에 무슨 일이 일어났죠?"

"그러고 나서 제가 일어서서 '아니, 우리는 포기하지 않을 거야!'라고 말했어요. 슈티르너는 제가 저의 유일무이함, 특별함, 자유를 주장하고 있다고 말할 수도 있겠죠."

"매트, 당신의 경험에서 그런 해석을 뒷받침할만한 설명이 있을까요?"

"조금은요. 저는 자유로웠던 기분을 기억해요. 하지만 그건 제 독특함의 문제나 거짓된 정체성을 거부하는 문제는 아니었어요. 그것은 확신이었어요. 그게 제가 '우리는 집에 가지 않을 거야. 우리는 그 장소를 찾을 거야!'라고 선언했을 때, 느낀 거예요.

"매트, 당신의 이야기를 들으며 저는 당신이 평소에 가진 망설임을 찾을 수 없었어요. 마치 당신 안에서 새로운 성격을 발견한 것처럼 들리네요."

"그거 좋은 표현이네요. 제 안에 존재하는지 몰랐던 새로운 성격이 갑자기 수면 위로 솟구치며 자신의 존재를 알렸어요. 갑자기 저는 자신이 무엇을 원하는지 정확히 아는 강력하고 통일된 사람이 되었어요. 그러나 이 새 사람이 슈티르너의 말처럼 말로 묘사할 수 없는 존재는 아니었어요. 저는 그 순간의 저를 모험적이고, 자신감 있고, 흥분한 사람이라고 묘사할 수 있어요."

"훌륭한 관찰이네요", 린다가 말한다. "그래서 아마도 당신의 경험은 슈티르너의 언어로 말하지 않는 거군요. 그런데 그의 철학 중에서 혹시 당신이 원했던 것이 있

나요?"

"네, 저는 저 자신이 된다는 것이 자유에 대한 지각sense과 연결되어 있다는 아이디어를 얻었어요. 다시 말해, 저는 저 자신을 '소유하며' [저에 관해] 아무것도 타인에게 빚지고 있지 않다는 거죠."

"매트, 당신 지금 미소짓고 있어요. 당신이 당신 자신을 소유하고 있다는 이 감각을 그리워하는 거 같네요."

"물론이죠. 그게 없다면, 제가 아무것도 아닌 것처럼 느껴지니까요."

"좋아요."

"네?!"

"아무것도 아닌 존재라는 당신의 감각은 모든 것이 제자리에 있지 않다고 말하고 있어요. 그런 상태에 대해 언짢게 느끼지 않는 게 더 나은 걸까요?"

린다는 그를 안심시키는 미소를 지으며 새 글을 건넨다.

"매트, 이 글이 당신이 당신 자신을 좀 더 깊이 이해하는 데 도움을 줄 수 있을지 봅시다."

"이 글에 답이 있다고 보세요?"

"물론 아니에요. 좋은 철학 텍스트는 당신에게 답을 주지 않아요. 자신만의 방식으로 자신을 이해하도록 영감을 주는 거죠."

장-폴 사르트르—나는 무엇인 존재가 아니다[2]

막스 슈티르너는 다수의 다른 사상가들처럼 우리 각자 안에 자아와 같은 것이 있다고 가정한다. 프랑스 실존주의 철학자 장-폴 사르트르(1905-1980)는 이에 동의하지 않는다. 내 안의 "자아"와 연결하려는 시도는 환상이나 자기기만이라고 주장한다.

사르트르에 따르면, 인간으로서 나는 뚜렷이 한정된 성격, 본성, 혹은

2 Jean-Paul Sartre, *Existentialism and Humanism*, London: Methuen, 1948.

자아를 가지고 있지 않다. 내가 누구인가 하는 것은, 발견할 어떤 것이 아니라 결정할 어떤 것이다. 다시 말해, 내가 누구인지를 결정하는 것은 나의 가치관, 나의 신념, 나의 성향, 심지어 나의 성격, 이런 것들이 아니라 오로지 나의 자유의지뿐이다. 나는 나 자신을 결정하는 데 자유롭다. 더 나아가 내가 어떻게 *되어야만* 하는지를 말해줄 수 있는 어떠한 가치나 도덕률 같은 것도 없다. 가치나 도덕률은 나 자신의 창조물이기 때문이다. 나는 내가 누구인지, 무엇이 좋은지 나쁜지, 내 인생에서 무엇을 하길 원하는지를 선택하는 데 완전히 자유롭다. 심지어 나의 과거조차 나의 자유를 박탈하지는 못한다. 만약 내가 십 분 전에 결심했다면, 나는 지금 내 마음을 바꾸는 데 있어 자유롭다. 심지어 교도소에 수감되어 있어도 나는 내가 어떤 종류의 사람인지를 결정할 수 있다. 사르트르의 용어로 표현하면, 나는 자유를 선고받았다.

사실, 내가 자유롭다고 말하는 것은 부정확하다. 더 옳게 말하면, 나는 자유 그 자체다. 사르트르의 말에 따르면, 나는 무엇인 존재가 아니고 무엇이 아닌 존재다. 또는 사르트르가 언급한 것처럼, 실존은 본질에 앞선다. 다시 말해, 모든 시점에서 나는 먼저 존재하고 그다음 나의 본질(내가 누구인지)을 결정한다.

이 모든 것은, 진정성이라는 것이 내 내면에 충실하다는 것을 뜻할 수 없다는 사실을 암시한다. 오히려 나는 규정된 내면을 *가지고 있지 않다*는 사실에 충실할 때, 또 내가 나를 결정할 자유에 충실할 때, 진정으로 존재한다. 그러므로 사르트르에게 진정으로 존재한다는 것은, 내가 나의 자유를 알아차린다는 것을 의미하며, 내 인생을 전적으로 책임진다는 것이고, 어떠한 힘이나 어떠한 사실이 지금의 나라는 인간을 만들었다고 핑계 대지 않는다는 것이다. 그것은 나 자신을 나의 심리상태나 교육, 환경 탓으로 돌리거나, [남들이 만들어 놓은] 논리나 도덕에 의해, 또는 신에 의해 만들어진 결과물이라고 생각하지 않음을 뜻한다. 나는 나라는 사람이 어떠한 존재라는 사실에 대해 변명할 수 없다.

다음 회기에 매트는 린다에게 사르트르의 급진적인 자유 개념은 너무 극단적이라고 말한다. "제 과거 경험들 그리고 제 성격이 제가 누군지를 제약한다는 건 분명해요. 제 심리상태가 제 삶에서 많은 것들을 명령하죠."

린다는, 중요한 것은 사르트르의 이론이 옳은지 그른지가 아니라, 그의 이론이 매트의 열망과 소중한 경험들을 조명해줄 수 있는가라는 점을 상기시킨다.

비록 사르트르의 이론 전체를 받아들이지 않는다고 하더라도, 그 이론에서 중요한 부분은 여전히 매트의 상황과 관련될 수 있다는 것이다. 진정으로 존재한다는 것은 이미 그 안에 존재하는 무언가에 충실함을 의미하는 것이 아니라, 오히려 자신의 자유에 충실함을 의미한다는 아이디어가 그렇다.

그들은 잠시 사르트르의 이론과 매트의 경험 사이의 연관성을 놓고 토론한다. 그들은 사르트르의 관점에서 매트의 폭포 이야기를 어떻게 볼 수 있을지를 상상한다. 매트는 등산을 포기하고 집으로 돌아가자는 유혹을 받았지만, 자신에게 거절할 자유가 있음을 깨닫고 새롭게 발견한 자유를 통해 스스로 모든 책임 부담을 떠안고 폭포 탐색을 계속해나갈 것을 주장한다.

"아뇨", 마침내 매트가 말한다. "그건 결코 제 경험이 말하는 언어가 아니에요. 폭포의 경우, 제가 갑자기 책임을 지기로 결정한 건 아니었어요. 제가 진짜로 원하는 게 무엇인지 모를 때, 책임은 저에게 문제가 되지 않아요. 저는 책임을 잘 지는 편이에요. 저는 직장에서 온갖 창의적인 기획 관련 일을 하지만, 그게 제게 위안을 주지는 않죠. 제가 갈망하는 것은—이제 사르트르와 비교해 보니 확실히 알겠어요—일종의 내적 확신에 붙들려서 안내를 받는 것이에요. 결심의 문제가 아니라, 확신의 문제, 진실을 감지하는 문제, 제게 영감을 주는 빛에 대한 문제에요."

가브리엘 마르셀—내 안의 증인[3]

프랑스의 실존주의 철학자이자 극작가 가브리엘 마르셀(1889-1973)은 관찰함과 증언함이라는, 삶의 두 가지 태도를 구별했다. 관찰자는 개인적인 헌신 없이, 어떤 것에도 자신을 바치지 않고 인생을 그저 바라보기만 하는 사람이다. 그러한 사람에게 인생은 객관적이고 비인격적인 사실의 연속이다. 그는 활동적이고 열심히 일하는 자일 수 있지만, 어떤 일에도 충실하지 못한다. 객관적인 사실만으로 이루어진 세상에서는 충실하게 헌신할 일이 없기 때문이다.

관찰자와는 대조적으로 증인은, 삶을 마치 누군가가 자신을 신뢰하여 맡긴 것처럼 기꺼이 받아들이는 사람이다. 마르셀은 이런 태도를 "증언"testimony이라고 부르는데, 그 태도가 내가 어떤 것에 대해 진실하게 증언하기로 결심했을 때, 설령 그 일이 나를 위험에 빠트린다거나 또는 법정이 부패했다 하더라도, 내가 하는 일과 같기 때문이다. 이와 유사하게, 나를 감동시키는 어떤 가치나 "빛"을 내가 자유롭게 받아들이고 그것에 기꺼이 충실해지려 할 때, 나는 증인이 된다. 나는 내 개인적인 방식으로 이 빛에 대해 증인이 되겠다는 약속을 스스로 받아들인다.

이 같은 의미에서 내게 인생은 내가 받아들여야 한다고 느끼는 "선물"이다. 하지만 그것을 받아들이는 태도는 수동적이지 않다. 예를 들어, 집에서 손님을 받을 때, 나는 적극적이고 헌신적이며 창의적인 호스트로서, 손님들이 즐겁게 지낼 수 있도록 나 자신으로부터 베푼다. 마찬가지로 내가 증인으로서 삶을 받아들일 때, 나는 그것을 자유롭고, 충실하고, 개인적인 방식으로, 또 창조적으로 받아들인다.

---

3 Gabriel Marcel, "Testimony and Existentialism," in *The Philosophy of Existentialism*, New York: Citadel Press, 1995.

다음 상담 회기에서 매트는 린다에게, 마르셀의 '빛' 개념이 그를 매료시키기는 하지만 자신이 개인적으로 경험한 것들에 꼭 들어맞지는 않는다고 말한다.

"마르셀은 지나치게 종교적이에요", 매트가 설명한다. "내가 빛을 '받아야'만 한다는 아이디어는 제게 아무런 의미도 주지 못해요. 어디서 받죠? 누구로부터요?"

"매트, 기억하세요. 깊은 철학적 텍스트들은 우리가 자신을 이해하도록 도와줘요. 심지어 동의하지 않는 방법을 통해서라도요. 또 우리가 믿는 것과 매우 다르다고 느낄 때조차도 그렇죠. 자 그럼, 동의와 비동의는 제쳐두고, 마르셀이 상상한 그 '증인' 개념에 대해 생각해보죠. 이 개념은 그의 내면의 마음 상태, 그의 삶에 대한 태도, 그가 세상을 대하는 방식이에요."

"린다, 전 무슨 말을 해야 할지 모르겠어요."

"그렇다면 당신의 몸, 팔과 손을 갖고 말해보세요."

매트는 일어나서 천국을 향해 두 팔을 뻗은 다음, 애원하는 듯한 표정을 짓는다.

"음, 당신은 마르셀의 '증인'을 천국으로부터 기적을 기다리는 수동적인 존재로서 해석하고 있군요."

"네, 맞아요, 린다. 마르셀은 '적극적인 받아들임'에 대해 말했죠. 손님들을 활발하게 맞이하는 주인처럼요. 그는 그 사람들을 환영하고, 그들에게 커피를 권하고, 대화해요."

매트는 다시 일어나서 손님들을 초대하는 주인의 자세를 취하고 자리에 앉는다.

"여전히 이건 제가 갈망하는 게 아닌 것 같아요. 폭포에서의 경험, 그리고 그것과 유사한 다른 경험들에서 전 느꼈어요 … 제 생각으론, '능력[힘]이 생기다(empowered)'가 그걸 표현하는 단어인 것 같아요. 제 모든 불확실성이 사라졌거든요. 계속 남아 있던 모든 망설임, 자기 정당화, 자기 합리화가 사라졌어요. 아, 맞아요. 전 이제 알 수 있어요. 제가 저 자신과 하나가 되는 순간, 전 통합된 사람이 돼요. 슈티르너가 말한 것처럼, 전 저 자신을 소유할 수 있는 거죠."

그는 다시 일어나서 몸을 꼿꼿하게, 하지만 편안하게 세운다. 생소한 시적 영감이 그를 압도한다. "제 안의 모든 것이 차분하고 단순하게 느껴져요. 전 원시시대의 원시인이고, 사랑하고 즐길 자유가 있고, 거칠고, 그 어떤 것이나 그 누구에게도 설명할 필요가 없어요."

린다는 매트를 보며 온화하게 미소짓는다. "와!"

매트는 마치 꿈에서 깨어난 것처럼, 다소 풀죽은 채로 앉는다. "바로 이거예요 와, 잠시 저는 이 원시적인 존재가 제 안에서 다시 움직이는 걸 느꼈어요. 마치 폭포 옆에 있는 것처럼요. 이 원시적인 존재는 복잡한 계산 따윈 하지 않아요. 그저 솔직한 존재예요. 모든 게 현실이고, 저도 현실이고, 전 저 자신에 관한 이야기를 지어낼 필요가 없어요."

린다는 테이블 위에 새 종이를 올려놓는다. "당신 세계의 지형도를 다시 그려봅시다."

린다는 매트와 함께 재구성된 아이디어들의 지도를 작성한다.

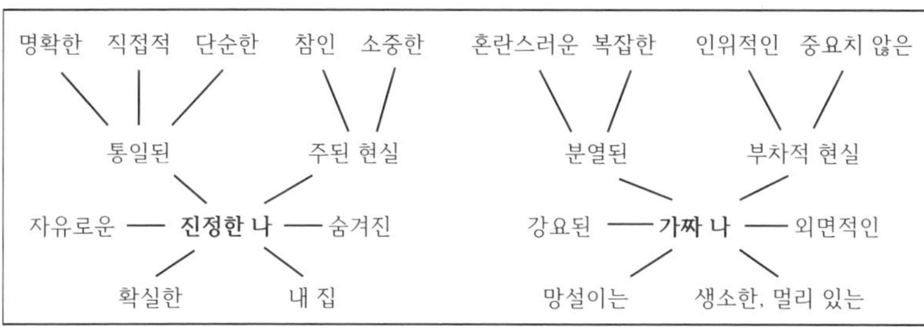

마침내 린다가 말한다. "이건 진지한 탐구를 하기 위한 훌륭한 출발점이에요. 지금 우린 당신이 열망하는 것, 당신을 부르는 것, 그리고 당신의 플라톤 동굴 바깥에 놓여있는 것에 대한 첫 단서들을 얻었어요. 현시점에서 우리가 말할 수 있는 건, 이 개념들이 당신의 내적 차원을 표현하는 언어라는 것이지요."

철학 친교 안에서 내적 차원

개인상담이 내적 차원의 언어를 탐구하기에 언제나 가장 좋은 형식인 것은 아니다. 이따금 친교 형식이 더 효율적일 수 있다.

철학 친교[4]는 되도록 간결한 짧은 철학 텍스트 또는 심지어 시적인 텍스트에 초점을 맞추면서 오프라인이나 온라인상에서 보통 일주일에 한 번 한두 시간 정도 만나는 사람들의 모둠이다. 철학 친교는 토론 모둠이 아니다. 이 모둠의 특별한 점은 참가자들이 상담 회기 동안 관조하는 마음 상태를 유지하고자 한다는 것이다. 그들은 다양한 연습과 방법을 동원하여 자동적인 사고 패턴이나 독단적인 태도를 벗어나 내면의 깊이로부터 생각하고 대화하려고 노력한다. 나아가 그들은 의견을 표현하고 분석하고 판단하는 대신, 함께 생각하며, 마치 함께 연주하는 재즈 음악가처럼 서로 공명한다. 또한 그들은 텍스트*에 대해* 담소하는 것이 아니라 그 텍스트와 더불어 공명한다.

세 가지 요소, 즉 관조하는 마음 상태를 유지하고, 다른 사람들과 함께하기 안에서 공명하며, 텍스트와 더불어 공명하는 것이 철학 친교의 핵심이다. 이 요소들 덕분에 참가자들은 자신의 전형적인 사고방식, 즉 개인적인 의견과 자동적인 사고 패턴을 넘어설 수 있고, 보통은 거의 접촉하지 못하는 그들 자신의 측면들, 특히 그들의 내적 차원의 측면들의 목소리에 귀 기울인다.

오늘은 린다가 주도하는 새로운 철학 친교 활동의 첫날이자, '의미의 철학'에 관한 일련의 회기 중 첫 번째 모임이다. 참가자들은 삶의 의미를 다루는 짧은 철학 텍스트들을 함께 관조하면서 그들의 개인적인 의미 경험에 대한 더 깊은 이해에 도달하게 될 것이다.

변형을 추구하는 철학자들이 우리에게 상기시켜주듯, 우리는 통상 우리 내적 삶의 표층에서 살고 있고, 우리 일상의 순간들이 지닌 잠재적인 풍요로움과 깊이에 대

4 철학 친교가 어떻게 기능하는지에 대한 자세한 논의는 Ran Lahav, *Handbook of Philosophical Companionships*, Vermont: Loyev Books, 2016을 참고하라.

해 온전히 알지 못한다. 우리가 마음을 열고 엄선된 철학 텍스트에 대해 함께 관조할 때, 그 텍스트들은 우리에게 새로운 의미의 지평선을 열어준다. 누군가는 친교의 목표가 보통은 보이지 않는 곳에 숨겨져 있는, 삶의 부수적 차원(부수적 깊이)을 일깨우는 것이라고 말할 수도 있을 것이다. 오늘 저녁, 이 친교 모둠에서는 알베르 카뮈 작품의 짧은 인용문에 초점을 맞춘다.

알베르 카뮈—더 많이 경험하기[5]

프랑스 실존주의 철학자 알베르 카뮈(1913—1960)는 자신의 저서 『시지프스 신화』에서, 인생이 살만한 가치가 있는 것인지 없는 것인지를 묻는다. 그는 우리가 경험하는 세계는 의미와 가치가 결여된 "부조리한" 세계라고 답한다. 신, 내세, 도덕, 그리고 의미에 대한 이론들은 단지 사변이거나 인간의 발명품일 뿐이다. 우리가 확실히 알고 있는 것, 그리고 우리가 의지할 수 있는 유일한 것은, 우리가 직접 경험하는 것이다.

이것은 내 행동에 대한 어떠한 가치 판단도 그 근거를 현실 안에서 발견할 수 없다는 것을 함축한다. 문제가 되는 것은 내 행동이 고귀한 것인지 비천한 것인지, 좋은 것인지 나쁜 것인지 여부가 아니라, 그것이 내가 삶을 직접 경험할 수 있게 해주느냐이다. 또한 중요한 것은 그 행동이 내가 존재한다고 알고 있는 유일한 것, 즉 경험을 내게 주는가이다. 카뮈는, 중요한 것은 "더 나은 경험"이 아니라 "더 많은 경험"이라고 말한다. 즉, 내가 온전히, 의식적으로, 열정적으로 경험하는, 더 풍부하고 더 다양한 상황들 말이다.

간단히 말해, 카뮈에 따르면, 어떤 상황은 그것이 내게 새롭고 강력한 경험을 주는 정도만큼 의미가 있다, 다시 말해, 내가 삶을 더 온전하고 열

5 Albert Camus, *The Myth of Sisyphus and Other Essays*, New York: Vintage Book, 1991.

정적으로 경험할 수 있게 해줄수록 의미가 크다.

린다가 카뮈의 책에서 발췌한 한 쪽짜리 복사물을 나눠주고, 참가자들은 그것을 함께 읽는다. 각 참가자는 천천히 큰소리로 한 문장씩 그들이 앉은 순서대로 읽는다. 그렇게 텍스트를 다 읽고 나면, 텍스트를 전체적으로 관조해보도록 몇 초간 조용히 다시 읽게 한다.

린다가 설명한다. "말할 필요도 없겠지만, 우리는 카뮈에 동의할 필요가 없어요. 사실, 오늘 밤 우리는 어쨌든 동의하거나 동의하지 않게 되겠죠. 개인적 의견들은 옆으로 치워두고 이 텍스트가 우리에게 무엇을 말하는지 또 그것이 우리 안에 불러일으키는 이해에 단순히 귀를 기울여봅시다."

그녀는 동그랗게 앉아있는 중앙에 종이 한 장을 놓고 거기에다 "의미"라는 단어를 적는다.

"이게 분명히 이 텍스트의 중심 개념이에요", 린다가 설명한다.

"우리가 여기서 어떤 개념들을 더 찾아야 할까요? 제가 이 질문을 하는 이유는, 우리가 카뮈의 아이디어들의 지형을 이해하고 그곳의 주요 표지들에 주목해보길 원하기 때문이에요. 그러나 이 질문에 대답하기 위해서는, 텍스트를 추상적으로 분석하면 안 돼요. 우리 자신의 의견과 논리적 사고에 제한되지 않도록 합시다. 우리 안의 더 깊은 이해가 목소리를 내도록 우리의 내적 깊이에서 사유하며 관조하도록 해보죠."

린다는 모둠이 이제 관조 상태로 들어가도록 짧은 집중 명상 연습을 시작한다. 이 연습에서 참가자들은 자신의 몸을 자신의 존재 전체에 대한 은유로 사용한다. 눈을 감은 채 콧구멍으로 공기가 들어갔다 나갔다 하는 흐름에 집중하고, 공기가 지나가는 통로를 따라 입, 목구멍, 가슴, 배, 그리고 마지막으로 몸 아래 가상의 지점 안으로 천천히 내려간다.

이 명상 연습은 짧게 진행되며, 오 분이나 십 분이 지나면, 참가자들은 천천히 눈을 뜨고 긴장을 푼다.

린다는 다시 조용하고 차분한 방식으로 말하기 시작한다. "카뮈 텍스트의 지형에 대해 함께 관조해봅시다. 제가 여러분과 논쟁하거나, 의견을 제시하거나, 저 자신만

의 아이디어를 말하려는 게 아니라는 걸 기억하세요. 제가 말하는 모든 것은 우리 모둠 전체가 하는 생각 중의 한 가닥이고, 우리가 합창으로 내는 목소리 중 하나에요. 우리가 함께 합주하는 재즈 음악가들처럼 서로 공명하도록 해봐요."

이러한 목적을 이루기 위해 린다는 "소중한 말하기"로 불리는 절차를 소개한다. 여러분은 마치 여러분이 사용하는 각 단어가 소중하고 모둠에게 주는 선물인 것처럼 조금씩만 말해야 한다. 여러분은 반복, 과도한 설명, 불필요한 단어들을 피해야 한다. 보통 한 문장만으로도 여러분이 말할 필요가 있는 무언가를 말하기에 충분하다. 그리고 다른 사람들이 말할 때, 여러분은 내면 안에 침묵의 공간을 열고 그곳에서 들어야 한다.

이 절차를 통해 린다는 이제 참가자들이 텍스트에서 중요한 것으로 맞닥뜨린 개념을 표현하도록 유도한다.

"경험 개념이요", 래리가 천천히 자신이 발견한 개념을 제시한다.

린다는 "경험"이라는 단어를 적는다. 그리고 그녀는 다시 그에게 말한다. "그럼 이제, 이걸 한 문장으로 설명해주세요."

"내가 의미 있는 순간에 이를 때, 나는 깊이 있는 경험을 하게 된다."

"새로움newness이라는 개념이 떠오르네요", 힐러리가 말한다. "새롭고 신선하고 주목할만한 순간들은 내게 소중하다."

긴 정적이 흐른 후에 댄이 말한다. "'터무니없는'absurd이요. 삶이 아무리 터무니없을지라도, 터무니없는 삶도 여전히 살 가치가 있다."

여러 가지 진술들이 등장하고, 모든 참가자가 최소한 한 번씩은 말하고 나서, 린다는 멈추라는 신호를 준다.

"좋아요, 우리는 개념들의 목록을 만들어냈어요", 그녀가 말한다. "이제 이걸 한번 통합해보죠."

그녀는 참가자들에게 그 목록에서 가장 중요한 것으로 다가온 개념들을 고르라고 한다. 그들은 자신의 선택 이유를 스스로 설명하거나 정당화하지 않고, 오직 자신이 선택한 개념을 되풀이한다. 몇몇 개념들이 나타나고, 린다는 나머지 것들은 생략한 채 선택받은 개념들을 한 장의 종이에 큰 글자로 적는다.

"아이디어들의 연결망은 마치 지도 같습니다. 이건 카뮈가 살았던 세상의 지형에 대한 우리의 지도죠. 우리가 이 지역을 보기 시작했으니, 이곳 안으로 발을 들여봅시다. 이 안에서 걸어보고 또 안쪽에서부터 둘러보죠."

참가자들은 마음속에서 그들의 평상시 의견과 태도, 아이디어들을 한쪽에 치워두고, 자신들이 카뮈의 마음속으로 들어간다고 상상한다.

린다가 말한다. "이제 우리가 안에 들어왔고 이 지역 안에서 함께 걷고 있으니, 여러분은 주변에 보이는 게 무엇인지(흥미로운 표지들, 구별들, 반대되는 것들, 숨겨진 암시들, 연결들)를—여전히 '소중하게 말하기' 절차 안에서—공유해주세요." 참가자들은 마치 새로운 세계를 함께 걷는 여행자 무리처럼 카뮈의 세계에 나타나는 의미의 본질을 관찰하며, 그것을 서로 나눈다. 그들은 그 세계에서 특히 의미 있는 여러 가지 상황에 주목하고, 사랑과 우정이 어디에 있을지를 궁금해하며, 의미와 자유 사이의 연관성에 대해 조심스럽게 생각해본다. 약 십 분 동안 그들은 차례 없이 자발적으로 '소중한 말하기'로 서술한다.

"좋아요", 린다가 이제까지의 실습 과정을 요약하며 말한다. "이제 카뮈의 개념적 지형의 윤곽을 마음에 새겼으니, 그것을 우리 자신의 개인적인 삶과 연관시켜보도록 합시다. 최근에 겪었던 일상의 경험을 떠올려보세요. 여러분에게 전혀 의미 없는 일이었고, 또 어쩌면 무의미한 논쟁이나 누군가를 기다리면서 낭비한 시간이어도 괜찮아요. 그 상황을 마음속으로 불러오세요."

참가자들은 잠시 침묵 속에서 자신들이 선택한 경험에 대해 곰곰이 생각해본다. 그런 다음 자신의 경험을 모둠과 공유할 자원자를 정한다. 마음의 관조 상태를 유지하기 위해 자원자들은 오직 두세 개의 축약된 문장만을 사용하도록 제한받는다.

데이비드가 제일 먼저 말을 꺼낸다. "어젯밤에 친구 몇 명이 와서 수다를 떨며 맥주를 마셨어요. 아늑하고 편안했지만, 실제로 아무 일도 일어나지 않았고, 기억할 만한 가치 있는 것은 없었어요. 친밀감도 없었고요."

"고마워요, 데이비드", 린다가 말한다. "자, 우리 모두 어젯밤 데이비드의 거실에 있다고 상상해봅시다. 만약 더 생생하게 상상하고 싶다면 눈을 감아도 좋습니다. 당신은 이제 데이비드와 함께 있고, 그의 친구들과 앉아서 느긋하게 수다를 떨며, 손에 맥주를 들고 있어요. 당신의 몸은 아늑함과 여유로움을 느껴요. 그렇지만 여러분은 또 마음과 가슴에서 무의미함도 느낍니다."

잠시 참가자들은 묵묵히 상상력을 발휘하여 자신을 데이비드의 방으로 데려간다. 그리고 린다는 참가자들에게 데이비드의 이야기를 바꿔보라고 요청한다. 카뮈 철학의 의미 요소를 통해 그것을 풍요롭게 만들기 위해서다.

"저는 데이비드의 거실에 있어요." 하이디가 생각에 잠겨 말한다. "하지만 갑자기 저는 다시는 무의미한 것들에 관한 잡담에서 헤매지 않아요. 저는 그 잡담을 온전히 의식하고 있어요. 저는 모든 단어, 모든 소리를 강렬하게 경험해요. 그건 놀랄 만큼 강렬해요."

"저는 제 느낌과 이미지를 의식하고 있어요", 제프가 덧붙인다. "제 마음은 이제 더는 공허하지 않아요."

"저는 제 의식 속에서 일어나고 있는 모든 작은 생각들을 놓치지 않고 있어요", 하이디가 다시 말한다. "저는 사물들에 관한 원대한 계획에 비추어 볼 때, 지금 제게 일어나고 있는 일이 터무니없다는 것을 알아요. 하지만 그럼에도 여전히 저는 경험의 아주 작은 부분들까지 음미하고 있어요."

참가자들은 상상 속의 경험을 음미하며, 카뮈의 본문 내용을 기억하면서 관조하는 마음속에서 그 경험을 강력하게 느낀다. 그들은 마치 자신들이 다른 세계를 배회하고 있는 듯한 느낌을 받는다. 몇 분 후, 짧은 실습이 끝나고, 데이비드는 자신의 세계를 방문해준 모든 사람에게 감사를 표시하고 다시 다음 동료인 하이디에게로, 즉 그녀가 선택한 무의미한 순간으로 이동한다.

한 바퀴가 끝나면, 네다섯 명의 자원자들이 자신들의 개인적인 경험을 공유할 기회를 얻는다. 참가자들은 긴장을 풀고 이 실습에서 무엇을 얻어 가는지를 모둠과 공유한다. 당연히 그들 중 카뮈의 추종자가 되는 사람은 아무도 없다. 그들은 함께 카뮈의 지형 속으로 여행을 떠났었고, 카뮈의 관점에서 본 의미 있는 경험에 대한 자신들의 이해를 풍요롭게 한 것뿐이다.

실습 시간 마지막 이십 분은 모둠에 대해 그리고 카뮈의 생각에 대해 최종적인 대화를 나누는 데 사용한다. 그리고 이 시간에는 관조에 관한 지침의 제약을 받지 않는다. 참가자 대부분은, 그들의 일상생활에서 의미를 스스로 드러나게 할 수 있는 몇 가지 잠재적인 방법들을 깊은 관조적 경험을 통해 함께하기의 친밀감 속에서 생생하게 배울 수 있었다는 점에 동의한다.

두 번째 모임에서 린다는 비슷한 목표를 지닌, 다른 절차를 소개한다. 이번에는 의미심장함의 잠재적인 형태들을 관조하기 위해, 텍스트에 관한 더욱 상세하고 조직적인 이해에서 시작하자고 제안한다. 그녀는 함께 읽기를 시작하기 전에 몇 가지 안내사항을 언급한다.

에리히 프롬–우리의 고립 상태를 극복하기[6]

영향력 있는 사상가이자 인본주의 심리학자인 에리히 프롬(1900–1980)은 그의 저서 『사랑의 기술』에서, 우리에게 가장 필요한 것은 고립 상태를 극복하는 일이라고 주장한다. 인간은 자기 자신을 성찰하는 능력으로 말미암아 자신이 독립된 실체라는 사실을 의식한다. 우리는 죽음이나 그 밖의 통제할 수 없는 상황에 대한 전망 때문에, 우리 자신이 자연과 다른 사람으로부터 분리되어 있으며, 사랑하는 사람들로부터도 분리될 수 있는 독립된 실체라는 사실을 의식한다.

이 의식은 우리 안에 엄청난 불안감을 조성하는데, 프롬은 이것을 모든 불안의 근원이라고 서술한다. 그래서 우리는 다른 사람들 그리고 세상과의 연결을 통해 분리 상태를 극복하고자 다양한 방법으로 노력한다. 이러한 방법 가운데 일부는 파괴적이다. 예를 들어, 집단에 대한 순응, 또는 민족주의적 이념과의 융합, 의존이나 자아 상실 같은 왜곡된 관계 등이 그러하다. 그러한 방법들은 개인의 자유와 정체성을 앗아가기 때문이다.

하지만 우리의 단절을 극복하는, 깊은 의미를 지닌 다른 방법들도 있다. 예컨대 창의성은 우리를 눈앞의 현실 너머의 세계와 연결해준다. 진정한 우정과 진정한 사랑은 우리를 다른 사람들과 연결해준다. 이러한 것들은 우리가 우리 자신의 경계를 넘어설 수 있게 해주는 동시에 우리의

6 Erich Fromm, *The Art of Loving*, New York: Harper & Row, 1989.

통합성과 개별적 정체성을 보존하고 심지어 강화할 수 있을 정도로 의미 있는 경험이다. 진정으로 사랑할 때, 우리는 적극적으로 우리 존재의 중심에서 베푸는 능력을 표현하고, 따라서 우리의 개인적인 능력과 개성을 표현한다.

그러므로 의미 있는 상황이란, 우리가 우리 자신의 정체성을 잃지 않으면서 분리 상태를 극복하는 상황이라고 말할 수 있다. 프롬은 인생에서 가장 의미 있고 통쾌한 경험 중 하나가 나와 다른 사람 사이의 벽이 무너지면서 우리가 함께함과 합일됨을 느낄 때라고 말한다.

린다가 프롬에게서 고른 텍스트는 다섯 단락을 포함한다. 모둠은 각 단락을 따로 따로 관조하고, 각 단락에 대한 관조가 끝나면, 참가자들은 그 단락에서 발견할 수 있었던 중심적인 아이디어를 '소중한 말하기'의 절차를 통해 명확하게 표현하도록 안내된다. 처음에는 참가자들이 다른 진술들로 다양한 목소리를 내지만, 얼마 후에는 진술들이 완전한 합의[만장일치]까지는 아니어도 공통의 주제로 수렴하기 시작한다. 린다가 말하는 것처럼, 그 결과는 단일한 아이디어가 아니라 서로 연관된 아이디어들이 만들어내는 교향악이다.

소중한 말하기 절차를 통한 관조의 과정은, 참가자들이 텍스트 속의 몇몇 아이디어들에 자신을 개방하고, 자신 안에서 그 아이디어들을 깊이 성찰하며, 그것들 그리고 다른 참가자들과 함께 공명할 수 있게 해준다. 약 삼십 분 후, 참가자들이 각 단락의 주요 아이디어에 대해 관조하기를 마치면, 린다는 소중한 말하기 절차에서 대답해야 할 결론적인 질문을 던진다. "우리가 읽고 말한 모든 것을 고려해 볼 때, 여러분은 프롬의 텍스트에서 무엇을 얻어 간다고 생각하십니까?"

데이비드가 대답한다. "프롬이 제게 말합니다. 의미는 고립 상태 대 함께하기, 분리 상태 대 함께 있기의 언어로 말한다고요."

"그리고 또 불안의 언어로도요."하고 힐러리가 덧붙인다. "불안은 저를 둘러싼 벽을 깨고 다른 사람들과 연결되어야 한다는 절박감을 줍니다."

다른 참가자들 역시 자신들의 생각을 말하면서, 소중한 말하기의 순차는 몇 분 동

안 더 이어진다.

모둠이 텍스트를 더 수월하게 이해하게 되었기 때문에, 린다는 참가자들이 텍스트를 그들 자신의 개인적인 경험과 연관시켜보기를 원한다. 그녀는 그들에게 프롬의 텍스트에 있는 무언가와 공명하는 최근의 개인적인 경험을 기억해 내도록 요청한다. 그녀는 그들에게 이것을 명심하면서 텍스트를 조용히 읽어보라고 요청한다.

잠시 후, 모두가 개인적인 경험을 찾은 것처럼 보이면, 그녀는 침묵을 깨고 말한다. "여러분들이 찾은 개인적인 경험은 여러분의 의미에 대해 무엇을 말하나요? 프롬의 개념과 정확히 같은 언어로 말했나요? 만약 그렇지 않다면, 그건 어떤 언어로 말했나요?"

린다는 잠시 멈추었다가 덧붙인다. "그러나 이 질문에 여러 말로 대답하는 대신, 시로 말해보기로 합시다. 시적 언어는 우리에게 속마음으로 경청하라고 요구하며, 또 때로는 직설적인 설명으로 표현할 수 없는 것을 표현할 수도 있죠. 그럼 우리 모두 함께 단체 시를 쓰도록 할게요. 우리는 각자 두 구절을 작성할 거고, 그런 다음 우리가 작성한 모든 구절을 하나의 통일된 철학 시로 만들어 볼 거예요. 시는 항상 개별 구절들이 말하는 것 이상을 말해주죠. 전체는 시행들 사이의 상호작용으로부터 나타나는 새로운 의미를 내포하고 있어요."

참여자들은 각자 선택한 경험을 상상하면서 그것을 시적으로 표현해 보려고 노력하면서 한동안 조용히 집중한다. 시구를 자신들의 노트에 적고, 나중에 다시 다른 종이에 하나씩 옮겨 적는다.

만들어진 모둠 시는 놀라울 정도로 풍요로운 내용을 담고 있지만 다소 일관성이 없다. 각자가 기여한 부분들이 항상 서로 맞아떨어지지는 않기 때문이다. 그래서 모둠은 구절들의 순서를 바꾸고 대명사와 시제를 통일함으로써 그것들이 서로 호응할 수 있게 조정한다. 그 결과물로 나온 시 작품은 영감이 넘쳐난다. 참가자들은 이 시를 함께 읽고, 열려있는 대화로 그 시가 내포하고 있는 의미를 되새긴다. 참가자 모두가 이 실습이 의미에 대해 자신들이 개인적으로 가지고 있던 이해에 새로운 빛을 비춰주었다고 느낀다.

이 친교 활동의 세 번째 세션을 시작하며 린다가 말한다. "우린 지금까지 과거의 철학자들이 발전시킨 아이디어들에 대해 관조해보았습니다. 오늘은 의미에 대한 우

리 자신의 개인적인 이해에 좀 더 온전하게 집중해보기로 하죠. 하지만 먼저 철학사가 제공하는 아이디어들의 목록을 더 넓혀봅시다. 의미는 경험의 풍요로움에서 나온다는 카뮈의 생각 그리고 의미는 우리 자신을 초월하는 사랑에서 나온다는 프롬의 생각에 관해 이야기를 나누어봤어요. 성공, 투쟁, 성취에서 나오는 의미는 어떤 것일까요?

윌리엄 제임스—이상을 향한 투쟁[7]

미국의 심리학자이자 철학자인 윌리엄 제임스(1842-1910)는 "인생을 의미 있게 만드는 것은 무엇인가"라는 강연에서 자신이 의미에 관한 두 개념에 대해 반대한다는 주장을 펼친다. 먼저, 제임스는 우리의 요구가 충족될 때 의미를 느끼게 된다는 관점을 거부한다. 만일 우리가 아무런 투쟁이나 어려움 없이 육체적으로나 정신적으로 필요한 모든 것을 가지게 된다면, 삶은 지루하고 공허할 것이다. 그러나 다시 제임스는, 모든 투쟁과 어려움에 반드시 의미가 있다는 톨스토이의 견해도 거부한다. 제임스는 목표나 이상을 향하지 않는 고난은 무의미하고 따분하다고 생각한다. 고난은 오직 목적이 있을 때만 중요하다.

따라서 의미 있는 상황은 두 요소로 특징지어진다. 첫째, 그것은 투쟁, 끈기, 결단력을 포함한다. 둘째, 그것은 투쟁이 지향하는 이상 역시 포함하고 있다. 제임스는 여기서 영광스러운 이상을 성취하기 위한 극적인 투쟁뿐만 아니라, 더 나은 생활조건, 직장에서의 성공 등을 성취하기 위한 일상의 투쟁에 대해서도 말하고 있다.

제임스는 의지에 대해 논하는 또 다른 텍스트에서 이 같은 투쟁에 관련

7 William James, "What makes life significant," in: J. McDermott (ed.), *The Writings of William James*, Chicago: University of Chicago Press, 1977.

된 내적 태도에 관해 설명한다.[8] 제임스는 보통 우리 마음속의 온갖 종류의 아이디어들이 우리의 행동에 영향을 준다고 설명한다. 그러나 의미 있는 투쟁의 경우, 우리는 의도적으로 집중하려고 노력함으로써 특정한 아이디어를 마음속에 생생하게 간직한다. 우리는 이 아이디어를 고수하는 방식을 통해, 더 쉽고, 더 안전하고, 더 편안한 길로 미끄러지려는 우리의 성향을 극복한다.

그러므로 의미 있는 행동은, 우리의 주의력을 이상에 고정하며, 의심과 두려움, 또는 게으름을 표현하는 것과 같은, 우리를 산만하게 만드는 여타의 아이디어들을 무시하려는 정신적 노력을 포함한다.

참가자들은 한동안 '소중한 말하기' 절차를 통해 윌리엄 제임스의 접근법에서 핵심이 되는 개념들의 연결망을 함께 개괄해본다. 그들은 이 접근법의 핵심은 투쟁, 이상적 가치, 끈기 그리고 집중 같은 개념들이라는 사실을 확인한다.

이제 린다는 지금까지 그들이 고려했던 세 명의 사상가, 즉 카뮈, 프롬, 제임스의 개념 지도를 테이블 위에 올려놓는다. "이건 우리가 이미 만들어 놓은 개념들 목록이에요. 우린 이것을 우리의 개인적인 의미 이해를 성찰할 출발점으로 삼을 겁니다."

린다는 참가자들에게, 그들이 최근에 겪은 소중하고 의미 깊었던 세 가지 경험들에 대해 생각해보고, 또 의미 없고, 지루하고, 공허하다고 느낀 두세 가지 경험에 대해서도 생각해보라고 요청한다.

참가자들이 조용히 개인적 경험들을 모아놓은 짧은 목록을 작성하고 나면, 린다는 이렇게 추가 요구를 언급한다. "자, 이제 난 여러분이 각자 고른 경험들을 되돌아보고 그것들을 하나의 통합된 의미 '이론'으로 표현해 보았으면 좋겠어요. 그렇게 할 수 있도록, 여러분의 의미 있는 모든 경험에 공통적이면서, 그 경험을 의미 없는 경험과 구분할 수 있게 하는 요소가 무엇인지를 찾아보세요. 이건 무엇이 의미가 있고, 무엇이 의미가 없는지에 대한 여러분 개인적인 이론의 초안이 될 겁니다."

---

8 William James, "Will," in: J. McDermott (ed.), 같은 책, pp. 684-716.

참가자들은 서너 명으로 작은 조를 이루어 이 작업을 수행한다. 그들은 간결하게 말하고 서로의 말에 집중하는 것에 상호작용을 제한함으로써 관조적인 태도를 유지한다. 조별 활동을 끝내면 중심 원으로 돌아가서 그들의 목록을 공유한다.

린다가 이제 오늘의 실습 활동을 마무리하려 한다.

"오늘 우리는 우리 자신이 의미를 어떤 '언어'로 경험하는지를 이해하는 여정에서 또 한 걸음을 내디뎠습니다. 우리는 모둠 안에서 함께함을 통해, 또 역사적 텍스트들의 도움을 받아, 의미의 여러 상이한 개념들에 대해서 그리고 의미에 관한 우리 자신의 개념들에 대해서 배웠습니다."

"그런데 우리가 배운 것들로 무엇을 할 건가요?" 안젤라가 묻는다. "우리가 검토한 경험들은 매우 특별해요. 그것들은 소중하지만, 우리에게 매우 자주 일어나진 않죠."

린다는 동의하며 고개를 끄덕인다. "여러분은 이러한 경험들을 우리 일상의 한가운데에서 발견할 수 있는 작은 보석들로 여길 수 있어요. 만약 우리가 일상의 반복되는 루틴 속에 고정되어 있길 원치 않고, 또 우리가 자동 조종 파일럿처럼 살길 원치 않는다면, 우리 존재의 표층이나 플라톤적 동굴 안에서 이런 특별한 순간들을 알아차려야 할 필요가 있지요. 그것들은 우리에게 아주 중요한 무언가를 살짝 보여주거든요. 그것들은 우리가 삶을 더 온전히 살 수 있다는 것을 기억하도록 도와줍니다. 그것들은 우리가 보통 무시하는 우리 존재의 깊은 측면들을 계발하도록 초대해요. 내가 '내적 차원'이나 우리의 '내적 깊이'라고 부르는 것이죠."

폴은 심심이 생각하는 것처럼 보인다. "그래서 정확히 어떻게 우리가 이 내적 차원이나 내적 깊이를 찾을 수 있을까요, 린다?"

"폴, 전 그게 보편적인 공식으로 분류할 수 있는 것이라고는 생각하지 않아요. 우리 각자 스스로 그것을 탐구해야만 해요. 지금까지 우리가 가졌던 세 번의 모둠 활동에서, 우리가 우리 자신의 개인적인 내적 차원의 언어, 우리의 갈망, 소중한 경험들이 말하는 언어, 그리고 삶이 실제보다 더 많은 것을 내포한 것일 수 있다는 의식을 이해하기 시작했다면 좋겠습니다. 전 우리가 우리의 내적 깊이가 무엇을 말하고 있는지를 이해하기 시작했기를 바랍니다."

참가자들이 그녀의 말에 동의한다. 확실히 내적 차원의 언어를 이해하는 일은 아

직 그 차원을 각성케 하는 것은 아니지만, 중요한 첫걸음이다.

린다가 결론지으며 말한다. "기억하기로 합시다. 우리의 내적 차원은 고정된 구조물이 아니라는 걸요. 그건 우리가 한 번으로 완전하게 파악할 수 있는 게 아니죠. 그건 우리가 사는 동안, 아마 변화할 거고 성장할 거고 발전할 거예요. 그건 아마 인생에서 일어나는 사건들을 통해 조금씩 펼쳐지고 드러날 거예요. 그건 또한 우리에게 무엇이 일어나는지, 그리고 우리가 무엇을 하는지에 의해, 즉 우리의 결정들, 우리가 취하는 태도, 우리가 정한 삶의 스타일, 우리의 열린 또는 닫힌 마음, 우리의 사랑, 그리고 우리가 삶을 살아가며 얻은 지혜 등에 의해 영향받을 겁니다."

하이디가 맞장구친다. "나의 내적 차원은 살아있는 무엇a living thing이다."

"맞아요", 린다가 반응한다. "하지만 그것은 정확하게 말하면 '무엇'이 아니에요. 내가 가진 어떤 것이 아닙니다. 그건 나예요, 내 가장 안쪽에 있는 나죠."

제10장

내적 차원을 계발하기

제10장
내적 차원을 계발하기

이제 우리는 개인의 한계에 기인하는 구조뿐 아니라 그 너머에 있는 내적 차원의 언어를 이해할 수 있다. 하지만 여전히 이것은 이해에 관한 일종의 이론처럼 보인다. 문제는 이 이론적 이해를 어떻게 실천에 옮기고 이를 진정한 자기 변화로 바꾸냐는 것이다.

이론적인 자기 이해와 자기 변화 사이의 차이는 아마 엄청난 것처럼 보이겠지만, 사실 이 차이는 메울 수 없는 것이 아니다. 인류의 역사에서 우리는 이론적인 아이디어들에 대한 관조가 많은 지혜의 전통 그리고 정신적 전통에서 자기-변형을 위해 사용되어왔다는 사실을 발견한다. 예컨대 일 세기에 번성했던 고대 그노시스 학파[1]는, 비밀스러운 지식이 우리 존재에 숨겨져 있는 신성한 빛의 불꽃을 자유롭게 해주고, 우리를 신을 향해 더 높은 수준의 현실로 끌어올릴 수 있다고 믿었다. 사실 이것이 그들이 "Gnostics"라고 불렸던 이유다. 이것은 영어 "know"와 같은 어근에서 왔고 "아는 사람들"을 뜻한다. 이와 유사하게 유대교에서도 거룩한 탈무

1 James Robinson (ed.), *The Nag Hammadi Library*, New York: HarperCollins, 1990. 계시된 지식에 대한 감동적인 감사의 기도는 "The Prayer of Thanksgiving" pp.328-329 참고.

드를 성찰하는 일은, 유대인 남성들에게 (그리고 최근에는 여성에게도) 중요한 일과인데 개인의 성장을 위한 것이다. 일상적인 성찰은 일상생활의 모든 측면을 포함하는—예컨대 배변 습관부터 기도하는 법에 이르기까지, 곤충에서부터 기계에 이르기까지—풍요로운 아이디어들의 연결망을 마음속에 만들면서, 그 사람의 삶에 대한 태도를 형성하는 역할을 한다[2]. 기독교 세계에서 [유사한] 예를 들자면, 중세 카르투지오 수도회 승려들이 처음 개발한, 경전에 대한 네 단계 관조적 독서법인 "렉시오 디비나"(Lectio Divina, 성독聖讀)[3]가 있다. 이 독서법은 심오한 영적인 통찰이나 신과의 친밀감을 개인의 영적 성장의 일부로 만들기 위해 고안되었다.

이상과 같은 서양의 세 가지 방법 사례—그노시스적 경험 지식, 탈무드 분석, 기독교의 텍스트 관조—는, 아이디어들에 대한 성찰이 변형을 산출하는 방법들임을 보여준다. 그러나 엄밀히 말하면 이것 중 어떤 것도 *철학적인* 활동은 아니다. 어떤 활동을 최소한 철학적인 것으로 간주할 수 있으려면, 그것은 이미 존재하는 교리에 대한 헌신 없이 그리고 모든 가정과 권위에 기꺼이 의문을 제기할 자세로, 다시 말해 열린 마음으로, 삶의 근본적인 문제를 탐구해야 한다. 이와 대조적으로 종교적인 관조는 특정한 종교적 교리, 경전, 권위 등을, 그것들이 가지는 타당성에 의문을 제기하지 않고 당연하게 여긴다. 그럼에도, 이러한 전통적 실천법들은 관조가 지닌 변형적 힘에 대한 증거 역할을 한다.

---

2 Joseph Soloveitchik, *Halakhic Man*, Philadelphia: Jewish Publication Society of America, 1983.

3 이 독서법의 현대 버전에 대해서는 Gustave Reininger (ed.), *Centering Prayer in Daily Life and Ministry*, New York: Continuum, 1998 참고.

마르쿠스 아우렐리우스 『명상록』과 변형적인 관조[4]

서양철학 전통에는 철학적 성찰이 지닌 변형적 힘을 사용하는 여러 가지 접근법들이 존재한다. 특히 흥미로운 예는 로마 철학자이자 황제인 마르쿠스 아우렐리우스가 쓴 『명상록』에서 발견된다. 『명상록』은 이미 초기 스토아 학파의 글들에 들어있는 핵심 아이디어들을 담고 있는 저서로서, 그것들을 매력적인 방식으로 재구성하고 발전시킨다.

두 명의 저명한, 사상사 연구 학자인 피에르 아도[5]와 앤서니 아서 롱[6]은 『명상록』을 스토아 연습법에 관한 개인의 기록물, 또는 아도의 표현에 따르면, "영적 훈련"[7]에 해당하는 글로 해석했다. 그들에 따르면, 이 기록을 남긴 마르쿠스 아우렐리우스의 주된 목적은 사변적인 사색보다는 실천에 있었고, 자신의 생각과 태도를 *기록*하려던 것이 아니라 그것에 *영향*을 주려고 했다. 이러한 점에서 『명상록』은 현대 철학실천 운동을 선구한 고대 철학의 하나로 간주될 수 있다.

예를 들어, 『명상록』 2권 9절에서 마르쿠스 아우렐리우스가 하는 말을 고려해보자.[8] "이것을 항상 염두에 두어라. 전체의 본성은 무엇이며, 나의 본성은 무엇인가, 그리고 이것이 저것과 어떤 관계에 있고, 이것이 어떤 종류의 전체를 이루는, 어떤 종류의 부분인가. 그리고 네가 그 일부인 자

---

4 이 단락의 초기 버전은 "Auto-Conversación de Marco Aurelio en las Meditaciones: una lección para la práctica filosofia," *Sophia: Revista de Filosofia* (Ecuador) 5, 2009라는 스페인어 제목, 그리고 "Self-Talk in Marcus Aurelius' *Meditations*: a lesson for philosophical practice," in *Philosophical Practice* 4, 2009, pp. 486-491라는 영어 제목으로 출판된 적이 있다.

5 Pierre Hadot, *The Inner Citadel: The Meditations of Marcus Aurelius*, Cambridge: Harvard University Press, 1995. 특히, pp. 28-53 참고.

6 Anthony Arthur Long, *From Epicurus to Epictetus. Studies in Hellenistic and Roman Philosophy*, Oxford: Clarendon Press, 2006.

7 *The Inner Citadel*, Ch. 3, pp. 35-53.

8 *Meditations*, Amherst: Prometheus Book, 1991, Book 2. 가독성을 위해 이 번역서의 옛 표기 방식(대명사 및 어미 변화)을 현대식으로 수정했다.

연[본성]에 따라서 무언가를 항상 행하고 말한다면, 그것을 하지 못하게 할 수 있는 사람은 없다."

이 구절의 처음 몇 단어들은—"이것을 항상 염두에 두어라 …" (이 책에는 이와 유사한 표현들이 많다)—저자가 누군가를 염두에 두고 있다는 것을 가리킨다. 그 누군가가 바로 자기 자신이다. 마르쿠스 아우렐리우스는 우주에 대해 그리고 그 안의 아주 작은 부분인 자신에 대해 관조함으로써 성가신 그 날의 일과에 대비하라고 자기 자신에게 말하고 있다. 이러한 말들을 써 내려가면서, 그는 자기의 생각, 태도, 행동에 영향을 주어서 스토아적 이상을 따르도록 꾀했다. 이것은 내면의 평화, 그리고 우주적인 로고스와의 조화를 향한, 스토아적인 자기-변형 프로그램을 보여준다.[9]

『명상록』에서 사용된 연습법에는 여러 가지 종류가 있다. 그중 일부는 자기 통제력을 개발하는 것을, 다른 일부는 합리적 판단, 자기의식, 도덕적 행동, 의무 이행 능력 등을 개발하는 것을 목표로 한다. 그러나 전체적으로 그들의 지향점은 비슷하다. 특정한 스토아적 아이디어들을 의식하게 하고, 그렇게 해서 그 아이디어들이 온종일 그 글을 적는 이를 인도하는 효과를 낳도록 하는 것이다.

그런데 이것은 흥미로운 문제를 제기한다. 당신이 이미 알고 있는 아이디어를 당신 자신에게 말하는 것이 무슨 의미가 있는가? 만약 당신이 이미 어떻게 생각하고 행동해야 하는지 이해한다면, 당신 자신을 납득시키기 위해 이것을 써 내려가는 것이 무슨 의미가 있는가?

이에 대한 대답은, 마르쿠스 아우렐리우스가 영혼을 두 부분으로 이루어진 것으로 생각했다는 데서 찾을 수 있다. 이성적인 부분과 비이성적인

9 Pierre Hadot, *The Inner Citadel: The Meditations of Marcus Aurelius*, Cambridge: Havard University Press, 1995, pp. 35-53.

부분이 그것인데, 전자는 이미 스토아적 원리를 믿고 있으며, 아직 확신하지 못하고 있는 후자에게 말하고 있다. 후자, 즉 비이성적인 부분은 우리의 몸과 마음의 상태를 통제하려는 완고한 심리학적 메커니즘으로 구성되어 있다. 그것은 내가 우리의 "한계"라고 부르는 것과 유사한, 다양한 심리학적, 생물학적 힘들의 지배를 받는다. 그 힘들은 예컨대 우리의 고통과 쾌락의 패턴들, 우리의 정서적 반응들, 그리고 그것들이 자동으로 만들어내는 욕구들을 포함한다. 그러한 욕구들은 우리의 자유의지가 아니라 비이성적인 힘들에 의해 지배되기 때문에, 마르쿠스 아우렐리우스에 따르면 온전히 우리의 것은 아니다.

이와는 대조적으로 영혼 안의 이성적인 요소는 심리학적인 힘들이나 메커니즘에서 벗어나 있다. 이것이 "안내 원리", 즉 "다이몬"이다. 스토아 철학에 의하면, 그것은 우리의 진정한 인간 본성, 즉 이성을 표현하며, 우주 전체를 운영하는 로고스와 조화를 이룬다. 우리 안의 이성적 원리로서, 그것은 우리의 상황을 이성적으로 검토하고 평가할 수 있으며, 어떻게 행동하고 반응할지를 결정할 수 있다. 마르쿠스 아우렐리우스에 따르면, 오직 이성적인 자아만이 자유롭다. 그러므로 그것이 참으로 나, 진정한 내 자아의 유일한 요소다.

그러나 안내 원리와 심리학적 메커니즘 사이의 이러한 구분조차도 마르쿠스 아우렐리우스가 어째서 자신에게 말하고 있는지를 충분히 설명해주지는 못한다. 심리학적 메커니즘이 그의 통제하에 있지 않고 이성적인 이유에 따라서 작동하지 않는다면, 영혼의 그 부분에게 말하고 쓰는 것은 의미가 없다. 비이성적 메커니즘은 철학적 성찰에 말을 걸거나 그것에 의해 설득될 수 없기 때문이다. 실제로, 그는 심리학적 메커니즘으로부터 자신을 분리하라고 자기 자신에게 경고한다.[10]

10 예컨대 *Meditations*, Book Ⅴ, section 26, 그리고 Book Ⅻ, section 3 참고.

이는 『명상록』에서의 화자가—이것은 아마도 아우렐리우스의 이성적 안내 원리일 텐데—자기 자신에게 말하고 있는 것이지, 비이성적인 부분에게 말하고 있는 것이 아니라는 사실을 암시한다. 하지만 만약 그렇다면, 우리는 우리의 첫 질문으로 되돌아가는 셈이다. 우리 자신이 이미 이해하고 있는 아이디어를 자기에게 말하는 것이 무슨 의미가 있을까? 이미 확신하고 있는 자신을 설득하는 것이 무슨 의미가 있을까?

그러나 이 질문은 오해의 소지가 있는 방식으로 표현되었다. 그것은 마르쿠스 아우렐리우스의 내적 대화가 누군가에게 아이디어들을 전달하기 위해 고안되었다고 가정한다. 우리가 이 가정을 받아들이는 한, 그 사람이 누구일지를 알기는 어렵다. 이 문제에서 벗어나는 길은 그의 내적 대화의 목표가 자기 자신*에게* 말하는 데 있는 것이 아니라 자기 자신*으로부터* 말하는 데 있다는 사실을 깨닫는 것이다. 그의 내적 대화는 그의 참 자아가 자기 아이디어들을 듣기 때문이 아니라, 그것들을 말하기 때문에 효과적이다. 마르쿠스 아우렐리우스는 자신의 안내 원리가 자신을 표현하도록 격려함으로써, 그것에게 목소리를 주고, 그것을 일깨우고, 강화하는 것이다.

관조하기를 통해 내면의 빈터를 열기

마르쿠스 아우렐리우스의 연습은 우리에게 중요한 교훈을 준다. 우리는 우리 자신의 더 깊숙한 측면, 즉 내적 깊이, 내적 차원에 힘을 실어줄 수 있다. 그것에 목소리를 주고, 그것이 스스로 표현하도록 격려함으로써 가능한 일이다. 그의 연습은 철학적 아이디어들이 우리를 변화시키는 힘이 있다고 가르쳐준다. 추상적 사유에 국한시키지 않고, 우리의 깊은 자아와 관련하도록 만든다면 말이다.

철학실천에서 이 같은 생각을 활용하기 위해서는 먼저 마르쿠스 아우렐리우스의 연습 방법론과 인생에 대한 그의 스토아적 접근법을 구별해야 한다. 그는 스토아 사상에 자신의 관조 방법을 적용하지만, 스토아학파에 의지하지 않는 우리는 그 특정 철학을 받아들이지 않고서도 이 방법을 활용할 수 있다. 철학실천 활동에서 우리는 미리 주어진 어떠한 원칙을 철학적인 여정에 강요하려 하면 안 된다. 우리의 목표는 내적 차원을 일깨우되, 그것에게 자신만의 독특한 방법을 탐구할 자유를 주는 것이다. 그러므로 마르쿠스 아우렐리우스의 연습을 하나의 이론으로 사용하는 대신, 우리는 그것을 다양한 대안적 아이디어들과 함께 사용해야 하고, 우리 내적 깊이가 그것에 대해 고심하고, 그것들을 실험하고, 자신만의 방법을 선택하거나 창조하도록 허용해야 한다.

다른 한편, 우리 내적 깊이가 어떤 임의의 아이디어에 의해 영감을 받지는 않을 것이다. 그것은 아주 가깝고, 공명 가능한 아이디어에 의해서만 접촉할 수 있다. 그러므로 우리가 독단적이지 않은 방법으로 우리 내적 깊이를 일깨우고 싶다면, 또 플라톤의 동굴에서 벗어날 수 있을 개인적인 통로를 탐색하도록 영감을 주고 싶다면, 우리는 그것과 비슷한 언어로 말하는 철학적 아이디어들을 통해 접촉해야 한다. 예를 들어, 나의 내적 차원이 공감과 연대의 개념을 지향하지만, 미적 아름다움에 관한 아이디어를 전혀 지향하지 않는다면, 미학적 주제를 다루는 철학을 성찰함으로써 그것을 움직이기는 곤란할 것이다. 그러므로 만일 우리가 어떤 사람의 내적 차원의 언어를 안다면, 또 우리가 그 사람의 비전과 지향점의 기초가 되는 주요 개념들을 안다면, 우리는 그 차원을 일깨우고 그것에 영감을 불어넣기 위해 비슷한 아이디어들을 담고 있는 철학 텍스트를 사용할 수 있다.

그렇다고 해서 어떤 사람에게 어떤 철학적 이론이 맞을지를 사전에 알아야 한다는 뜻은 아니다. 특히 한 사람의 내적 차원이 어떻게 발전하게 될지를 정확하게 알기란 불가능한 일이므로 다양한 방법들을 시도한다고 해서 해가 되지는 않는다. 내적 차원은 이제 막 탐구를 시작한 어린아이처럼 자신이 무엇을 선호하는지를 사전에 알지 못한다. 우리가 열린 마음을 유지하고, 그 사람의 반응을 민감하게 살피며, 또 언제든지 우리의 접근 경로를 바꿀 준비가 되어 있다면, 그의 내적 차원, 내적 깊이로 가는 길을 찾을 좋은 기회가 존재한다. 특히 풍요로운 결실을 약속해주는 것은, 기본적인 삶의 문제, 즉 철학적인 문제와 관련된 텍스트들이나 아이디어들이다. 그것들에 대해 성찰하는 일은 그 사람의 가장 근본적인 열망과 투쟁에 공명할 가능성이 크기 때문이다.

우리 내면의 차원에 있는 생각들을 성찰하는 것이 *관조*다. 일반적인 사고 형태와 달리, 관조한다는 것은 우리의 통상적인 사고 패턴을 침묵하게 하고, 내면의 공간을 열고, 우리의 내적 차원이 스스로 사고할 수 있도록 해주는 것을 의미한다. 따라서 관련되는 아이디어들에 대해 철학적으로 관조하는 일은, 우리의 내적 차원에 목소리를 주고, 그것을 일깨우며, 이렇게 해서 우리의 한계 너머까지 도달하도록 영감을 불어넣는 강력한 방법이다.

필자는 플라톤의 동굴에서 벗어나는 이 일반적인 접근법을 *철학적 관조의 길*이라 부른다. 그것은 첫째, 자신의 한계와 내적 차원이 "말하는" 언어를 탐구하는 것, 둘째, 관련된 철학 텍스트를 사용하여 내적 차원이 목소리를 내게 하거나, 아니면 좀 더 구체적으로, 그 내적 차원을 선점하고 있는 기본 개념들을 철학적으로 관조함으로써, 그 내적 차원을 일깨우는 것이다.

관조는 실행하기가 쉽지 않다. 우리가 단순히 특정한 동작을 따라 하는 것만으로 할 수 있는 것이 아니다. 마르쿠스 아우렐리우스가 보여주듯, 효과적으로 관조하기 위해서는 아이디어들의 힘에 우리 자신을 개방하는 능력을 계발해야 한다. 다시 말해, 우리는 아이디어들에 우리의 한계적 사고 패턴이 아니라 내적 차원, 즉 우리의 내적 깊이를 사용하여 반응하는 법을 배워야 한다. 지리학적 은유를 사용하자면, 우리는 우리 내부의 다른 "장소", 즉 우리의 무의식적인 한계의 패턴에 의해 통제되지 않는, 우리 자신의 측면"으로부터" 아이디어들을 경청하고 반응해야 한다. 우리가 이 능력을 더 발전시킬수록, 우리는 우리 자신의 한계적인 반응들을 무시할 수 있고, 새로운 이해가 우리 안에서 작용하고 우리를 변형시킬 수 있도록 허용할 수 있다.

나의 한계가 완전히 사라질 거라고 기대하는 것은 비현실적일지도 모른다. 나는 결국 한 인간이다. 특정한 심리학적 구조와 생물학적 체질을 지니고 있고, 나의 특정한 문화, 언어, 그리고 개인사에 영향을 받는 생명체다. 많은 실습을 하고 난 후에도, 나의 감정과 행동 중 많은 것들이 계속해서 나의 한계적 이해와 의지로 지배될 것이고, 그렇게 그것들은 나를 특정한 감정과 행동 패턴으로 제한할 것이다. 그럼에도 불구하고, 적어도 때때로 나라는 존재의 특정한 부분들은 한계적 패턴들에 의해 지배되지 않는다는 것을 나 자신이 어떻게든 보장하기만 한다면, 이러한 한계적 패턴들이 나를 완전히 지배하지는 못할 것이다.

그러므로 나의 과제는 나의 한계적 자아로부터, 즉 나의 평범하고 경직되고 편협한 태도로부터 자유로운, 내 안의 공간을 여는 법을 배우는 것이다. 우리는 이것을 [비유적으로] 숲속의 *빈터*clearing라고 부를 수 있다. 나의 한계적 이해의 조밀한 연결망의 중앙에 있는 열린 공간이다. "빈터"라는 비유가 암시하듯, 중요한 것은 나의 한계인 "숲"을 제거하는 것이 아니라, 숲 안에 아무리 작더라도, 하늘을 향해 열리는 자유로운 공간을 만드는 것이다. 이것은 적어도 특정한 상황에서, 적어도 때때로 삶에 대해 다른 내면의 태도를 취할 수 있게 해줄 것이다. 그리고 이 국지적이고 한시적인 빈터는 철학적 이해를 통해 나를 활기차게 하고, 내게 영감과 자양분을 공급해줄 수 있다. 나뭇잎 사이로 스며드는 몇 줄기 빛이 때때로 숲 전체를 비출 수 있다.

어떤 경우, 빈터는 마치 우리의 노력과 무관하게 지나가는 기분처럼, 우리가 뜻밖의 "선물"을 하나 "받은" 것과 같다. 예를 들어, 우리는 뚜렷한 이유도 없이 갑자기 정신이 매우 민감하고 명료해졌다는 느낌을 받을 때가 이따금 있다. 평범한 사건들이 새로운 의미들로 가득 차 있는 것처럼 보이고, 놀라운 통찰력이 솟아올라 영감을 주기도 하며, 시각이나 말에 의해, 또 사람들과 풍경들에 의해 새로운 방식으로 감동하기도 한다. 이것은 내면의 고요함, 집중력, 조화, 또는 자연스러운 흐름을 동반할 수도 있다. 마치 우리의 평소의 마음 상태가 한쪽으로 밀려나고, 몇 분 또는 몇 시간 동안 새롭고 경이로운 풍요로움이 그 자리를 차지하는 듯 말이다.

그러므로 빈터를 만드는 일이 항상 우리에게 달린 것은 아니다. 그럼에도 우리는 노력을 통해 빈터를 조성하는 일을 상당히 촉진할 수 있다. 우리가 할 수 있는 최소한의 노력은 주의를 기울이는 것이다. 빈터는 우리가 인식하는 것보다 더 자주 우리의 마음에 나타나지만, 우리는 보통 너무 바빠서 그 순간을 알아차리지 못한다. 우리의 일상적인 패턴과 개념은 너무 강력하여, 우리가 방금 뭔가 중요한 일이 일어났다는 것을 알아채기도 전에 빠르게 장악해버린다. 심지어 우리가 빈터를 느꼈을 때조차, 우리는 그것을 아무것도 아니라며 무시하고 그저 즐거운 기분일 뿐이라고 치부한다. 하지만 우리가 그것을 알아차리고 잘 가꾼다면, 작은 기적을 경험할 수 있다. 이것은 마치 우리의 세계가, 우리의 일상적인 자아를 훨씬 넘어서는 새로운 지평을 여는 것과 같다.

더욱이 빈터는 실천의 결실로 나타날 수도 있다. 우리는 지속적인 경험을 통해, 최소한 잠시뿐일지라도, 일상적인 한계의 힘을 뒤로 밀어내고 우리 안에 자유로운 공간을 여는 법을 점진적으로 배울 수 있다. 우리는 일상의 실천을 통해 세계에 참여하는 법, 그리고 일상의 업무와 과제에 참여하는 법을 배울 수 있으며, 이와 동시에 우리의 작은 한계적 자아보다 더 커질 수 있다.

빈터를 마련하는 일은 그 자체로 아직 관조하기, 정확하게 말하자면, 철학적인 관조는 아니다. 그 자체로는 철학적인 아이디어들을 포함하지 않기 때문이다. 그러나 잠시만이라도 우리 안에 빈터를 유지할 수 있다면, 우리의 철학적 성찰은 진정으로 관조적인 것이 된다.

철학 텍스트와 함께 관조하기

필자는 때로는 혼자서, 또 때로는 여러 수도원에서, 그리고 다양한 나라의 철학 워크숍과 수련회에서 이십 년 넘게 관조의 기법들을 탐구해왔다. 필자의 경험은 철학 텍스트가 관조에 큰 도움이 될 수 있다는 사실을 가르쳐주었다. 좋은 철학 텍스트는 근본적인 삶의 문제들에 대한 아이디어들의 풍요로운 연결망을 보여준다. 좋은 철학 텍스트는 그 자체로 우리의 한계적 삶의 토대를 새로운 관점과 깊이에서 보도록 도와줄 수 있다.

우리의 내적 차원을 일깨우고 그것에 목소리를 주는 데 사용될 수 있는 많은, 텍스트 기반 연습법이 있다. 우리는 그와 같은 연습을 통해 개념들을 검토하고, 질문을 명확히 표현할 수 있으며, 아이디어들을 만들어내고, [그 배후에 놓여 있는] 가정들과 연관성을 알아차릴 수 있다. 우리의 통상적인 독단적 자아나 자동적 사고 패턴이 아니라, 내적 차원으로부터 그렇게 할 수 있다. 이 연습 활동은 평소 우리의 사고방식을 제쳐두고 우리 안에서 더 깊은 통찰이 나타나도록 돕기 때문에 진정으로 관조적인 것이다.

우리가 텍스트 관조를 위해 철학 텍스트를 사용할 때, 우리는 그것을 이론으로—다시 말해, 정확하게 표현되기를 열망하는—실재에 대한 표상으로 여기지 않는다. 우리는 철학 텍스트에 대해 판단하고 분석하거나 논쟁하지 않는다. 그 같은 활동은 의견을 가지고 참여하는 우리의 마음과 관련되기 때문이다. 그러한 활동은 무심한 관찰자의 태도를 취할 것을 요구함으로써 우리를 관조적인 태도에서 멀어지게 한다. 텍스트를 관조할 때, 우리는 말을 경청하고 공감할 수 있는 내면의 빈터를 마련함으로써, 텍스트에 *대해* 생각하지 않고 텍스트와 *함께*한다. 이는 우리가 텍스트가 말하는 것에 동의한다는 것을 의미하지 않는다. 동의하거나 동의하지 않는 것은 전혀 중요한 부분이 아니다.

모든 철학 텍스트가 관조적으로 읽기에 똑같이 적합한 것은 아니다. 어떤 텍스트들은 시적이고 영감을 주는 반면, 다른 텍스트들은 장황하거나 지식을 요구한다. 어떤 텍스트들은 통찰력이나 감수성을 보여주는 반면, 어떤 텍스트들은 진부하거나 무미건조하다. 어떤 것은 일상의 상황과 쉽게 관련될 수 있는 반면, 다른 것들은 추상적이고 관련성이 적다.

일반적으로 텍스트를 고를 때는 서너 단락 이하의 짧은 텍스트를 선택하는 것이 가장 좋다. 장황하지 않고 압축된 방식으로 자아, 사랑, 자유 등과 같은 일상적인 개념을 다루는 텍스트가 바람직하다. 특별히 적절한 철학 텍스트는 시적으로 쓰인 것이다. 몇몇 예만 들어보면, 마르쿠스 아우렐리우스, 니체, 부버, 베르그송, 에머슨 등의 글이 여기 해당한다. 그러나 보통 무미건조하고 추상적인 책도 감동적인 구절을 포함하는 경우가 있는데, 이러한 책도 관조적인 독서에 사용될 수 있다.

개인들을 위한 관조 연습

모둠 활동, 상담 회기, 개인을 대상으로 철학실천 등, 활동 형식에 따라 서로 다른 텍스트 관조 연습들이 적합할 수 있다. 우선 개인 또는 한 명의 내담자와 함께 실천해 볼 수 있는 연습들부터 시작해보자.

침묵 수업

이것은 카르투지오 수도회의 가톨릭 수도승들에 의해 개발된 전통 기법을 비종교적인 방식으로 단순화시킨 훈련 기법이다. 이 기법은 원래 Lectio Divina, 즉 '성독'이라고 불리는 것인데, 성서 읽기에 집중하는 전통적이고 종교적인 절차였다. 철학적인 형식으로 진행할 때는, 채 한 쪽이 안 되는 길이의 짤막한 철학 텍스트를 읽되, 특히 압축적이고 심지어 시적이면 더욱 바람직하다. 이 훈련의 목표는 우리 내부에 있는 다른 장소, 즉 우리의 내적 깊이에서부터 그 텍스트를 관조하고, 그 텍스트가 우리 내부에서 "말하도록" 하는 것이다.

이 침묵 수업은 개인이 수행할 수도 있고, 내담자와 상담자 사이의 상담 회기 및 모둠에 의해서도 수행될 수 있다. 개인 버전에서, 만약 당신이 혼자서 관조한다면, 내적 빈터를 마련해야 하므로 집중을 위한 짧은 명상으로 시작하는 것이 가장 좋다. 침묵 수업의 절차 자체는 여러 단계로 이루어진다.

첫째, 선택한 텍스트를 조용하게, 그리고 평소보다 훨씬 느리게 읽어야 한다. 당신은 어떠한 의견이나 분석을 강요하는 일 없이, 텍스트의 단어들을 주의 깊게 듣는다. 당신은 종종 텍스트가 당신 안에서 말하는 것을 경험하게 될 것이고, 아이디어들이 당신의 마음속에서 자발적으로, 즉 그것들 스스로 나타나게 될 것이다. 같은 텍스트를 여러 번 읽도록 하라.

둘째, 이 내적 침묵 상태 안에서 당신의 주의를 끌거나 당신에게 말하기를 "원하는" 하나의 구절 또는 문장에 주목하라. 이 문장에 집중하고 문장의 말을 듣는 동안 여러 번 읽어라. 아마 당신의 마음속에서 다양한 아이디어들이 떠다닐 것이다. 이때 조용히 그것들을 경청하고, 단어들로 정확하게 표현할 수 있도록 하라. 그것들을 종이에 적어도 좋다.

셋째, 당신의 마음속에 여러 가지 다른 아이디어들이 떠오른 다음에는 이것들을 통합하고, 조직화하고 집중할 때다. 그렇게 하기 위해 당신의 마음에 부드럽게 집중하고, 반복되는 주제들에 주목하고, 그 주제들을 당신의 다른 모든 아이디어들의 중심이 될 수 있는 한 문장으로 결합할 수 있도록 노력하라.

마지막으로, 짧은 산책을 하거나 그 문장을 손으로 옮겨 적으면서, 좀 더 편안한 방법으로 그 문장을 관조하라.

상담 회기에서도 침묵 수업은 유사한 방식으로 이루어지지만, 대부분 읽기와 성찰이 소리내어 들을 수 있게 진행된다. 내담자는 텍스트를 큰 소리로 읽고, 그의 마음에 떠오르는 아이디어들을 약간의 단어들로 표현한다. 상담사는 내담자의 또 다른 자아처럼 행동하는바, 내담자의 말을 따라 하거나 부연하고, 질문하고, 그가 자신의 아이디어들을 정확하게 표현할 수 있도록 도와준다.

소중한 순간으로부터 말하기

이 과정은 상담 환경에 적합하다. 내담자는 최근에 경험한 일들 가운데 소중한 상황을 의식으로 불러내어, 그것을 마음속에 집어넣고자 노력한다. 그는 자신이 과거의 상황 속에 있다고 상상하며, 그 과거의 깊이로부터 생각하고, 느끼고, 행동하고자 노력한다. 상담사는 기회가 주어질 때마다 질문과 코멘트로 내담자를 돕는다.

내담자가 기억하고 있는 소중한 순간'으로부터' 말하려는 시도는, 사실상 그의 내적 깊이를 조사하려는 시도이자 또 그 깊이에게 목소리를 주려는 것이다. 그러나 아마 이 과정이 쉽지 않을 수도 있을 것이다. 강력한 경험을 말로 옮기기가 특히 어렵기 때문이다. 그러므로 일반적으로 이 연습을 가장 잘 해내려면, 내담자의 내적 차원의 언어를 어느 정도 탐색하고 난 다음에, 또 몇 가지 기본적인 개념들을 확인한 다음에 행해야 한다(앞 장을 참고하라). 상담사는 그 개념들을 사용하여 연관된 질문들을 제기할 수 있고, 내담자가 자신의 답변을 표현하도록 도울 수 있다.

안내를 받아 철학 텍스트 안으로 상상 여행 떠나기

안내를 받아 진행하는 이미지 훈련도 내적 깊이에 도달하는 데 사용될 수 있다. 이때 상담사는 내담자의 내적 차원과 정신이 비슷한 짧은 철학 텍스트를 고른다. 그다음, 상담사가 내담자에게 상상 속에서 텍스트의 세계 안으로 들어가라고 지시하고, 둘이 함께 그 세계를 탐구한다.

철학 친교의 절차[11]

일대일 상담의 경우 내담자들은 때때로 상담사 앞에서 부담감이나 당황스러움을 느낄 수 있기 때문에 집중해서 생각하기가 어렵다. 이때 더 바람직한 형식은 철학 친교 활동이다. 사실, 한계를 분석하는 데 이상적인 형식은 개인 상담이다. 이에 비해 친교 형식은 내적 차원에 관한 실험에 이상적이다. 친교 형식에서 참가자들은 자기 자신에 조금 덜 몰입할 수 있으면서도, 자신의 문제 주변에서만 맴돌지 않는 집단 활동에 참여할 수 있다.

11 친교 모둠에서 채택할 수 있는 관조 연습에 관한 좀 더 온전하고 상세한 목록은 *Handbook of Philosophical Companionships*, Vermont: Loyev Books, 2016 참고.

성공적인 철학 친교 활동에서 아주 중요한 요소는 *함께하기*다. *함께하기*의 깊은 의미는, 나는 더이상 내 사고와 내 아이디어들의 유일한 또는 궁극적인 주인이 아니라는 것이다. 마치 밴드 안에서 동료 연주자들과 함께 공명하면서 음악을 창조하는 음악가처럼, 나는 동료로서 내 동료들과 함께 밴드 모둠의 "아이디어들로 음악"을 만든다. 나는 타인들이 말하는 내용에 *대해서*보다 그들과 *함께* 있음을 주로 생각한다.

일반적인 모둠에서는 이 같은 일이 늘 일어나지는 않는다. 예컨대 전형적인 모둠 토론에서 개인은 자신의 개별성과 독자성을 유지하며, 어떤 주제에 대해 자족적인 개별 사고자처럼 행동한다. 참가자 개인은 자신만의 의견과 원칙을 가지고 있으며, 타인의 아이디어들에 *대해* 생각하고 그 아이디어들이 옳은가 그른가를 판단한다. 그러므로 만약 우리가 모둠의 구성원들 사이에서 함께하기의 관계를 유지하고자 한다면, 다시 말해 모둠 사람들을 함께 관조하는 동료 참가자로 바꾸기를 원한다면, 반드시 확실한 절차를 도입해야 한다. 이러한 절차는 참가자를 통상적인 태도에서 벗어나게 만들기 때문에, 그 상호작용이 "부자연스럽게" 느껴질 수도 있다.

철학적인 관조를 위해 친교 활동이 다루는 주제에 대해서는 앞에서 언급했으므로, 이제 여기서는 그들이 어떻게 작업하는지를 명확히 볼 수 있다. *철학적으로 관조하는 친교 모둠*(또는 간략히 *철학 친교*)은 의미 있는 철학적 통찰을 얻기 위해 삶의 기본적인 문제들에 대해 함께 생각하는 사람들의 모둠이다. 그들은 온라인이나 면대면으로 실습 절차 및 연습을 소개하는 진행자와 정기적으로 함께 만난다. 각 회기는 일반적으로 개인의 철학적 탐구를 위해 출발점이 될만한 간단한 철학 텍스트에 초점을 맞춘다.

세 가지 일반적인 안내 지침이 이 친교 활동의 방향을 인도한다.

1. 관조적인 태도를 유지하기: 참가자들과 함께 자신의 일상적인 의견

과 사고의 패턴에서 벗어나 자신들의 더 깊은 측면에서 생각하고 상호작용하기를 시도해 본다. 참가자들은 자동적으로 떠오르는 의견이라든가 개인과 무관한 아이디어들을 표현하는 대신, 자신의 내적 차원에 목소리를 부여한다.

2. *함께하기 속에서 타인과 공명하기*: 참가자들은 더이상 서로 마주하고 있는 개별 사고자들이 아니다. 오히려 그들은 함께 생각하며 나란히 있다. 그들은 통상적인 논쟁을 벌이거나 자기 생각을 선언하는 대신, 여러 가지 이해들을 소재로 "모둠 음악"을 함께 만들어내는 음악가처럼 공명한다.
3. *텍스트(또는 아이디어들)에 공명하기*: 참가자들은 그들이 함께 읽은 철학 텍스트에도 공명한다. 그들은 자신들이 텍스트 안에서 찾은 철학적 아이디어들에 그들 자신을 관련시킨다. 마치 합창단에서 한 목소리가 다른 목소리와 어우러지듯 말이다. 그래서 그 아이디어들에 동의하느냐 동의하지 않느냐는 더이상 중요한 부분이 아니다. 텍스트 안에 들어있는 철학적 아이디어들은 이론으로 간주되지 않는다. 다시 말해, 그것들은 실제 현실의 존재 방식에 대한 진술로 간주되는 것이 아니라, 공명하기 위한 음악적 문장으로, 더 깊은 관조의 씨앗으로 간주된다.

다양한 절차와 연습이 우리가 이 세 가지 지침을 따르는 데 도움을 줄 것이다. 다음은 그 몇 가지 예시다.

관조적인 읽기의 예비 단계—목소리 명상

관조하기 연습을 보다 효과적으로 수행하기 위해서는 보통 먼저 침묵하는 태도와 내면에 귀 기울이는 태도를 보이려는 노력이 필요하다. 몇 분의 짧은 명상 연습은 이 같은 태도를 만드는 데 도움이 될 수 있다. 이 연습을 통해 우리는 우리 자신을 분망하고 시끄러운 마음과 동일시하기를 멈추고, 우리를 통해 말하고자 하는 통찰을 위해 빈터, 비어있는 공간, 통로가 된다. 우리는 더이상 지배하고 말하며 결정하는 자아가 아니라, 우리의 이해가 우리의 심연에서 무엇을 선택하여 끌어내든 그것을 받아들일 수 있고 사용할 수 있는 자아가 된다.

이 같은 명상을 통한 집중 연습에서 우리는 우리 몸을 우리 내면의 태도에 대한 은유로 사용한다. 우리는 신체 자세를 조절함으로써 마음 상태에 영향을 미칠 수 있다. 우리는 들이마신 공기가 우리 몸의 기도를 따라 콧구멍으로부터 목구멍과 배를 지나 우리 신체 아래까지 한 걸음 한 걸음 내려가는 모습을 상상한다. 우리 자신을 우리의 머리—보통 우리 자신이 자리 잡고 있다고 여기는 그곳—에서 분리함에 따라, 새로운 내면적 태도를 얻게 된다.

그렇게 하기 위해 균형 잡히고 편안한 자세로 조용한 공간에 앉아 있어보라. 호흡이 당신 콧구멍의 안과 밖으로 흐를 때, 마음을 당신의 호흡에 집중해보라. 당신의 콧구멍을 "바라보는 것"이 아니라 단지 거기에 집중하며 편안하게 휴식을 취하라. 만약 당신의 마음속에 어떤 생각이나 이미지들이 떠오른다면, 그것들에 저항하지 마라. 그것들을 무시하고 지나가게 놔둬라. 세 번의 느린 호흡에 맞춰 의식을 당신의 입으로 옮긴 다음, 공기의 움직임에 주목하라. 그리고 다시 세 번 더 느리게 호흡한 후에 공기를 당신의 목구멍 입구, 그다음 목 자체, 그다음엔 당신의 심장, 그리고 다시 복부로 이동시켜라. 거기서부터 더 멀리 당신의 엉덩이—보통 숨을 들이마시고 내쉬면 울리는 곳—까지 계속 이동시키고, 최종적으로 당신 의자 밑 가상의 지점으로, 즉 더 아래로 내려가게 하라. 그곳에서 이제 당신은 더는 당신의 몸속 보통의 장소, 즉 뇌 안에 있지 않으며, 당신 자신을 당신의 보통의 자아와 동일시하지 않게 된다. 당신은 은유적으로 말하자면, 내면의 소리를 듣는, 침묵의 장소라고 부를만한 곳에 있는 것이다. 그리고 지금, 당신이 보통의 자아 "아래에" 있을 때, 그러니까 당신의 자아보다 "더 깊이" 있을 때, 관조적 회기의 주요 부분이 시작될 수 있다.

소중하게 말하기precious speaking

우리는 관조적인 *절차procedures*와 관조적인 *연습exercises*을 서로 구별한다. 연습과 달리, 절차는 그것 자체로는 성립할 수 없는 단순한 기법들techniques이다. 그것들은 연습의 요소로서 기능할 수 있다. 하나의 연습은 하나 혹은 그 이상의 절차들을 포함한다.

소중하게 말하기는 여러 가지 연습에서 그 한 요소로 제공되는 일반적인 절차다. 이 절차에 따르면, 모둠 내의 동료들은 마치 각 단어 하나하나가 소중하고 이 모둠의 선물이나 되는 것처럼 정확하고 간결한 방식으로 말하라는 지시를 받는다. 그들은 반복 표현이나 과도한 설명이나 불필요한 단어들을 피한다. 예컨대 "음, 저는 … 라고 생각합니다"처럼 불필요한 표현들은 생략한다. 집단 동료들은 가급적 한 번에 오직 한 문장만 말하도록 한다.

이렇게 정확하고 절제된 방식으로 말하는 절차는, 우리를 자동적인 생각과 말하기로부터 벗어나게 해준다. 이처럼 "부자연스럽게" 말하는 방법은, 우리 자신이 무엇을 보고 어떻게 말하는지를 몹시 강하게 의식하도록 강요하는 효과를 낳는다. 그것은 또한 일반론적인 의견을 표명하고자 하는 우리의 능력을 제한하고, 우리의 마음을 집중시키며, 우리의 생각과 언어를 시적인 방식으로 전환시킨다.

소중하게 말하기에도 여러 가지 버전들이 있다. 첫째 버전인 '자유롭게 소중하게 말하기'에서는 참가자들이 원하면 언제든지 말하도록 요청받으며, 또 원하면 언제든지 침묵이 허용된다. 그들은 보통 대부분의 시간을 조용히 앉아서 오로지 하나의 문장이 자신의 마음에 나타나 표현되기를 "원할" 때에만 말한다. 그 결과, 참가자들이 마음속으로 들으며, 또 가끔은 저절로 만들어지는 문장들에 의해 방해를 받기도 하는 고요한 침묵의 시간이 이어질 수도 있다.

둘째 버전 '리듬을 타며 소중하게 말하기'에서는, 참가자들이 그들이 앉아있는 위치나 이름 철자의 순서로 말한다. 이는 온라인 친교 활동에서 주로 사용하는 방식인데, 고정된 순서로 말하는 것이다. 그들은 미루거나 지체하는 일—또는 그들이 말하고 싶지 않을 때 패스하려 하는 일—없이 자신의 차례가 왔을 때 즉시 말하도록 요청받는다. 그 결과—규칙적으로 반복되는 리듬에 따라—리듬감 있는 순서로 번갈아 발음하여 공명하는 상태에 이르게 된다.

의도적인 대화intentional conversing

때때로 참가자들이 단 하나의 간결하고 축약된 문장만을 허용하는 소중한 말하기 절차가 허용하는 것보다 더 상세하게 자신들의 생각을 표현하는 것이 바람직하다. 예를 들어, 우리는 그들이 개인적인 경험을 묘사하거나, 어떤 개념 또는 어떤 문단의 의미를 숙고하거나, 주어진 문제에 대해 서로 대화하기를 원할 수도 있다. 하지만 동시에 우리는 그들이 관조적인 마음의 상태를 잃고, 자신들이 일상적으로 하는 자동적이고 독단적인 사고나 대화의 방식으로 되돌아가는 것을 원하지 않는다. 우리 마음의 평소 상태는 매우 강력하기 때문에 일단 기회가 주어지면 그 기회를 재빠르게 낚아챈다는 점을 잊지 말아야 한다.

의도적인 대화는 소중하게 말하기보다 좀 더 여유롭지만 그렇다고 완전히 편안한 기법은 아니다. 관조적인 태도는 대화를 한 문장 한 문장에 한정함에 의해서가 아니라 원하는 내적 태도를 보존해주는 지시들에 의해 유지된다. 이러한 지시들이 규칙들은 아니다. 왜냐하면 그것들은 항상 어떻게 하라고 강요하는 것이 아니기 때문이다. 또한 지시들은 외부로 드러나 보이지 않는 내적 태도와 관련된 노력을 요구하는 것이기 때문에 "의도들"로 불린다.

다음과 같은 네 가지 의도들이 의도적인 대화를 지배할 수 있도록 한다.

1. 간결한 대화의 의도: 당신이 말할 때마다, 당신의 아이디어들을 간결한 방식으로 공식화하고 반복이나 과도한 설명 그리고 불필요한 단어들을 사용하는 것을 피하도록 노력하라.
2. 경청하려는 의도: 다른 사람의 말을 경청하는 것은 이 절차에서 중요한 부분이다. 다른 사람들이 말할 때마다, 그들의 말과 아이디어들이 여러분의 마음속에 나타나도록 하라. 달리 말하면, 당신은 당신 자신 안에 있는 내부 공간—빈터—을 열고, 말로 표현되는 것은 무엇이든 그 안에 들여놓아야 한다. 말하는 사람의 말에 동의하거나 부정하지 말고, 어떻게 반응할 것인지, 아니면 당신 차례에 무슨 말을 할 것인지에 대해서도 생각하지 말고, 단지 말하는 사람의 말과 생각이 마음속에 나타나도록 하라.
3. 현재로부터 말하기의 의도: 당신이 말하는 그 순간 당신의 내부에 함께 살아 움직이는 것이 목소리를 내도록 하라. 더는 기억하지 못하는 과거의 생각뿐만 아니라 친숙한 의견들까지 당신의 마음과 언어로부터 추방하라.
4. 공명하기의 의도: 당신의 동료들이 여러분 앞에서 말한 것과 관계를 맺으라. 그것에 대해 언급하는 것이 아니라, 오히려 그들이 말하는 것에 공명하라. 그렇게 하기 위해서 당신은 자신을 합창단의 가수라고 생각하라. 당신과 당신의 동료들은 서로 다른 목소리를 가진 음악

을 함께 만들고, 당신이 나설 때 함께 즉흥적인 연주를 한다고 생각하라. 이것은 서로 갈등하는 것처럼 보일 수도 있지만, 오히려 그 서로 다른 이해들이 나란히 등장해서 다양한 목소리들로 화성을 만들어 낼 수 있다는 것을 의미한다.

천천히 읽기

천천히 읽기는 여러 연습에서 그 요소로 사용할 수 있는 또 다른 절차다. 이 절차를 위해서는 압축적이고, 의미가 풍부하며, 지나치게 장황하거나 반복적이거나 기술적이지 않은, 간단한 철학 텍스트가 필요하다. 먼저 참가자 중 한 명이 각 단어마다 긴 시간을 들여서 그리고 하나씩 끊어서 텍스트를 매우 천천히 큰 소리로 읽기 시작한다. 각 문장의 끝에서 잠시 침묵을 유지할 수도 있다. 독자들이 다음 단어로 넘어가고 싶은 자동적인 충동을 느낄 수 있겠지만, 이 충동을 극복하고 느린 리듬에 맞추는 것이 중요하다. 참가자는 각 단어를 주의 깊게 듣고, 이에 대한 응답으로 자신의 내면에서 발생할 수 있는 이해에 귀를 기울이도록 지시받는다. 구문론적인 통일성이 깨질 뿐만 아니라 읽는 속도까지 매우 느려지면, 통상적인 사고 패턴을 깨는 데 도움이 된다.

텍스트 전체를 읽고 나면, 참가자들은 소중한 말하기, 의도적인 대화, 글쓰기 또는 그림 그리기 등을 통해 자신의 개인적인 이해를 다른 참가자들과 공유할 수 있다.

관조적 낭송contemplative chanting[12]

관조적 낭송은 여러 연습에 포함될 수 있는 네 번째 절차다. 진행자는

12 나는 나의 동료 Gerald Hofer가 2015년 12월 내가 조직했던 국제 온라인 철학 친교 모둠에서 발표했던 이 절차의 강력한 버전에서 도움을 받았다.

철학 텍스트에서 중요한 문장 하나를 고르고, 동료 참가자들은 앉은 자세(대면 모둠)나 순서대로(온라인 모둠) 같은 문장을 차례차례 반복한다. 같은 문장을 돌아가면서 여러 번 다시 읽는 것도 이런 방식으로 진행한다. 낭송을 지속하면, 그 결과 관조적인 분위기가 조성되고, 참가자들은 자신들의 일상적인 사고 패턴에서 벗어나게 될 수 있다.

여기서도, 연습이 끝날 무렵, 참가자들은 자신의 마음속에 떠오른 개인적인 이해를 모둠과 공유할 수 있다. 그들은 소중한 말하기와 의도적인 대화를 통해, 나아가 글이나 그림으로도 그렇게 할 수 있다.

철학 친교를 위한 연습들

위에서 소개한 절차들은 더 큰 연습의 구성 요소들로서 보통 그 자체로 존립하는 독립된 활동이 아니다. 다음은 여러 가지 요소들 또는 단계들로 이루어지는 연습의 완전한 모습을 나타낸다. 위에서 언급한 일부 절차들도 포함된다.

침묵 수업(모둠 버전)

침묵 수업의 모둠 버전도 앞에서 설명한 개인 버전처럼, 성독이라고 불리는 전통적인 텍스트 관조 방식을 단순화한 버전인데, 기본적인 아이디어는 다음과 같다. 참가 동료들이 관조적인 태도로 본문을 읽을 때, 그들의 마음속에서 어떤 통찰이 일어나게 되는데, 그러면 그들은 그것을 소중한 말하기 방식으로 표현한다. 이어지는 둘째 단계에서는, 참가자들이 그러한 통찰을 명확하고 일관성을 지닌 전체로 취합한다.

연습이 시작되면 참가자들은 각자 텍스트를 가지고 둥글게 앉는다 (또는 온라인으로 접속한다). 텍스트의 길이는 대략 한 단락에서 반 페이지 사이여야 한다 (참가자들이 미리 읽은 텍스트라면 더 길어도 무방하다). 관조 상태로 들어가기 위해, 모둠은 집중을 위한 짧은 연습으로 시작한다.

둘째 단계는, 모둠이 텍스트를 함께 읽으면서 기본 아이디어들을 처음으로 접해보는 단계다. 앞에서 설명했던 천천히 읽기나 관조적 낭송의 절차를 사용할 수도 있고, 단순히 본문을 읽고 주의 깊게 경청해도 된다. 각 단락을 읽고 나면, 각 참가자가 소중하게 말하기 절차를 사용하여, 자신이 경험한 중심 아이디어를 몇 마디 단어들로 표현하는 시도가 이어진다. 이 표현을 모둠 가운데 놓여있는 종이에 적어도 좋다.

둘째 단계의 목표가 일단 텍스트에 대한 표면적 이해에 도달하는 데 있다면, 다음 단계는 온전히 관조적이며, 보다 개인적이고 정교하며 창의적인 통찰에 목소리를 부여하는 데 있다. 자원자 한 사람이 텍스트를 읽거나, 참가자들이 한 문장씩 읽는다. 읽기를 여러 번 반복할 수 있다. 읽기가 진행되는 동안, 다른 참가자들은 텍스트를 억지로 분석하거나 설명하지 않고, 텍스트가 그들의 내면에서 스스로 말하도록 놔두면서 수용하는 태도로 집중을 유지한다.

이제 진행자는 텍스트에 대해 일반적인 질문을 던진다. 예컨대 "텍스트가 당신에게 어떤 종류의 사랑을 기술하려 하나요?" 같은 질문을 말한다. 친교 모둠은 이제 모든 참가자가 소중하게 말하기 절차를 통해 자신들만의 대답을 소리 내어 말할 기회를 제공한다. 텍스트에서 나오는 다양한 통찰을 펼쳐나가도록 하는 것이 목표가 된다. 이 단계에서 강조되어야 하는 부분은 텍스트 내용을 체계화하거나 명확하게 이해하는 것이 아니라 다양하고 풍부한 방식으로 표현하는 데 있다.

위의 모든 단계에서 참가자들은 관조적인 마음의 상태를 유지하고 소중하게 말하기의 지침을 따라야 하는데, 이 점을 진행자가 미리 설명해주어야 한다.

대부분은 지금까지의 과정만으로도 충분할 것이다. 그러한 경우, 마지막 단계에 돌입하게 된다. 즉, 참가자들이 연습에서 얻고 있는 것을 공유하는, 좀 더 여유로운, 소중하게 말하기 또는 의도적인 대화이다. 그러나 그 밖의 경우에는, 참가자들이 발언한 내용을 더 자세히 성찰하고 통합하여 통일된 전체로 모을 수 있는 추가 단계가 바람직하다. 그렇게 하기 위해, 참가자들은 함께 성찰하고 하나의 중심적인 이해를 표현하는 문장(또는 몇 개의 문장들)을 만들기 위해 의도적인 대화 절차를 사용한다. 그들은 그러한 문장에 관한 제안을 하면서, 서로 공명하고 점차 하나의 공식적인 표현에 도달해간다.

모둠 활동은 "나는 무엇을 얻어 가나요?"라는 질문에 대한 참가자들의 답을 한 차례 듣는 것으로 마무리될 수 있다.

모둠 시 쓰기

우리가 시적으로 글을 쓸 때, 즉 생각을 시구로 표현할 때, 우리는 특별한 방식으로 단어에 귀를 기울인다. 우리는 보통 글을 쓸 때처럼 단어들을 "통해" 아이디어를 보지 않으며, 단어들 자체, 그들의 리듬과 소리 그리고 숨은 뜻에 주의를 기울인다. 그러므로 우리는 관조를 위해 사용할 수 있는 특별하고 강렬한 경청의 태도를 취하게 된다.

이 연습에서 각 참가자는 짧게 요약된 철학 텍스트를 받는다. 먼저, 이전 연습에서 했던 것과 같이 텍스트를 큰 소리로 읽고 표면적인 의미에 대해 단락별로 잠시 관조한 다음, 소중한 말하기 단계에서 직접적인 의미에 대해 의견을 말한다.

일단 텍스트의 기본적인 아이디어를 이해하고 나면, 될 수 있는 대로 여러 번 천천히 크게 소리 내어 읽는다. 그리고 각 참가자는 글에 대한 개인적인 내면의 반응을 두 구절의 시로 표현해 본다.

모든 참가자가 작성한 두 구절을 하나의 모둠 시로 합칠 수 있게 한 종이 위에 옮겨 적는다 (모둠이 너무 크면 더 작은 조로 나누어 각각 별도의 시를 작성할 수도 있다). 구절들이 서로 부드럽게 연결되지 않을 수 있으므로, 모둠은 구절을 다시 수정하고, 시제時制와 대명사를 조정하는 데 시간을 투여한다. 이따금 모둠은 시 전체를 읽고 그 흐름에 귀를 기울여 본다.

이 연습의 다른 버전은, 각 참가자가 자신만의 개인적인 시를 쓰는 것이다. 철학 텍스트는 우선 네다섯 부분으로 나뉜다. 첫 부분을 천천히 읽고 참가자가 각자 자신의 시의 첫 구절을 쓰면서 텍스트에 공명한다. 몇 분 후에 텍스트의 둘째 부분을 읽고 참가자들은 각각 시의 두 번째 구절을 적는다. 각 참가자가 네 개 또는 다섯 개의 구절로 시를 완성할 때까지 문장 쓰기를 이어간다. 그러고 나면 참가자들은 시를 다듬고 정리하는 데 몇 분을 할애한다. 모든 참가자가 작업을 마무리하면, 그들은 자신의 시를 공유하고 함께 관조한다.

이 연습의 두 버전 모두, 종종 글쓴이 자신이 경이로워할 정도로 깊은 이해를 표현하는 아름다운 시를 만들어낸다. 분명, 글쓰기 과정은 아이디어들을 기록하는 방법일 뿐만 아니라 그것을 창출하는 방법이기도 하다.

아이디어 그리기

우리가 자신의 개인적인 이해를 표현하기 위해서, 반드시 말을 할 필요는 없다. 때때로 그리기는 우리가 말로 표현하기에 어려움을 겪는 것을 표현하게 해주거나, 심지어 우리의 의식을 완전히 벗어나기도 한다. 이것이 아이디어 그리기 연습에 관한 기본적인 아이디어다.

다른 철학적 기법들과 마찬가지로 집중을 위한 명상 시간을 가진 후, 짤막한 철학 텍스트를 큰 소리로 읽는다. 그다음 모두가 텍스트의 표면적 의미를 확실하게 이해하도록, 소중하게 말하기나 의도적인 대화가 한 차례 이어진다.

텍스트를 읽는 동안 다른 참가자들은 마음속으로 조용히 경청한다. 진행자는 참가자들에게 텍스트가 그들에게 개인적으로 말한 것을 한 장의 종이 위에 그려보라고 요청한다. 언어로 생각하는 것을 피하기 위해서는 다음의 지침을 준수해야 한다. 첫째로, 식별 가능한 물체(꽃, 얼굴, 별 등)를 그리지 말 것. 둘째, 특정한 아이디어를 표현하는 어떤 상징물도 (사랑을 의미하는 빨간색 하트 같은) 그리지 말 것. 셋째, 그림에 아무것도 적어넣지 말 것. 이상을 요약하자면, 표현주의적인 추상화를 그리라는 것이다.

그림을 모두 그리고 나면, 중앙의 테이블 위에 올려놓는다. 각 그림 옆엔 다른 빈 종이를 놓는다. 참가자들은 묵묵히 그림들을 바라보면서, 각자 자유로운 속도로 테이블 옆을 걷는다. 각각 빈 종이 위에 이 추상화에 제안하고 싶은 제목을 (예컨대 "검은 구름이 몰려온다" 또는 "나 자신 속으로 들어가기" 같은) 적는다. 모두가 마무리하고 나면, 각 참가자는 두 장의 종이를 모으고, 다른 참가자들이 자신의 그림에 붙여준 제목들을 본다. 이 목록은 당사자가 그림을 그리는 동안 알아차리지 못했을 것 같은 요소들에 주의를 끄는 피드백 역할을 한다.

마지막으로, 참가자들이 둥글게 앉아, 모둠에 자신의 그림뿐만 아니라 자신이 받은 피드백도 보여준다.

철학적 지형에서 걷기

아이디어들의 지형에서 걷기란, 우리 자신을 내면 안에 몰입하게 함으로써 그 내면에서 철학적 이론을 탐구하는 것을 의미한다. 학술적 토론에서 자주 하는 것처럼 외부 관찰자의 관점으로 그 텍스트를 분석하거나 판단하지 않고, 텍스트에 대해 동의하거나 동의하지 않거나 하지도 않는다.

우리 자신을 텍스트가 묘사하는 현실 속에 위치시키고, 그 현실이 그 안에 사는 누군가의 관점에서 어떤 것인가를 경험한다.

우리가 이미 이 책 앞부분에서 보았듯이, 하나의 철학적 이론은 개념, 구분 그리고 가정 등과 같은 아이디어들의 연결망으로 바라볼 수 있다. 그러므로 언덕, 강, 호수 그리고 고원 등을 표시하는 특정 지표들이 서로 특정한 방식으로 관계를 이루고 있는 지형과 유사하다. 이 개념적 지형 안에서 "걷는다는 것"은, 이 다른 지표들이 마치 우리 자신의 현실인 것처럼 탐험하는 것이다. 그리고 우리 자신이 이 세계 속에 존재한다고 상상할 때, 지표들이 우리에게 무엇을 의미하는지를 보는 것이다.

이 연습을 간단한 버전으로 택할 경우, 참가자들은 먼저 텍스트의 표면적 의미를 모두 이해했다는 점을 확실히 하기 위해, 그것을 함께 읽는다. 그다음, 소중한 말하기의 절차를 통해, 자신들이 텍스트의 핵심이라고 여기는 개념들을 제안한다. 이러한 방식으로 기본적 개념들로 작은 목록이 만들어지면, 그 개념들을 모둠 중앙에 놓인 종이 위에 적어 넣어 아이디어들의 지형도를 작성한다. 마지막으로, 참가자들은 자신들이 이 지형도의 현실 속에 있으며, 이 개념들의 일부를 개인적으로 마주쳤다고 상상하고, 거기서 이해한 내용을 소중하게 말하기 절차로 표현하도록 요청받는다.

좀 더 복잡한 버전을 택할 경우, 참가자들은 문제의 개념들과 관련된 최근의 개인적 경험을 생각하도록 요청받는다. 그러고 나서 의도적인 말하기 절차를 통해 모둠에 그 경험을 묘사한다. 다른 사람들은 그 경험에 대해 반응하거나 질문할 수 있다.

철학의 안내를 받아 이미지를 탐색하기

이미지 탐색은 텍스트들과 아이디어들에 대한 개인의 다양한 반응을 만들어내는 데 사용될 수 있다. 이전 연습에서처럼 참가자들은 짧은 철학 텍스트를 읽고 그 표면적 의미를 이해했다는 확신에서 출발한다. 그다음, 진행자는 참가자들에게 눈을 감고 자신들이 텍스트가 묘사하는 세계 안에 있다고 상상하도록 요청한다. 그리고 참가자들은 그들이 들어간 지형의 이미지를 상상 속에서 탐험한다.

여기서는 분명, 한 폭의 그림 같은 묘사를 담고 있는 텍스트가 특히 유용할 것이다. 예를 들면, 모둠은 자신들이 플라톤의 동굴 안에 앉아서 벽에 비친 그림자를 보고 있다고 상상하도록 안내받을 수 있다. 그들은 일어나서 그들에게 익숙한 세계에 등을 돌리고 출구를 통해 밖으로 나가, 자신들이 발견한 새로운 세계를 바라보는 장면을 상상하도록 안내받는다.

이미지들을 다른 방식으로 안내할 수도 있다. 어떤 경우에는 좀 더 자세한 안내가 이루어지지만, 다른 경우에는 더 개방적이고 자유로운 방식으로 안내된다. 예컨대 플라톤의 동굴에 관한 이미지를 안내할 때, 진행자는 동굴을 벗어나 바깥세상을 만날 수 있는 단계별 구체적 지침들을 제공할 수도 있다. 다른 대안적 안내의 경우, 진행자가 처음에 일반적인 지침만 제공하고, 참가자들이 각자 페이스대로 동굴을 벗어나고 원하는 것을 탐색하도록 내버려 둔다.

참가자들은 자신들이 시각화했던 것, 그리고 그들이 얻은 새로운 통찰을 공유하면서 이 연습을 마무리한다.

회기를 마무리하기

마지막 회기는 무슨 일이 일어났었는지에 대해 성찰할 기회를 주기 때문에 중요한 부분이다. 일반적으로 진행자는 참가자들이 회기에서 무엇을 배웠는지 스스로 성찰해볼 수 있도록 유도한다. 특히 자기 자신에 대해 숙고하고 또 자신을 넘어서는 방법들에 대해 숙고하도록 도움을 준다.

이때 두 종류의 마무리 절차를 서로 구별해 볼 필요가 있다. 한 종류는 관조적 정신으로 이루어지는데, 이 절차 자체가 회기의 필요불가결한 부분이다. 다른 종류는 자유로운 대화로 이루어지며, 관조적 절차가 끝난 후 진행된다. 이 두 종류의 마무리는 모두 중요하며, 서로 보완적인 관계에 있다고 할 수 있다.

관조적인 마무리에서 참가자들은 회기 전체에 대해, 특히 그들이 모든 회기 동안 얻은 경험과 통찰에 대해 성찰하는 데 몇 분의 시간을 사용한다. 그러고 나서 그들은 소중한 말하기나 의도적인 대화와 같은 관조적 절차를 사용하여 그들이 얻은 것을 공유하도록 요청받는다. 이와는 대조적으로, 대화로 마무리할 경우, 참가자들이 자유롭게 대화를 나누면 된다.

참가자 개인에 따라 변화 주기

철학적-관조적 연습을 개인별로 또는 일대일 상담으로 진행할 경우, 선택된 텍스트와 절차를 개인의 특수한 지향점에 맞게 조정할 수 있다. 개인의 한계와 내적 깊이를 표현하는 분명한 언어를 고려하여 적절한 텍스트와 절차를 선택할 수 있는데, 그 사람의 한계, 열망, 전반적인 불만족, 소중한 순간 등과 관련된 것이어야 한다.

그러나 친교 활동에서 개별 참가자의 특정한 한계와 내적 깊이를 충분히 다루기는 어렵다. 모둠 안에서 이루어지는 철학적 관조 활동은 일반적인 삶의 문제들과 모둠 전체를 위해 선택한 텍스트를 다룬다. 예컨대 사라는 풍요로운 인생에 관한 그녀의 공허감을 극복하기를 열망하고, 데이비드는 세상과 함께 살아가는 일에 관련된 고립감을 극복하고자 열망한다. 플라톤 텍스트를 기반으로 이루어지는 철학적-관조적 연습이 이 같은 열망들을 직접 다루기는 어렵다.

그렇지만 철학적-관조적 연습은 참가자 대부분에게 도움이 될 수 있다. 그것은 각 참가자에게 개인적으로 관련이 있는 아이디어들과 경험들을 연관시킬 수 있는 충분한 자유를 주기 때문이다. 철학 텍스트는 삶의 기본적인 문제를 다루며, 삶의 문제는 그 본질상 인생의 여러 면을 투영한다. 참가자들에게 개인적인 경험을 선택하라거나, 자신에게 말을 거는 문장에 집중하라고 요청하면, 그들은 자연스럽게 개인적으로 감동한 것을 선택한다. 이것은 특히 이미 자신의 한계에 익숙하고, 그 외부 지형의 일부 측면에도 익숙한 참가자에게 더 잘 해당한다.

따라서 진행자가 연습을 구성할 때, 참가자들 본인이 초점을 맞추고 싶어 하는 단어들, 아이디어들 또는 경험들을 선택할 수 있도록 개인적 자유를 허용하는 것이 중요하다. 예를 들면, 참가자들 모두에게 같은 문장을 관조하도록 요구하는 것보다 각자 그들의 관심을 끄는 문장을 선택하도록 지도하는 것이 더 낫다.

철학 친교 사례 연구

린다는 새로운 철학 친교를 위해 주말 수련회를 구성한다. 열 한 명의 참가자들은 일요일 저녁까지 철학적 관조 활동으로 시간을 보낼 조용한 시골집에서 금요일 오후에 만난다.

그들은 금요일 오후에 모여서 서로 간단히 자기소개를 한다. 린다는 첫 회기를 위해 금요일 저녁 자아의 근원에 관련한 주제를 하나 골랐다. "우리가 말하거나 느끼거나 생각하는 모든 것이 다 우리 안의 같은 곳에서 생겨나는 것은 아닙니다", 린다가 자신이 선택한 주제를 모둠에 설명한다. "예를 들어, 우리 사고의 상당 부분은 피상적이고 자동적인 사고 수준에서 나오는 것이에요. 그것들은 제대로 된 숙고 없이 왔다가는 사라지죠. 그러나 어떤 때는 새로운 이해가 우리 안에서 깊은 무언가를 불러일으키기도 합니다. 이해가 되시나요?"

"물론이죠", 멜러니가 말한다. "때때로 책에서 읽은 한 문장이 저를 일깨우고 무언가 중요한 게 제게 말하고 있다고 느낄 때가 있어요. 그러면 저는 읽는 것을 멈추고

생각해야 하죠."

조너던이 끄덕였다. "혹은 심지어 왜 그런지 확신하지 못할 때도, 노래 속의 한 문장이 제게 깊은 인상을 줄 수 있어요. 저는 그 안에 무언가 깊은 것이 있다고 느끼는데, 제가 무슨 말을 하는지 아시겠죠? 노래의 나머지 부분은 그냥 평범하지만, 특정한 이 문장이 제 안의 깊은 무언가를 건드려요."

몇몇 다른 사람들도 비슷한 경험들을 공유한다.

"좋아요", 린다가 동의한다. "물론, '깊은'이라는 말은 은유죠. 이번 주말 우리가 '깊은'이라고 묘사할 수 있는 경험과 이해를 얻게 되기를 바라면서, 이 은유의 의미를 숙고하는 것부터 시작하는 것이 좋겠어요."

참가자 한두 명이 더 의견을 표현하려고 했지만, 린다는 부드럽게 그들을 제지한다. "우리의 탐구를 의견들에서부터 시작하지는 맙시다. 의견들은 만들어지고 선언되기가 너무 쉽거든요. 결국, 의견이 의견 너머에 있는 문제에 대해 무엇을 말해줄 수 있을까요? 그 문제에 관해 관조해 보도록 합시다."

린다는 이제 19세기 미국 철학자 랠프 월도 에머슨의 짧은 텍스트를 나누어준다. "에머슨은 시적으로 표현한 이 부분에서 그가 '초-영혼'이라고 부르는 것에 대해 말하는데, 이는 우리가 '깊이'라고 부르는 것과 퍽 가까운, 우리의 영감과 창조성의 더 높은 원천입니다. 그러나 우리가 그에게 동의하거나 동의하지 않을 필요는 없습니다. 우리에게 이 텍스트는 옳거나 그른 이론이 아니고, 그저 우리의 생각을 촉발할 관조의 시작점일 뿐이니까요. 마치 우리의 아이디어들로 이루어진 개인적인 음악을 작곡하도록 영감을 줄 수 있는 음악 구절과 같다고 생각하세요."

나머지 회기들은 두 개의 주요 단계로 구성된다. 첫 단계는 린다가 고른 세 개의 짧은 단락을 처음으로 검토하는 작업에 전념하게 되는데, 이때 객관적으로 거리를 두는 방식이 아니라 개인적이고 관조적인 방식으로 접근한다. 참가자들은 집중을 위해 짧은 명상 시간을 가진 다음, 눈을 뜨고 그들 손안에 있는 텍스트를 바라본다. 그들은 첫 문장을 함께 읽는다—각 참가자가 앉은 순서에 따라 한 명씩 차례대로, 천천히 큰 소리로 계속 반복해서 읽는다. 모두가 첫 문장을 읽으면, 그들은 둘째 문장을 계속하고, 그다음 셋째 문장도 그렇게 한다. 같은 단어를 여러 번 반복하면 참가자들에게 생소하고 혼란스러운 느낌을 준다. 그들은 더이상 평소에 익숙한 방식이나 자

동적인 방식으로 생각하지 않게 된다. 단어들이 반복될 때, 이미지들과 생각들이 그들의 머릿속에서 계속 맴돌기 시작한다.

> "인간은 원천을 찾아내기 어려운 개울과 같다. 우리의 존재는 우리가 어디서 왔는지 알지 못하는 곳에서 우리 안으로 내려온다. 아무리 정확한 계산기일지라도 바로 다음 순간에 계산할 수 없는 일이 일어나지 않을지 여부를 예측할 수 없다. 나는 내가 '나의 것'이라고 부르는 의지보다 더 높은 사건의 기원을 인정하도록 매 순간 강요받는다 …"[13]

린다는 모둠에게 그만 읽으라는 신호를 준다. 이제는 그들이 지금까지 읽은 것을 곰곰이 생각해 볼 시간이다. 그들은 자유로운 소중하게 말하기 절차를 통해 각자 이 단락에서 중심이 되거나 중요하다고 여기는 내용을 한 문장으로 말한다.

래리가 말한다. "난 나 자신에게 완전히 속해있지 않다. 그러니까 내 생각들과 행동들은 내게 완전히 속한 것이 아니다."

짧은 침묵이 흐른 후, 타미가 말한다. "난 완벽하게 하나가 아니고, 내 부분들은 나 자신에게서 생겨난 것과 어딘가 다른 곳에서 생겨난 것으로 이루어져 있다."

또 한 번의 침묵이 이어지다가 이번에는 샐리가 입을 떼며 에머슨의 문장을 다른 말로 바꾸어 표현한다. "난 나의 원천이 숨겨져 있는 개울이다."

베카가 긴 침묵 끝에 말을 꺼낸다. "난 나 자신을 완전히 알지 못한다. 왜냐하면 난 오 분 전에 내게 감동을 줬던 것이 무엇인지 충분히 알지 못하기 때문이다."

모든 참가자가 다 말한 다음, 린다는 그들이 말한 것을 하나의 통일된 주제로 통합할 수 있는 문장을 말해보라고 요청한다. "이제 여러분 자신만을 위해서가 아니라 모둠 전체를 위해서 말하려고 노력해보세요. 우리가 방금 들었던 많은 문장에게 목소리를 주어보세요."

타미가 말한다. "나는 내가 익숙한 나 이상의 것이다."

---

13 "The Over-soul," in William Gilman (ed.), *Selected Writings of Ralph Waldo Emerson*, New York: New American Library, 1965, p. 281.

래리가 반복한다. "나는 내게 익숙한 내 자아 이상의 것이다."

비슷한 문장들이 세 개 더 이어지고, 모둠이 첫 단락의 공통된 중심 주제에 동의한다는 것이 명백해졌다. 대체로 첫 단락에 대한 관조는 십여 분 조금 넘게 걸린다. 린다는 이제 참가자들을 둘째 단락으로 인도한다. 참가자들은 다시 각 문장을 여러 번 반복하며 단락을 한 문장 한 문장씩 읽고 나서 소중하게 말하기 절차로 그들이 이해한 것을 표현한다.

약 사십 분 후 셋째 단락이 끝나면, 린다는 좀 더 개인적인 연습으로 이동한다.

"여러분이 각 단락에 대한 개인적인 이해에 도달했으므로 이제 텍스트를 전체적으로 살펴봅시다. 하지만 좀 더 개인적인 방식으로요. 여러분 개인에게 텍스트가 말하고 있는 것이 무엇이었나요? 그것이 여러분에게 무엇을 보거나 하라고 말하고 있습니까? 저는 그것이 인간에게 일반적으로 말하는 것이 무엇인지를 묻는 게 아니라, 여러분 개인에게 말하는 게 무엇인지를 묻는 겁니다. 이에 관해 몇 분간 생각해 보세요."

그녀는 몇 분간 기다리다가 이렇게 덧붙인다. "그러나 이에 대해 추상적인 방식으로 생각하지 말아 주세요. 텍스트를 아주 천천히 반복해서 자신에게 조용히 읽어주시고, 여러분 안에서 대답이 떠오르게 해보세요. 여러분을 감동시키고 여러분의 주의를 이끄는, 즉 '여러분을 부르는' 단어나 구절에 주목하세요. 그것이 여러분에게 무엇을 말하는지 조용히 들어보세요. 그리고 혼자 힘으로 써내려가 보세요. 그리고 여러분이 공유하기 편안하다고 느끼는 게 무엇이든 함께 공유해주세요."

참가자 모두가 글을 쓰고 나면 필기도구를 내려놓고 한 차례 공유하는 시간을 가진다. 이번에는 소중한 말하기 절차를 택하지 않는다. 린다는 참가자들이 조금 더 자유로이 자세하게 말하기를 원하기 때문이다. 그래서 그녀는 의도적인 대화 형식을 제안한다. 앞서 언급했듯이, 여기서 강조되는 것은 당신이 말해야 하는 것이 아니라 특별한 종류의 경청이다. 당신은 당신의 생각과 의견을 밀어내고 침묵과 경청의 내적 공간인 "빈터"를 마련하는 것이다. 다른 사람들이 말할 때, 당신은 그들의 말을 당신의 빈터에 놓아둔다.

린다는 참가자들에게 텍스트에서 어떤 문장이나 구문이 그들에게 와 닿았는지 이야기하는 것부터 시작하라고 요청한다.

릭은 "저는 '우리의 존재가 우리 안으로 내려온다'라는 표현에 감명받았어요"라며 말을 꺼내기 시작한다. "그것은 제가 저의 '더 높은' 존재를 기억해야 하고, 그것이 제 안으로 내려오게 해야 한다는 사실을 보여주었죠. 저는 여기 지구에 있고, 항상 바쁘고, 백만 가지 일을 하고 있습니다. 그런데 그 문장은 제게 이렇게 말합니다. '그만, 릭 그만해!' 가끔 쉬면서 조용한 시간을 갖도록 해."

시간이 부족하므로, 린다는 다른 사람들이 릭에게 그의 깨달음에 관한 질문을 하도록 유도하지 않기로 한다. 그러자 앤이 자신이 깨달은 바를 설명하고, 다른 몇 명도 그녀의 뒤를 이어 십 분 정도 설명한다.

"모두 공유해주셔서 감사합니다", 린다가 말한다. "계속 진행하기 전에 텍스트로 되돌아가 연결점을 더 찾아보도록 하죠. 그 텍스트가 오늘 밤 우리 회기의 중심축이니까요."

모둠은 에머슨으로 되돌아간다. 참가자들이 방 안에 한동안 조성된 관조적 정신으로 텍스트를 천천히 반복해서 읽으면, 마치 모둠 전체가 낭송하는 것과 같은 효과가 나타난다.

린다가 말한다, "자, 이제 마지막 연습을 할 시간입니다. 에머슨식 통찰을 우리가 실제로 경험했던 것과 연관 지어 봅시다. 잠시 여유를 갖고 에머슨의 글에 대해 여러분이 이해한 것과 유사한, 여러분이 최근에 했던 특별한 경험을 떠올려보세요."

린다는 잠시 참가자들이 묵묵히 고민하도록 내버려 둔다. "다들 최근의 에머슨식 경험을 찾으셨나요? 좋아요. 그럼, 이제 글로 적어서 공유해봅시다. 하지만 우리는 여러분 경험의 세부 사항, 정확히 어떻게, 어디서, 언제 그런 일이 일어났는지에 관한 설명을 들을 필요가 없습니다. 우리가 듣고자 하는 건 본질입니다. 그러니까 여러분의 초-영혼이 경험한 내용을 시적으로 표현해주세요. 다시 말해 여러분의 경험을 표현해주는 시적인 두 구절을 써주세요."

"잠깐만요, 린다", 데비가 끼어든다. "제가 느꼈던 감정에 관한 시적인 묘사를 말하는 건가요?"

린다는 미소를 지으며 고개를 젓는다. "더 이상의 지시는 필요 없습니다. 여러분은 여러분의 마음속에 떠오르고 여러분의 경험에 목소리를 주는 어떤 두 구절이든 자유롭게 쓰시면 됩니다."

몇 분이 지나고 쓰기가 끝나면, 참가자들은 큰 종이에 그들이 쓴 구절을 복사하고, 한 구절을 다른 구절 아래에 적어서 한 편의 긴 시를 만든다.

한 자원자가 그 시를 큰 소리로 읽고 나면, 둘째 그리고 셋째 자원자가 계속 반복해서 읽는다.

난 수줍음과 억눌림의 담요에 싸여있었다네,
그때 생기가 넘치는 영혼이 다가와서 그것을 날려버렸지.

때로는 단어 하나로도 충분하다
알려지지 않은 에너지의 강을 출범시키기에.

나는 할 말이 없었고, 내 마음은 지치고 멍하기만 했다.
그러나 내 안의 무언가가 내게 말을 하라고 요구했고, 난 그게 그렇게 하도록 내버려 두었다.

난 그게 나라는 걸 알고 또 내가 아니라는 것도 안다.
그건 나만큼 작으면서 또 세상만큼 크다.

(등등 …)

이제 막 생겨난 시는 아직 완성되지 않은 상태다. 그것이 일관성 있게 흐르도록 약간의 조정이 필요하므로, 모둠이 잠시 그 작업에 매달린다. 완성된 모둠 시가 천천히 읽히면, 참가자들은 조용히 듣는다.

린다가 말한다. "오늘 우리의 관조 활동을 마무리하면서 오늘 회기에서 우리에게 무슨 일이 일어났는가 성찰하는 시간을 가져 보도록 하죠. '우리가 만난 아이디어들이 내게 무엇을 보거나 이해하도록 도움을 주었는가?'라고 스스로 물어봅시다."

사라가 제일 먼저 말한다. "에머슨은 '내가 너무 자제하려고만 하는 건 아닐까?'하고 생각해 보게 했습니다. '삶이 내게 말해주는 것에 관해 내가 더 침묵하고 수용해야 하지 않을까?'하고요."

릭이 말한다. "제게 강력하게 다가왔던 것은 아이디어들 자체보다는 깊은 침묵 속

에서 그것을 경청하며 느꼈던 느낌이었어요. 그 아이디어들이 제 마음속으로 떠돌다가 떠내려가서 사라져버리는 소리를 듣는 게 신기했습니다. 제 아이디어들이 항상 저의 통제 하에 있는 것은 아니라는 걸 이해하게 해주었죠. 제가 에머슨의 초-영혼을 믿게 되었는지는 모르겠지만, 분명 아이디어들이 샘솟는 것 같아요. 이건 제겐 새로운 경험이에요."

"저도 비슷한 경험을 했어요", 데비가 대답한다. "저는 제 속의 무언가가 말하게 하고 있다고 느꼈습니다. 특히 처음 한 차례 소중하게 말하기가 이어졌을 때요. 그 '무언가'에게 좀 더 공간을 열어주도록 노력해야겠어요."

"너의 초-영혼", 마이클이 중얼거린다.

"제목을 붙이고 싶지 않아요. 초-영혼, 나의 숨은 자아, 내적 깊이—이름은 중요하지 않습니다. 요점은 평소 조용히 있는 나의 일부가 말을 하기 시작했다는 것입니다."

다른 사람들도 비슷한 경험을 했다.

린다가 요약한다. "그렇다면 이번 시간엔 평소에 우리가 관심을 기울이지 않는 우리 내부의 무언가가 목소리를 낸 것 같군요. 그런데 우리가 그것에 목소리를 부여할 때, 우리는 그것을 일깨우고, 계발하고 있는 것입니다. 우리의 내적 차원이나 내적 깊이를 계발하는 작업은 긴 과정이에요. 하지만 이번 수련회에서 우리는 그 작업을 시작해 볼 겁니다."

린다의 친교 회기 사례는, 관조 연습이 참가자들에게서 휴면 중인 내적 차원을 활성화하는데 어떻게 도움을 줄 수 있는지를 보여준다. 사실 이것은 플라톤의 동굴에서 벗어나는 과정에서 중요한 단계다. 우리가 보았듯이, 우리의 플라톤 동굴은 우리의 "한계"이며, 삶에 대해 우리가 지닌 경직되고 자동적인 개념이다. 우리는 사고, 감정, 행동 등의 통상적인 패턴을 통해 그것을 표현한다. 철학적 자기 성찰과 관조는, 우리가 그것을 인식하고 그것에서 벗어나, 우리 자신과 세계에 대해 더 넓은 태도를 개발하는 데 도움을 줄 수 있다. 이 같은 태도는 우리 자신의 더 많은 부분을 포섭하는, 특히 우리 존재의 내적 차원을 포섭하는 태도다.

온종일 관조하는 태도를 유지하기

앞에서 제시한 연습은 의심할 여지없이 더 긴 과정의 시작을 보여줄 뿐이다. 온종일 관조적인 태도를 유지하고 우리의 자동적인 자아를 옆으로 밀어내기는 쉽지 않다. 우리의 일상적 임무, 압박감, 대화는 계속해서 우리의 관심을 흐트러뜨리고 우리를 평범한 한계적 태도로 되돌아가게 만든다. 심지어 강력한 관조 활동을 연습해본 다음에도, 우리는 모든 것을 망각한 채 일상생활에서 신속하게 길을 잃어버리는 경향이 있다. 따라서 의미 있는 자기-변형을 이루기 위해서는 관조적-철학적 연습을 꾸준히 지속하는 것이 중요하다.

다음은 그 작업을 수행하는 데 도움이 될 만한 방법들이다.

— 약 십 분 (혹은 좀 더 길게) 관조적인 읽기 연습으로 하루를 시작하라.

— 하루의 나머지 시간 동안, 당신이 읽은 텍스트에서 선택한 한 문장, 그리고 그것을 관조하는 동안 당신 내면에서 의식의 표면으로 떠오른 이해를 당신의 마음속에 유지하려고 노력하라. 그것을 분석하지 말고 단지 당신의 마음속에 나타나게 하라. 그것이 말하기를 "원한다면" 말하게 하고, 그것이 당신을 어디로 데려가든지 따라가라. 하루가 끝날 때쯤이면, 그 이해가 당신을 당신이 아침에 출발했던 곳으로부터 멀리 데려갈 수 있다.

— 만약 당신이 대부분의 평범한 사람들과 같다면, 당신은 아마도 하루에도 여러 번 자못 긴 시간 동안 관조적인 태도를 잃게 될 것이다. 이는 정상이므로 괴로워할 이유가 없다. 그러나 관조적인 태도로 돌아

가고자 한다면 간단한 *회상 연습*recollection exercise을 주기적으로 하는 것이 좋다. 그중 하나는 기억나게 하는 역할을 하는 작은 몸짓을 미리 정해 두는 것이다. 예컨대 당신이 아침에 연습했던 관조 활동을 상기하고 싶은데 기억이 나지 않는다면, 그러한 생각이 들 때마다 이마나 가슴 한가운데를 부드럽게 만지면서 당신 자신을 다시 자신에게 되돌려 놓아라.

— 또 다른 회상 연습은 *현존하게 하기*presencing, 즉 어떤 것을 의식 속에 현존하게 만드는 것이다. 낮 동안 여러분에게 현재 순간에 일어나고 있는 모든 것, 예컨대 여러분의 몸동작, 사고, 감정, 반응, 그리고 여러분 주변의 사람들과 사물들을 "현존"하게 하려고 노력하라. 현존하게 하는 동안 판단과 분석을 하지 말고 외부 관찰자의 관점으로 자신을 바라보지 마라. 단순히 현존하는 대상이 당신의 의식 속에 강렬히 현존하게 하라. 당신이 버스를 기다리거나, 음식을 먹거나, 걷거나, 심지어 대화하는 동안에도, 한 번에 일 분 또는 이 분 동안, 혹은 더 오래 이 연습을 할 수 있다. 이 연습은 당신을 다시 관조적인 태도로 돌아오게 하는 역할을 할 수 있다.

이 같은 관조적 일정을 지켜나간다면, 당신이 비록 (아마도 통상 그러하듯) 하루의 대부분 동안 관조적인 태도를 잃어버리더라도, 다시 새로운 이해를 발견할 수는 있는 실마리를 얻을 수 있을 것이다. 그리고 아마도 그중 일부는 당신이 아침에 읽은 텍스트에서 비롯될 것이다.

당신은 곧 새로운 이해뿐만 아니라 관조의 개방성 그 자체, 즉 빈터가 어느 정도 예상치 못한 "선물들" 같다는 사실을 배우게 될 것이다. 그것들은 전적으로 우리의 노력에만 의존하는 것이 아니다. 또한, 때때로 우리가 아무리 열심히 초빙해도 방문하기를 거부한다. 가끔 그것들은 노력하지 않아도 뚜렷한 이유 없이, 마치 저절로 우리에게 스며들 듯 다가온다. 그러한 특별한 순간이 오면, 우리는 우리 자신을 삶과 현실의 더 큰 영역 일부로 경험할 수도 있다.

그럼에도 앞서 언급했듯, 빈터는 어느 정도 우리의 노력과 관심에 달려 있다. 그것은 부분적으로 작업과 경험의 결실이다. 관조하기 작업을 꾸준히 이어감으로써, 우리는 점차 더 안정적이고 깊은 관조적 태도를 개발하는 법을 배울 수 있다. 그렇게 하면 우리는 우리의 한계 너머에 존재하면서도 동시에 일상의 임무를 충실히 수행하는 법을 배울 수 있다.

제11장

다성악적(polyphonic) 지혜와 그 너머

제11장

다성악적(polyphonic) 지혜와 그 너머

우리의 철학적인 여정은, 일상생활의 많은 부분이 편협하고, 경직되고, 자동적인 생각이나 감정, 행동 패턴들에 의해 제한된다는 관찰로부터 출발했다. 이러한 통찰은 여러 시대에 걸쳐 수많은 중요 사상가들에 의해 표현되었다. 사상가들뿐만 아니라, 삶을 더욱 충만하고 의미 있게 살고자 하는 우리 자신의 열망도 같은 상황을 목격한다. 나는 이러한 제한 상황을 우리의 "한계", 또는 플라톤의 비유를 사용하여, 우리의 "동굴"이라고 불렀다.

내가 "변형적인 철학자들"이라고 불렀던 사상가들은 우리의 작은 삶을 뛰어넘는 방법에 대해 심오한 관찰을 남겼다. 그러나 그들 각각은 대부분 우리의 한계를 이해하고 초월하는 한 가지 방법만을 표현했다. 개별 철학자들이 남긴 방법은 흔히 너무 제한적이고 독단적이다. 내가 제안했듯이, 만약 우리가 어떤 특정 철학적 이론의 편협함과 독단주의를 넘어서고자 한다면, 삶이란 어떤 하나의 이론보다 훨씬 더 복잡하고 다면적이라는 사실을 깨달아야만 한다. 사람들은 모두 서로 다르고, 그들의 한계들도 다르며, 그래서 그들이 자신의 경계를 넘어서 첫발을 내딛게 해줄 잠재력을 지닌 방법들도 각기 다를 수밖에 없다.

나는 개인 그리고 모둠들과 함께 한 지난 수년간의 작업을 바탕으로, 이 책에서 개인적인 변화와 철학적인 변화를 받아들이는 좀 더 다원주의적인 접근법을 제안했다. 우리는 이미 만들어져 있는 이론을 삶에 강요하기보다는, 삶의 여러 목소리를 존중해야만 한다. 우리는 개인의 삶이 말하는 방식을 듣고, 그것의 독특한 한계, 그것의 독특한 개념들과 언어, 그리고 그것을 초월하는 독특한 방법을 배워야만 한다.

우리 여행의 첫 장면에서, 우리는 우리 자신이 처해 있는 한계의 지형을 탐구했다. 그다음 우리는 철학적 여정의 둘째 단계, 즉 한계를 넘어서 나아가는 문제를 탐구했다. 이 두 단계 모두 아이디어들의 힘이나 이해의 힘에 기반한다. 철학적 아이디어들은 굉장히 풍부한 내용과 깊이를 갖고 있으며, 따라서 이것들이 우리의 감옥의 지반뿐만 아니라 그 감옥을 탈출할 방법과 관련해서도 우리에게 깨달음을 줄 수 있다. 이뿐만 아니라 아이디어들은 우리가 실제로 그 길을 내딛도록 영감을 줄 수도 있다.

문제는 우리 자신의 아이디어들이 통상 제한되어 있다는 점이다. 예를 들어, 만약 당신이 평범한 사람에게 자유나 사랑의 본질에 대해 묻는다면, 그 사람은 보통 간단하게 상투적인 문구나 유명한 슬로건을 인용하는 것 말고는 더 할 수 있는 말이 거의 없다. 다행히도 철학의 역사는 수많은 지혜의 보물들을 가지고 있다. 여러 시대를 통틀어 수많은 사상가가 삶의 기본적인 문제를 탐구했고, 그것에 대해 다양하고 심오한 글들을 남겼다. 그러므로 역사에 기록된 철학 텍스트들을 성찰하는 것은 우리의 탐구를 풍부하게 해줄 수 있으며 우리의 한계와 한계 너머에 있는 것들에 대한 우리의 개인적인 이해를 발전시키도록 도와줄 수 있다.

철학적 아이디어들—현실의 목소리

우리가 우리 존재의 깊이에서 나오는—분석적 생각이나 의견에서 나오는 것이 아니라—철학적 아이디어들에 귀 기울이는 법을 배울 때, 놀라운 일이 일어난다. 우리는 피상적이고 자동적인 사고 패턴에 제한받지 않고, 완전히 새로운 마음의 상태에 있게 된다. 이것은 우리의 마음이 인간 현실의 복잡한 구조에 대해 개방적으로 될 때 처하게 되는 특별한 상태다. 우리는 더이상 철학 텍스트에 동의하거나 동의하지 않을 필요를 느끼지 않게 된다. 왜냐하면 이 텍스트들은 더이상 인간 현실에 대한 이론이 아니기 때문이다. 그것들은 삶이 우리 안에서 말하는 여러 목소리 중 하나이며, 우리를 감동하게 하고, 우리에게 영감을 주고, 또 우리 안에서 공명할 수 있다.

이렇게 되면, 우리는 삶이 철학적 글 안에서 말하고 있다는 사실을 깨닫는다. 어쨌거나 철학적인 글들도 당신이나 나와 같은 인간들이 쓴 것이다. 그리고 삶은 글들을 통해 우리 내부에서 목소리를 내며, 우리 자신에 대한 이해와 통찰을 낳는다. 삶, 혹은 더 일반적으로 말해 인간 현실은 이제 더는 아무 관련도 없는 구경꾼들의 객관적인 시선 앞에 놓여 있는 그저 객관적인 사실들의 배열이 아니다. 현실을 이해한다는 것은 더이상 이 사실이나 저 사실에 대한 의견이나 이론에 제한받지 않는다. 인간의 현실은 사실이 만들어 내는 광경이라기보다는, 우리 안에서 공명하는 어떤 것이다. 그것은 위대한 사상가들의 깊은 이해를 불러일으켰고, 지금 우리가 그들의 글을 읽을 때, 우리 안에도 새로운 이해들을 만들어 낸다. 비록 삶은 우리 모두를 통해 여러 목소리로 이야기하지만, 위대한 사상가들은 영감을 주는 방식으로 이러한 목소리를 명료하게 표현할 수 있는 능력을 갖추고 있다.

인간 현실의 목소리를 들을 수 있는 능력은, 우리가 평범하고 피상적이며 경직된 태도, 달리 말해 우리의 한계 바깥으로 나갈 수 있는 능력에 달려 있다. 일단 우리가 비록 몇 분 동안만이라도 우리의 한계적 태도에서 벗어나면, 기본적인 삶의 문제들을 근본적으로 새로운 방식으로 이해할 수 있다. 그러면 우리는 우리 안에서 솟아나는 삶의 목소리, 영감을 주는 새로운 깨달음의 목소리를 들을 수 있다. 이 목소리들은 우리가 개인적으로 똑똑해서 만들어 낼 수 있었던 사적인 의견들이 아니다. 이것들은 우리 내부에서 공명하는 인간 삶의 표현들이다. 우리가 깊이 있는 철학 텍스트를 읽을 때, 그것의 단어는 현실에 *대한* 이론이 아니라, 현실로*부터* 우리에게 다가온 이해다. 그것의 비밀스러운 힘은, 이론적 정확성이나 사실을 진술함으로써 "포착"해내는 능력에 있는 것이 아니다. 어떤 이론도 그렇게 할 수 없다. 그것의 비밀은 그것이 우리 내부에서 공명하며, 삶이 목소리를 내도록 우리에게 영감을 주는 능력에 있다.

이러한 관점에서 보면, 심오한 철학은 세계를 정확하게 묘사한 그림이 되기를 갈구하는 이론의 체계로 간주될 수 없다. 비록 저자가 그것을 의도했더라도 말이다. 철학 텍스트가 감동을 불러일으키는 이유는 그것이 아니다. 만약 철학 텍스트가 우리를 고양해주기를 원한다면, 또 그것이 우리의 경직된 한계적 태도를 완화해주길 원한다면, 우리는 그것을, 우리 내부에서 우리에게 말을 거는 목소리로 다루어야 한다. 이 목소리는 우리를 함께 공명하자고 부르며, 우리 내부에서 삶이 말하는 대로 그 삶을 표현한다.

삶은 나의 내면에서 다성악의 합창으로 말한다. 만약 우리가 우리의 협소한 한계를 벗어나 내적 차원, 내적 깊이에서 나오는 지혜의 소리를 경청할 수 있기만 하다면, 그와 같은 다성악적 소리에 대한 의식—또는 *다성악적 의식*이라고 부를 수 있는 것—을 계발할 수 있다. 이러한 의미에서 철학적 아이디어들에 대한 관조란, 인간 현실의 다성악이 우리의 내면에서 공명하는 대로 경청하는 것을 뜻한다. 이 새로운 다성악적 의식은 우리의 내적 차원에서 나오는 것으로서, 바로 그 내적 차원이 자기 자신을 표현하고 일깨우며 우리 안에서 성장하도록 하는 역할도 한다. 그렇다면 수많은 변형적 철학자들이 여러 시대에 걸쳐 기술한, 우리의 철학적인 여정의 주요 목표는, 우리가 우리의 한계를 벗어나서 우리 내적 깊이로부터 인정할 수 있는 존재의 온전함을 향해 나아가는 것이다.

분명, 이 같은 의미에서 우리의 한계를 넘어서 나아가는 일이 우리의 행동이나 정서에 관한 패턴 전부를 제거한다는 것을 의미하지는 않는다. 생물학적이고 심리학적인 기질을 지닌 살아 있는 인간이 천사가 될 수는 없는 노릇이다. 나무는 자신을 나무로 만들어 주는 생물학적 구조를 떨쳐버릴 수 없으며, 기실은 오히려 그것을 *필요로 한다*.

그럼에도 우리는 우리 자신을 이러한 구조에 한정하기를 멈추고 그 이상이 될 수 있다. 우리의 한계는 우리의 일부이지만, 그것이 우리에게 주어진 전부는 아니다. 비유를 들자면, 우리의 골격이 우리에게 속한 본질적인 부분이긴 하지만, 우리는 우리의 골격 구조 이상인 존재다. 이와 유사하게 우리가 우리의 신체에서 고통, 배고픔, 공포 등의 메커니즘을 제거할 수 없고, 제거해서도 안 되지만, 그 안에 구속되거나 그것에 의해 통제될 필요도 없다. 우리는 그 같은 기능들 이상이다. 우리는 두통이나 두려움을 의식할 수 있지만 그렇다고 그러한 자동적인 느낌의 구속을 당하는 자는 아니다. 이러한 의미에서 우리는 그것을 초월한다.

우리의 한계를 넘어서고 지혜의 목소리에 개방된 태도를 취하는 것이 항상 가능한 일은 아닐 수도 있다. 때때로 우리는 우리의 행동과 감정이 예전처럼 다시 우리 자신의 오래된 한계에 의해 장악되는 현상을 목격하게 되리라. 하지만 이 같은 자동적 한계에 병행하여 우리는 우리 자신의 내적 깊이에 관여하는 더 확대된 다성악적 의식 또한 소유하게 된다. 우리의 오래된 행동 및 정서 패턴은 약해질 가능성이 매우 크지만 사라지지는 않을 것이다. 우리 자신의 많은 부분은—행동, 정서, 사고 등—우리의 통상적인 한계의 낡은 경계선 안쪽에 계속 남아 있게 된다. 그렇지만 우리는 다시는 그 경계 안에 매몰되거나 그것의 통제를 받지 않게 된다. 우리 존재의 새로운 차원이 점차 모습을 드러내고, 특정한 이론이나 태도에 구애받지 않는 새로운 의식으로 표현될 것이다. 이제 우리는 모든 태도를 조망할 수 있는 의식, 우리 자신을 어떠한 특정 태도와도 동일시하지 않으면서 현실의 목소리를 전체로서 평가하는 의식을 지니게 된다.

이처럼 현실의 여러 목소리에 새롭게 자신을 열어놓는 것이 지혜의 한 형태다. 이것은 우리가 개인적인 이론을 초월하여 삶의 더 커다란 지평의 일부가 되며, 자신을 이러저러한 접근법이 아니라 삶 가운데서 말하는 목소리들의 전체 교향악에 소속시킬 수 있는 능력이다.

결론—미답未踏의 영역을 향해

내가 여기서 말하고 있는 내용에는 의심의 여지없이 모호한 부분이 있다. 혹자는 다성악적 의식이나 내적 차원 또는 깊이에 대해, 또 한계 너머의 지형에 대해 좀 더 많은 것을 알고자 할 수도 있다.

그러나 철학적 관조의 과정에 관한 우리의 논의는 여기서 멈추어야 한다. 비록 그 과정은 계속되어야 하지만 말이다. 우리는 이 지점에서 미답의 영역으로 들어서기 때문이다. 여기서부터 지침은 방해가 될 수 있을 뿐이다. 진정한 넘어서기true going-beyond는 모든 지침과 방법, 미리 규정되고 일반화된 모든 것을 초월해야 하고, 이미 포장된 도로를 벗어나야 한다. 그래야만 탐구가 철학적이고 개인적인 것이 될 수 있으며, 새로운 지평에 개방될 수 있다. 그것은 예상치 못한 지역으로 들어설 수 있으며,

심지어 여정의 앞선 시기에서 도움이 된다고 언급했던 것들을 부정하는 결과에 처하게 될 수도 있다. 사다리를 딛고 위로 올라섰다면 그것을 차버리라는 비트겐슈타인의 말이 여기에 대단히 잘 어울린다.[1]

규칙을 정하고 일반 이론을 부과하고 싶은 커다란 유혹이 존재한다. 종교사宗教史가 이 같은 사실을 생생하게 보여준다. 일반적으로 형언할 수 없고 따라서 인간적인 개념들을 뛰어넘는 신성한 현실과 신비한 경험에 관한 문제에 대해서조차 종교 사상가들은 여러 시대에 걸쳐 교리들을 구축했으며 서로 배타적인 "진리들"을 내세웠다. 우리는 이 같은 유혹에 저항해야 마땅하다. 우리는 교리들을 놓아주어야 한다.

우리는 이 책을 철학적 여정의 첫 단계와 더불어 시작했다. 앞 단계들의 문제는 한계들을 다루었기 때문에 분석과 일반화에 종속되었다. 한계들은 그 본성에 의해 구조 지어진 것이었고, 그 지형은 상당한 정도로 도식화될 수 있었다. 우리가 동굴 밖으로 나오면 나올수록 또 동굴 밖에 있는 것을 탐구하면 할수록, 정확하게 그리고 일반적인 방식으로 말할 수 있는 부분은 줄어든다. 심지어 내가 다양한 안내 지침, 방법, 연습 등과 관련해 제안했던 나중 장들에서도 사정은 마찬가지다. 그러나 그것들은 개인적인 검토를 위한 일종의 씨앗들로서, 그리고 초월해야 할 잠정적인 지표들로서 기능하도록 의도한 것들이다. 그리고 이제 그 잠정적 지표들조차도 우리가 본질적으로 개인적인 길, 그리고 발견해주기를 기다리고 있는 길을 향해 나아갈 때는 뒤에 남겨 두어야 한다. 니체의 차라투스트라가 말하듯, "이제 나는 홀로 가겠다, 나의 제자들아. 너희들도 이제 떠나라, 혼자서. 그리하기를 나는 원한다. 진정으로 내가 너희에게 충고하노니, 내게서 멀리 떠나라! 그리고 차라투스트라에게 저항하라! … 언제까지나 학생으로 남

1 Ludwig Wittgenstein, *Tractatus Logico-Philosophicus*, New York: Routledge, 1974, section 6.54.

아 있으려는 자는 스승에게 나쁘게 보답하는 것이다."[2]

2 Friedrich Nietzsche, *Thus Spoke Zarathustra*, part 1, "The Gift-Giving Virtue," section 3. In Walter Kaufmann (ed.), *The Portable Nietzsche*, New York: Viking Penguin, 1982, p. 190.

역자 후기

역자 후기

저자 랜 라하브(Ran Lahav)는 이스라엘 출신으로 이스라엘 하이파 대학(Haifa University), 미국 노던 버몬트 대학 등에서 심리학, 철학을 강의했으며 그곳(버몬트주)에서 이른바 "Deep Philosophy Group"(심층 철학 실천 모임) 또는 "Philosophical Companion Group"(철학 친교 모임)을 이끌고 있는 철학실천가이다. 그는 이 책에서 '철학실천'(또는 '철학상담')에 관한 개괄적인 이해를 넘어, 자신이 오랜 임상 경험을 통해 개발한 철학실천 활동의 방법과 구체적인 기법을 설명하며 상세한 사례들을 소개한다. 이제는 우리나라에서도 많이 알려진 철학실천 운동은, 1981년 독일의 아헨바흐(Gerd Achenbach) 교수가 일상의 문제로 힘들어하는 사람들을 돕기 위해 철학을 기반으로 한 인생상담소를 개소하고 상담과 철학 성찰 모임을 이끌면서 시작되었다.

이 책은 상담 전문가들은 물론, 철학실천을 모르는 독자에게 새로운 형식의 상담과 철학실천의 방법을 안내하는 저서로 적합하다. 철학 저서로는 예외라고 할 수 있을 만큼 평이하고 쉬운 문체로 쓰였다는 것도 이 책의 장점으로, 일반 독자도 어렵지 않게 다가갈 수 있다고 본다.

저자는 우리가 어째서 일상생활 속의 문제들에 대한 단편적인 해결책을 넘어서 우리 자신의 삶 전체를 새롭게 검토해야 하는가라는 물음을 제기하고, 그 이유를 우리 자신의 "한계"(the perimeter—편협하고, 경직되어 있으며, 자동적으로 반복되는 경향을 보이는 생각, 감정, 행동 패턴들)에서 발견한다. 따라서 이 책은 개별 철학 사상을 활용하여 개인의 한계를 식별해 낼뿐만 아니라, 그 한계의 지형(특징들)을 탐색하고, 궁극적으로 거기에서 벗어나려는 개별 독자 자신만의 노하우를 계발하도록 돕고자 한다. 저자는, 이에 가장 효과적인 절차나 방법을 철학 친교 활동으로 규정하고, 그 구체적인 내용과 사례를 소개한다.[1]

그동안 국내에도 다수의 철학상담 관련 입문서가 출간되었으나, 이 책은 저자가 철학상담의 정체성을 고민하는 과정과 그렇게 해서 개발한 "철학 친교"라는 저자 고유의 철학실천 방법과 구체적인 절차, 기법 등을 상세히 설명해주고, 나아가 연습과제까지 제시하고 있다는 점이 신선하다. 이 방법이 특히 기존의 집단 심리치료와 다른 부분은, 친교활동 참가자들이 철학 텍스트들의 도움을 받아 자신의 한계상황과 구체적인 삶의 기본 문제들에 대한 통찰을 얻고, 타인과 세계에 대한 열린 이해의 지평을 지속적으로 추구하도록 고무한다는 점이다.

대표 역자는 이 저서를 2021년 충남대 철학과 학부 전공과목인 "철학상담"의 부교재로 활용하였는데 학생들의 반응이 아주 좋아서 학기 종료 후 일곱 명이 스터디 모둠을 구성하고 완역하기에 이르렀다. 김수배가 주요 용어들과 표현을 전체적으로 통일하고 점검하며 가독성을 높이는 작업을 수행하였으니, 행여 부족한 부분이 발견된다면 이는 오로지 대표 번역자의 책임임을 밝혀둔다. 코비드-19가 기승을 부리던 결코 짧지 않은 기간, 온라인으로 진행된 스터디에 끈기와 성실함으로 참여하고, 할당된 텍

1 저자의 다른 저서 *What is Deep Philosophy?: Philosophy from Our Inner Depth*, Vermont: Loyev Books, 2021; *Handbook of Philosophical Companionships: Principles, Procedures, Exercises* (편상범 역,『철학 친교: 원리와 실천』), Vermont: Loyev Books, 2016 등도 참고.

스트를 번역, "다성악의 합창"을 분만하느라 수고한 공동번역자 박솔희, 이가은, 정석환, 정유진, 한이경, 홍성준에게 고마움을 표한다. 특히 한이경은 인터넷 스터디 카페를 개설, 운영하며 원고를 취합 정리해주었을 뿐만 아니라 표지 디자인까지 도맡아 애써주었다. 바쁜 일정에도 역자의 제안과 조금은 불편했을 수도 있는 질문들에 여러 차례 친절히 답해준 저자에게도 깊이 감사드린다. 저자의 철학 친교 방법을 국내에 소개하였으며, 번역 용어 선정 등과 관련해 역자에게 아낌없는 조언을 베풀어준 편상범 교수, 또 저자와의 메일 교환이 원활하게 이루어지도록 도움을 준 노성숙 교수에게도 무척 고맙다는 말씀을 드린다. 출판계의 어려운 현실에 개의치 않고 이 저서의 출판을 지원해준 충남대 출판문화원 관계자분들에게도 역자를 대표하여 감사의 마음을 전한다.

저자가 여러 곳에서 강조하고 있듯이, 개인이 일상을 살아가면서 자기 자신의 플라톤적 동굴을 깨닫기란 쉽지 않을뿐더러, 그것에서 벗어나는 일은 더더욱 지난하다. 우리는 기껏해야 자신의 동굴 안을 조금 더 지내기 편한 곳으로 만들거나 그곳보다 근본적으로 더 낫다고 할 수 없을 다른 동굴로 잠시 도피해갈 뿐이다. 고대의 철학적 현자들이 그랬던 것처럼, 매 순간 자신을 성찰하도록 격려해줄 글을 늘 곁에 두고 다만 한두 쪽만이라도 읽는 습관을 지녀본다면 한계의 지평을 한 뼘이라도 넓히는 데 도움이 되지 않을까 싶다. 지금 이 책을 손에 든 독자가, 행복이 되었든 그저 편안한 마음 상태가 되었든 그것이 문제의 해결에서 주어지는 결과라기보다는, 문제를 바라보는 시선의 변형과 함께 자연스레 일어나는 부수 효과임을 체험하는 철학실천의 여정에 동참하기를 기대한다.

김수배

철학이란 검푸른 바다를 건너는 이유는,
나라는 협소한 동굴에서 나와서 태양을 보기 위한 자유의 광활한 여정이기 때문일 거예요.
그 바닷속에서 철학자들의 메시지를 보았습니다.
영롱한 물방울 같았고 푸른 산호초 같았죠.
제게 유영하는 기쁨을 주었던 철학상담 스터디 시간에 함께 했던 교수님과 학우님들께 감사합니다.

정유진

번역 작업까지 1년이 넘는 시간 동안 이 책과 함께했습니다. 처음에는 생소한 철학상담이라는 분야에 낯설고 신기하기도 했고, 이미 익숙해져버린 오랜 습관들에서 벗어나 솔직하게 행동해보기도 하면서 다투고 상처받기도 했습니다. 비록 처음에는 책의 내용을 모두 완벽히 이해하기가 어려웠고, 또 가끔은 번역에 어려움을 겪어 좌절했던 적도 있었지만, 그 순간에도 저를 사로잡는 몇몇 글귀들에 붙들려 서툴게 적용도 해보면서 지금까지 지냈던 것 같습니다. 시간이 좀 지나고 나서야 이 책에서 말하는 자기만의 동굴을 벗어나는 것이 무엇인지 피부로 느끼게 되었습니다. 삶의 문제를 직면하고 변화할 용기를 내기까지 도와주신 다른 동료분들과 교수님께 정말 감사드립니다.

이가은

처음 이 책을 접했을 때가 기억납니다. 플라톤의 동굴에서 벗어난다는 제목이 참으로 흥미로웠습니다. 어떻게 해야 동굴에서 벗어날 수 있는지, 그 내용이 몹시 궁금했습니다. 심적으로 힘들었던 제 상황이 마치 어두운 동굴에 갇혀있는 기분이었기에, 그 답에 대한 실마리나마 얻을 수 있지 않을까 하는 기대를 안고 참여하였습니다. 결과적으로, 저는 그 실마리를 찾았습니다. 그렇지만 아직까지 동굴 밖으로 나가지는 못했습니다. 여전히 힘든 일이 있으면 아파하고, 힘들어할 일이 아님에도 괴로워합니다. 아직은 실마리를 붙잡고 길게 이어진 실타래를 따라 동굴 속을 헤쳐나가는 과정 중에 있는 듯합니다. 하지만 중요한 건, 저는 그 실마리를 찾았고 많은 위로를 받았다는 것입니다. 고정된 한계를 벗어나, 삶을 이렇게도 바라볼 수 있겠다는 것을 알게 되었고, 그 한계를 벗어난 시야를 갖고자 노력하고 있습니다. 이게 제게는 참 큰 위로였습니다. 제가 받아간 위로를 이 책의 독자분들도 받으셨으면 좋겠습니다. 결국엔 이 동굴을 나와 햇빛 아래서 일광욕을 하게 되길 기대합니다.

박솔희

꼼꼼하지 못한 성격 탓에 번역 작업을 하면서 많은 어려움을 느끼고, 고충이 따랐습니다. 하지만 돌이켜 생각해 보면 많은 것을 배울 수 있었던 귀중한 시간이었습니다. 지도해주신 교수님과 스터디에 같이 참여했던 학우분들에게 감사합니다. 중간중간 책의 내용을 이해하지 못하고 헤매거나 놓치면서 더듬더듬 진도를 따라갔던 것 같습니다. 하지만 이 책을 공부하면서 알게 모르게 그 영향을 많이 받았고, 삶에 대한 저의 태도도

적잖이 달라졌다고 자부합니다. 아직 갈 길이 멀지만, 이를 기억하면서, 조금씩이라도 꾸준하게 동굴에서 벗어날 수 있도록 노력하겠습니다.

정석환

스터디 모임을 시작했을 때는 코비드-19가 유행했었고, 나는 개인적으로 오랫동안 힘든 상태였다. 스터디 진도를 따라가다 보니 이 책에 나오는 내담자들의 고민이 내가 과거에 고민했던 것, 현재 고민하는 것들과 맞닿아 있다는 생각이 들었다. 그들의 사례를 마주하면서 나를 되돌아볼 수 있는 계기가 되었다. 내담자 제니가 철학상담사 린다와 대화를 통해 풍요로운 인생에 관한 자신만의 비전 만들기에 착수할 수 있었던 것처럼, 독자들도 어딘가 나와 비슷한 내담자들의 사례를 읽으며 충만한 삶에 대해 생각해 볼 기회를 얻었으면 좋겠다. 마지막으로, 모임을 함께했던 학우들과 직접 만나 대화를 나눴다면 훨씬 더 좋았을 것 같다는 아쉬움이 남는다. 그리고 스스로 좀 더 나은 사람이 될 수 있도록 언제나 아낌없는 조언과 격려를 해주신 교수님께 진심으로 감사드린다. 책을 번역해본 경험이 앞으로 공부를 해나가는 데도 큰 도움이 될 것이다.

한이경

스터디에 참여하게 된 이유 — 관성에 벗어나고자 했습니다. 하지만 그 늪에서 빠져나오기가 영 쉽지 않더군요. 비록 스터디를 통해서도 그 관성에서 많이 벗어나지는 못했지만 그래도 얻어 가는 것들은 있었습니다. 철학실천이라는 새롭고 흥미로운 분야에 대해서 알게 된 거죠. 책 번역만으로도 어느 정도의 성취감도 얻었고요. 우리말로 번역된 고전이나 외국 서적을 읽으면서 역자에게 불평하던 때가 종종 있었는데, 직접 참여해보니 결코 쉬운 일이 아니더군요. 마무리 작업에 충분히 신경을 쓰지 못해 아쉽습니다. 물론 번역 외에도 스터디 자체의 경험도 각별했습니다. 매사에 적극적으로 참여하기 어려워하는, 그래서 결국 수동적인 나, 동굴 속에 갇힌 나를 발견하는 경험이었습니다. 스터디원과 교수님께 미안하단 마음과 함께 감사를 전합니다.

홍성준